"自媒体运营" 1+X 职业技能等级证书配套教材

自媒体运营
高级实战教程（抖音版）

苏 涛 章卫惠 张习涛 编 著

电子工业出版社
Publishing House of Electronics Industry
北京·BEIJING

内 容 简 介

本书是"自媒体运营"1+X职业技能等级证书配套教材之一，依据《自媒体运营职业技能等级标准（2023版）》（高级）编写。

全书共13个项目，37个任务，包括账号管理、场景搭建、团队建设、文案创意、图片拍摄与处理、视频拍摄与剪辑、口播技术、短视频运营、直播运营、付费推广、用户运营、电商变现和服务变现，分属账号搭建、内容创作、引流转化和商业变现四大模块。本书内在逻辑清晰，实现了技能闭环，写法上属于典型的OBE理念指导下的任务驱动模式，真实、实用。

本书是自媒体运营1+X考试复习教材，也可作为高等职业院校、普通本科院校"自媒体运营"相关课程配套教材，或者供抖音自媒体创作者自学参考。

未经许可，不得以任何方式复制或抄袭本书之部分或全部内容。
版权所有，侵权必究。

图书在版编目（CIP）数据

自媒体运营高级实战教程：抖音版／苏涛，章卫惠，张习涛编著. — 北京：电子工业出版社，2024.9.
ISBN 978-7-121-48996-9
Ⅰ．F713.365.2
中国国家版本馆CIP数据核字第2024M0G976号

责任编辑：陈　虹
印　　刷：天津画中画印刷有限公司
装　　订：天津画中画印刷有限公司
出版发行：电子工业出版社
　　　　　北京市海淀区万寿路173信箱　　邮编：100036
开　　本：787×1 092　1/16　印张：17　字数：435.2千字
版　　次：2024年9月第1版
印　　次：2025年1月第2次印刷
定　　价：78.00元

凡所购买电子工业出版社图书有缺损问题，请向购买书店调换。若书店售缺，请与本社发行部联系，联系及邮购电话：（010）88254888，88258888。
质量投诉请发邮件至zlts@phei.com.cn，盗版侵权举报请发邮件至dbqq@phei.com.cn。
本书咨询联系方式：chitty@phei.com.cn。

前 言
PREFACE

自从Web2.0时代到来后，因为流量的聚集，社交媒体一直是商家觊觎及"血拼"之地。从微博到微信朋友圈，都曾备受世人青睐，进而收割巨额商业利益。之后的抖音、快手等平台野蛮生长，社交媒体上近乎出现"群魔乱舞"的现象，快速出圈的网红纷纷"塌房"，莫名其妙的走红与突如其来的崩盘眼花缭乱地切换，巨大利益必然面临着巨大风险。社交媒体的"天下"果然还是"天命有常，惟有德者居之"。

抖音的核心竞争力，是建立在巨大的兴趣社区用户基础上的，通过优秀的智能推荐算法高效匹配用户与内容，内容又搭载着广告、商品和服务，从而实现更精准、更人性化地用户触达，最终以视频这种最接近真实世界的内容、最丰满的信息媒体形式展现了平台的商业价值，完成了平台的商业闭环。

"自媒体运营职业技能等级证书"是教育部审批通过的第四批1+X证书之一，由抖音集团（北京抖音信息服务有限公司）举办，以"达人"（自媒体创作者）视角，依托抖音平台，将自媒体相关技能分为初、中、高三个层次，支持创作者从产生"兴趣"，到基本"合格"，并逐步走向"成熟"，这是证书三个级别的定位。

本书是自媒体运营高级证书的配套教材，依据《自媒体运营职业技能等级标准（2023版）》（高级）编写，宗旨是让学习者的相关岗位技能达到"成熟"水平。这里的"成熟"并没有明确的标准，笔者认为一方面是创作者可以比较持续、稳定地获取现金流；另一方面是创作者较深刻理解了"德位匹配"。在内容选取上，本书依据这两方面，增加了团队建设模块，只有团队实现了持续稳定的收入，才能继续维持团队的正常运转。本书还注重引导学习者积极探寻一般规律原理，尝试挑战原创作品，在总结沉淀各方面经验的基础上开发出可传承的工具，进而形成适合自己的"方法论"。

本书在撰写方法上严格贯彻了OBE理念，将技能点融入每个任务中，每个任务按"任务描述—任务实施—任务反思—课堂练习"的固定框架呈现。在任务描述中给出真实任务情景，在任务实施中分析任务并按工作过程逐步解决问题，在任务反思中进行总结或举一反三，在课堂练习中巩固所学技能。应用这种简单框架写出的真实任务，能比较顺利地实现技能的迁移、固化与应用转化。

本书作者来自院校或企业一线，兼具才华与情怀，他们是云南民族大学的苏涛，浙江经济职业技术学院的章卫惠，广东工程职业技术学院的张习涛，重庆市畅所欲言网络科技有限公司的桂鑫、代莉，河北雄安星群文化传媒有限公司的刘磊、苑瑞静，广州大洋教育科技股份有限公司的邓健宇，厦门易普道信息科技有限公司的陈善煜、张幼娥，山东微爱文化传媒有限公司的郭昌乐、程晓菊，宁波亮剑互娱影视文化有限公司的沈雨柔，深圳乐信控股有限公司的赖衡衡，北京联合大学师范学院刘雪扬，杭州邮礼咨询管理有限公司卢智磊。

本书在编写过程中，使用了大量真实账号和案例，得到了抖音集团原数字学堂的有关领导、清华大学国家服务外包人力资源研究院的有关专家的关怀和指导。在此一并表示感谢！

本书配套有技能标准、考纲、PPT课件、视频课、样卷、练习题库及参考答案，还有仿真实训系统，部分是免费的，可以发E-mail至chitty@phei.com.cn向编辑索要。

虽然本书出版前已做了两次较大规模的升级优化，但受限于作者水平与时间精力，难免有不足甚至错误之处，恳请读者和专家不吝赐教。

本书软件界面、数据和功能操作的抖音版本为桌面版：2024年5月9日v3.5.1.14417，移动版（Android和IOS相同）：v29.8.0。因抖音软件更新快，故很多内容可能与读者使用的最新版软件不符，请以最新版为准。

编 者

目　录
CONTENTS

项目一　账号管理 … 1

　任务 1.1　理解社会化媒体营销的基本范式和抖音全域兴趣电商方法论 … 2
　任务 1.2　文旅 IP 转型为电商 IP 的重定位 … 10
　任务 1.3　乡村 IP 的账号诊断及优化策略 … 17
　项目小结 … 21

项目二　场景搭建 … 22

　任务 2.1　搭建大型农产品巡演的直播带货现场 … 23
　任务 2.2　搭建熏香产品视频拍摄场景 … 32
　项目小结 … 35

项目三　团队建设 … 36

　任务 3.1　初创新媒体公司的团队搭建 … 37
　任务 3.2　新入职人员的学习计划 … 45
　任务 3.3　新孵化美妆项目的项目计划 … 53
　任务 3.4　新孵化美妆团队绩效评估与激励 … 57
　项目小结 … 62

项目四　文案创意 … 63

　任务 4.1　某汽车品牌的热点专题策划方案设计 … 64
　任务 4.2　三农产品营销标准化脚本设计 … 70
　任务 4.3　代餐品牌广告创意文案创作 … 77
　项目小结 … 83

项目五　图片拍摄与处理 … 84

　任务 5.1　结合视觉拍摄方案组建图片素材库 … 85
　任务 5.2　制订账号视觉优化方案 … 93
　项目小结 … 101

项目六　视频拍摄与剪辑 … 102

　任务 6.1　短视频策划与项目管理 … 103
　任务 6.2　成片审核与素材管理 … 114
　任务 6.3　数据反馈优化拍摄方案 … 117
　项目小结 … 121

项目七　口播技术 ······ 122

- 任务 7.1　带货达人基本功训练 ······ 123
- 任务 7.2　服饰类目直播间话术的标准化总结 ······ 127
- 任务 7.3　服饰类目直播复盘与话术优化 ······ 133
- 项目小结 ······ 137

项目八　短视频运营 ······ 138

- 任务 8.1　低度酒饮品矩阵账号运营方案设计 ······ 139
- 任务 8.2　头部账号跨界联动内容互动 ······ 149
- 任务 8.3　某美食账号爆款系列视频创作 ······ 157
- 项目小结 ······ 163

项目九　直播运营 ······ 164

- 任务 9.1　新女装品牌年度直播运营方案设计 ······ 165
- 任务 9.2　大型专场直播执行 SOP 撰写与实施 ······ 174
- 任务 9.3　系统直播复盘与优化策略 ······ 181
- 项目小结 ······ 188

项目十　付费推广 ······ 189

- 任务 10.1　某食品广告视频 DOU+ 付费推广 ······ 190
- 任务 10.2　某三农账号直播间巨量千川付费推广计划 ······ 198
- 项目小结 ······ 207

项目十一　用户运营 ······ 208

- 任务 11.1　粉丝个性化分层运营 ······ 209
- 任务 11.2　日常运营策略与优化 ······ 213
- 任务 11.3　节点活动运营策略与优化 ······ 216
- 项目小结 ······ 220

项目十二　电商变现 ······ 221

- 任务 12.1　精选联盟电商选品 ······ 222
- 任务 12.2　商品组合排品、卖点提炼与话术优化 ······ 226
- 任务 12.3　抖音电商节点营销 ······ 235
- 任务 12.4　电商数据分析与优化 ······ 242
- 项目小结 ······ 247

项目十三　服务变现 ······ 248

- 任务 13.1　母婴达人名片优化 ······ 249
- 任务 13.2　日化品牌达人投放合作 ······ 256
- 项目小结 ······ 264

项目一

账 号 管 理

学习目标

- 能持续跟进平台规则更新，理解社会化媒体营销的基本范式和抖音全域兴趣电商经营模式。
- 能结合自身特点打造知识产权（IP），并根据 IP 需要构建账号矩阵，明确各账号定位。
- 能根据账号定位，优化账号基本资料，实现账号间的联动和促进。
- 能跟踪与分析账号数据，在量化诊断基础上，持续调整优化策略，强化账号定位。

任务 1.1　理解社会化媒体营销的基本范式和抖音全域兴趣电商方法论

任务描述

达人@小佳是一位在淘系生态年均交易总额（GMV）超 1 亿元的女装品牌操盘人，受多方面因素影响，2022 年品牌销售业绩严重下滑。与此同时，小佳看到了以抖音为代表的社会化媒体在内容营销、流量变现、直播电商等方面的新机会。在正式入局前，@小佳需了解一些基础知识，请协助小佳完成以下任务。

（1）了解各大社会化媒体平台及社会化媒体营销范式；

（2）理解全域电商经营模式；

（3）发现抖音新机遇。

任务实施

要作出经营方向的调整，往往需要大量的调研工作，支持达人的经营决策调整，有必要了解一些社会化媒体知识。例如，各大社会化媒体平台营销特点、社会化媒体营销的基本范式、抖音全域兴趣电商方法论和最新机遇等。

1. 各大社会化媒体平台特点

目前，社会化媒体平台已发展成熟，大多数支持电商变现。从媒体形式上看，社会化媒体平台经历了文字、图文混合、音频视频、多种媒体混合的快速发展和迭代。当前，以抖音为代表的视频信息流社媒平台获得了较多的活跃用户。国内部分视频信息流社媒平台简介见表 1-1。

表 1-1　国内部分视频信息流社媒平台简介

序号	平台名称	特征	优势	适合企业
1	抖音	短视频兴趣社区平台，主打 15～60 秒的短视频内容，近几年开始发展微剧、中长视频	电商变现增速快，规模大，拥有良好的用户基础，日活跃用户数（DAU）最多；推荐算法成熟，个性化推荐精准；用户层次丰富，品牌营销效果好；创意短视频内容丰富	适合注重商品展示和品牌营销的企业，可以通过创意短视频、广告和品牌合作来增加曝光和提升推广效果
2	快手	短视频兴趣社区平台，主打 15～60 秒的短视频内容	电商变现最先成熟。拥有大量中青年用户，以二三线城市为主	适合注重下沉渠道的企业，可以通过快手平台来展示商品、进行品牌推广和与用户互动
3	微信视频号	短视频社交平台，主打 15～60 秒的短视频内容	2024 年开始才重视电商变现，增速快，流量性价比高；与微信生态圈完美结合；熟人社交传播信任度高	适合注重社交互动、拟构建私域的企业，可以通过视频号平台在微信生态圈中进行品牌营销、内容推广和用户互动

抖音从 2018 年开始探索电商变现，至 2023 年已成为抖音第二大收入来源，其发展历程如图 1-1 所示。

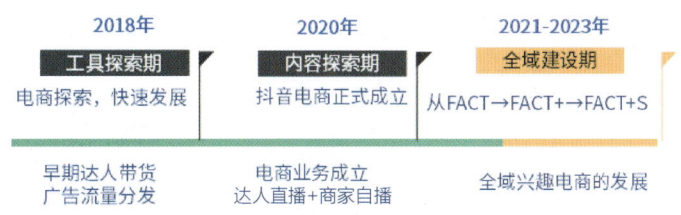

图 1-1　抖音电商变现发展历程

2．社会化媒体营销的基本范式

《海外社会化媒体营销》一书总结了社会化媒体营销的基本范式，即：

社会化媒体营销 ＝ 受众 × 渠道 × 内容

该公式揭示了社会化媒体营销的三个基本要素，并用乘法表达了三者缺一不可的紧密关系。

- 任何一个变量是 0，则运算结果为 0；
- 任何一个变量的改变，均同时作用于其他两个变量；
- 任何变量的改变，对营销效果的影响大小都是乘数（倍数）效应，而非加数效应。

小佳根据社会化媒体营销基本范式的提示，了解了成为电商达人的关键点。

- 分析品牌的目标用户画像；
- 选择适合品牌营销、货品销售的渠道；
- 创造出符合渠道特点及用户喜好的内容。

如果在抖音上开展业务，则要考察渠道的特点。

（1）大。相较其他平台而言，抖音平均 7 亿多的日活跃用户数为营销创造了巨大空间，这是一个真正的"统一大市场"。如果商品、内容优秀，可能触达的用户数上限很高，所以入驻抖音的商家也很多。也正因为如此，对商品、内容提出了更高的要求，特别是对于一些品类，如快消标品，竞争非常激烈，这也是人们常说抖音"流量贵"的原因。

（2）细。激烈的竞争必然导致品类、人群高度细分，进而要求内容的"垂直度"适配平台的个性化推荐，才能有效触达品牌的精准目标人群。特别是中小商家，必须从高度细分的品类切入抖音。好在抖音的"大"也正好支持高度细分的市场。所以在抖音开展业务不怕公司小，就怕小公司非要做"大业务"。抖音给出了简单的兴趣电商定义，如图 1-2 所示。从某种程度上讲，兴趣电商是不断寻找细分市场的新型电商，它基于庞大但依据画像（特别是兴趣电商）高度细分的用户需求，通过商品和内容的精准推荐开展商业活动。

图1-2 简单的兴趣电商定义

（3）快。在抖音主要通过短视频和直播，特别是直播快速变现。直播间是人与货的聚集场，抖音电商直播间内同时在线人数可能是个位数、两位数，也可能是三位数，四位数，即使人数是个位数，一场四小时直播的销售额也可能达到10万元，这比相同流量的线下店铺销售额多很多，即在抖音做直播电商成交速度非常"快"，为什么会这样呢？通过AI算法，抖音帮助商家找到了更精准的用户，所以提升了商业撮合效率。即使同时在线人数只有个位数，那也是一个主播同时在为多个精准用户推销商品。

另外，还需要理解传统货架电商与直播电商的不同，如图1-3所示。

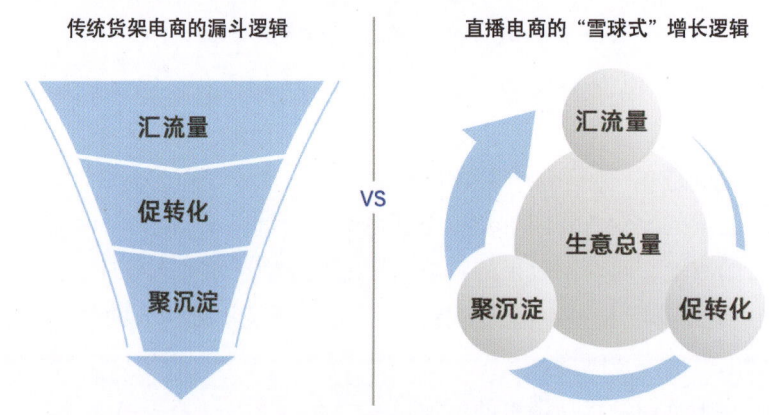

图1-3 传统货架电商与直播电商的三大价值环节的组织模式对比

传统货架电商以商品为中心，营销遵循漏斗模型。运营师需要从"店外引流"到"店内"（汇流量），而店外流量多是有购物需求的人，精准但数量少，故失去了挖掘购物需求不明确人群的机会，汇流量效率低。之后，用户在"店内"自己"逛"，即使是搜索广告引人的流量，用户也只能看商品详情页，没有主播讲解（促转化），所以转化率低，特别是"大店"商品琳琅满目，"逛"的效率也很低。进店用户可能购物也可能不购物，不购物的用户就流失了，无法沉淀（聚沉淀），但在直播间即使未购物，也可以转化为粉丝，提升了（聚沉淀）的效率。也就是说，对于电商三大价值环节（汇流量、促转化和聚沉淀），传统货架电商的效率都较直播电商低。

传统货架电商的三个价值环节基本是线性发生的（漏斗逻辑），没流量就不能促转化，未转化为粉丝的用户只能流失，无法聚沉淀。但在抖音等社媒做直播电商，依然是三个价值环节，但可以理解为"雪球式"增长逻辑，汇流量、促转化、聚沉淀三大运营目标有机会在更短的周期内一同实现，不严格遵循线性发生的漏斗逻辑。请读者自行分析抖音直播电商是如何在更短的周期内一同实现三大价值环节的。

流量→转化→沉淀逐步推进，对于体量较小的经营者而言，相对需要更长周期的积累；直播电商遵循其原因正是在于抖音去中心化的算法机制，能够为单位时间内取得更好数据表现的账号（店铺）分配更多展现资源，帮助新账号快速成长，甚至短期成就"爆款"。

抖音深刻认识到了传统货架电商与直播电商底层逻辑的差异，应用 AI 算法，采用分割流量池等方法，加强了"生意总量"增长的效率。例如，东方甄选的董宇辉启动"与辉同行"活动后，在极短时间内就聚集了 1700 万粉丝，成为 2024 年 3 月的"销冠"。

（4）乐。直播电商起源于阿里巴巴，那为什么在抖音得到了大发展？这和各移动应用的"基因"有关。抖音的"基因"是内容传播，用户使用抖音首先是内容消费，其次是兴趣社交，而电商只是这两大需求的延伸。正如前面所说，抖音从"店外"导入的流量，可能购物诉求没有那么清晰和紧迫，也就是说，用户和潜在用户都会进入直播间，可以认为"汇流量"的效率高。也正是因为这样，在抖音做电商，需要有"品效合一"的思维，能转化的转化，不能转化的，沉淀为潜在用户（粉丝）。广告的目标也不一定是转化，曝光也就影响了品牌覆盖率。同时，也正是因为抖音用户大部分还是为了内容消费而来，这对广告素材、账号内容质量提出高要求，这也是叫卖式直播面临更大挑战的原因。

总之，小佳通过对社会化媒体，特别是对抖音这一渠道的了解，让她更坚定要开启抖音电商新业态，她调研的重点从做不做变为如何做。

3. 抖音全域兴趣电商方法论

2021 年，抖音电商平台提出以内容为中心的兴趣电商方法论 FACT。2022 年，升级为"全域兴趣电商"方法论 FACT+。2023 年，进一步升级为"内容＋货架双场共振 飞轮增长"方法论 FACT+S，如图 1-4 所示。

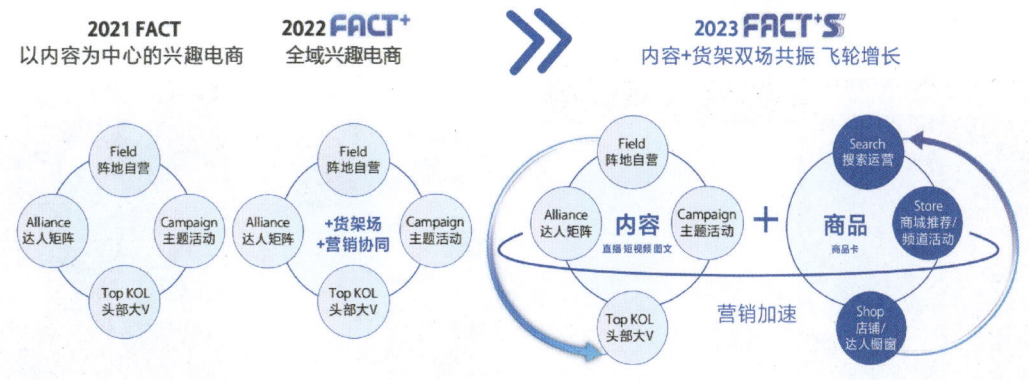

图 1-4　2021—2023 年逐步升级的抖音电商方法论

FACT+S 是以内容为中心和以商品为中心的双场共振，或者说是"人找货"和"货找人"的双向奔赴。其中，F 是指阵地自营，A 是达人矩阵，C 是主题活动，T 是头部大 V，S 代表货架场景里具体经营场景集合，包括搜索运营（Search）、商城推荐/频道活动（Shopping Center）和店铺/达人橱窗（Shop）。

每次方法论的升级，抖音电商平台均会完善或加强相关的工具、功能或配套服务，支持业务的快速发展，也意味着渠道运营复杂度进一步提升。不知道在 2024 年年底，抖音电商平台是否会再次升级方法论。仅从电商的视角看，笔者认为以"人"为中心的社群电商、团购，是与"内容""商品"中心相同量级的，经营方法又差异显著的电商模型。熟人社交属性不如腾讯、拼团，团购模型有拼多多、美团等巨头，抖音会如何选择呢？

《抖音电商全域增长飞轮 FACT+S 经营实战白皮书》基于货架运营、内容运营和营销加速 3 个方向，给出了 4 大经营模块、9 个关键运营动作，如图 1-5 所示。

图 1-5　抖音电商的 4 大经营模块和 9 个关键运营动作

抖音电商平台官方发布方法论，一定程度上为商家经营指明了方向。小佳学习了很多课程，知道了抖音电商两大核心点是短视频和直播，最终总结出达成全域增长的两条典型路径。

（1）以爆款短视频拉动全域增长。如图 1-6 ~ 图 1-8 所示，这种路径先产出爆款短视频，通过有效的"看后搜"运维，在短视频浏览页触发默认关键词搜索，或在评论区触发关键词搜索后，由店铺或主播承接搜索流量。

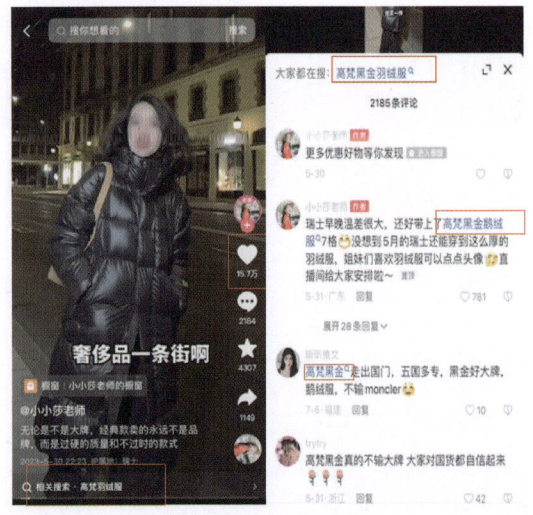  

图 1-6　爆款短视频触发相关搜索　　图 1-7　店铺承接（1）　　图 1-8　店铺承接（2）

（2）以热榜直播拉动全域增长。如图1-9～图1-11所示，这种路径先打造人气直播（通常是达人主账号），通过有效的运维，在直播间触发"猜你想搜"关键词，然后由店铺（或达人电商变现小号）承接搜索流量。

图1-9　直播间触发"猜你想搜"关键词

图1-10　店铺承接（3）

图1-11　店铺承接（4）

通过对抖音全域兴趣电商平台有关的调研和学习，小佳明白了全域兴趣电商平台的底层逻辑、方法论及达成路径，为开启抖音电商新业态奠定了基础。谨慎的小佳还大量阅读有关抖音的新闻，希望发现在抖音开展业务的新机遇。

4. 持续跟进平台规则更新，发现抖音新机遇

抖音的变化很快，技术、规则和界面设计都日新月异。有关电商的新规则往往会对开展业务有直接影响，为此，小佳关注了"抖音电商学习中心"账号，常常查阅相关新规则，如图1-12所示。

图1-12 在"抖音电商学习中心"账号查阅新规

2023年5月,为促进货架场景的发展和完善,抖音电商平台推出了"商品卡免佣"扶持政策,符合条件的商家将免除平台收取的交易佣金,如图1-13所示。小佳认为这是切入抖音电商的一次机遇。

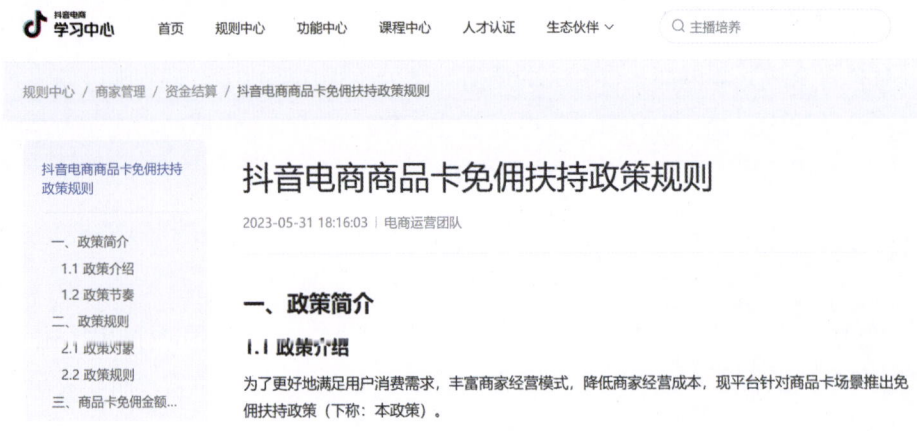

图1-13 商品卡免佣扶持政策

2024年3月,抖音电商平台将关停的独立App再次发布,命名为"抖音商城版",如图1-14所示,这一动作似乎表明了抖音电商完善货架电商的决心,再次直面"淘(淘宝)、京(京东)、多(拼多多)"的竞争。

项目一／账 号 管 理

图1-14 抖音商城版默认首页

任务思考

该任务我们学习了以抖音为主的社会化媒体营销的基本范式和抖音全域兴趣电商经营模式的发展迭代，其中FACT+S的全域经营方法论是当前商家、品牌，以及运营者们需要掌握的重点。

课后练习

基于FACT+S的全域经营方法论有多重实操模式，如基于内容场的F+S模式，基于达人合作的A+S模式，基于活动的C+S模式，基于商场的S模式等，请你完成以下任务。

构思一个基于FACT+S的具体运营策略，帮助一位月GMV在10万元左右的女装商家实现增长。

任务1.2 文旅IP转型为电商IP的重定位

任务描述

抖音达人@小小莎老师原是一名高校老师,30岁辞职创业成为一名全职旅行博主,通过分享旅拍美景和人生感悟积累了近600万粉丝。2020年,旅游行业遭到重创,旅行博主商单推广急剧减少,@小小莎老师所在的MCN公司也陷入经营困局。为了自救,公司决定将@小小莎老师账号从文旅IP转型为电商IP,同时将公司主营业务调整为直播带货。基于该背景,请以@小小莎老师的运营负责人身份,完成以下任务。

（1）结合@小小莎老师账号的过往经历与运营情况,重新挖掘亮点,打造一个有竞争力的电商IP,帮助公司完成账号转型;

（2）根据新IP构建账号矩阵,实现账号间的联动与闭环,使得内容与商业势能最大化。

任务实施

1. 达人粉丝画像与抖音八大人群

（1）通过巨量算数软件查看达人粉丝画像的方法,我们在中级[①]中已经讲过,登录"巨量算数",搜索"@小小莎老师",即可查看粉丝画像。也可在抖音创作者中心查看粉丝画像,如图1-15所示。

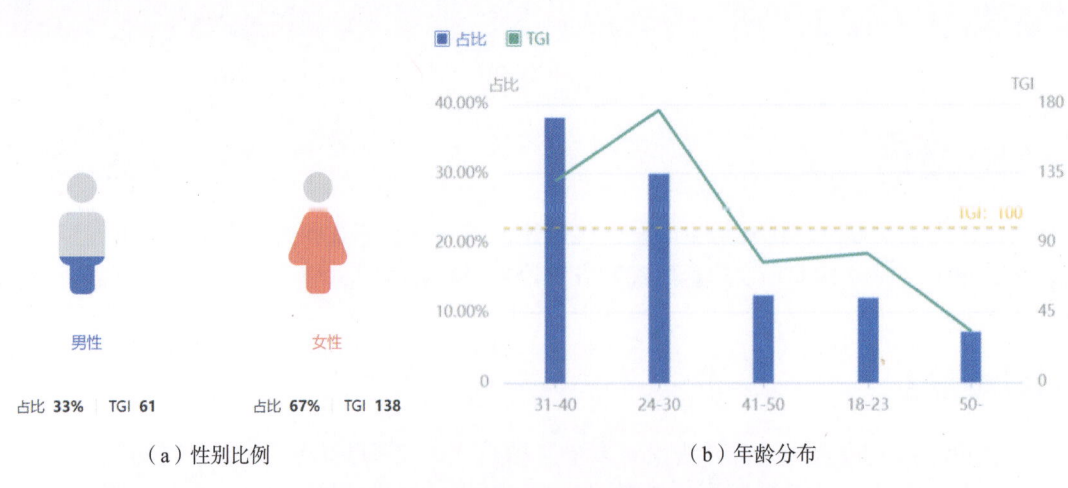

（a）性别比例　　　　　　　　　　（b）年龄分布

图1-15 "@小小莎老师"账号的粉丝画像

---

① 此外"中级指"《自媒体运营》中级证书课程。

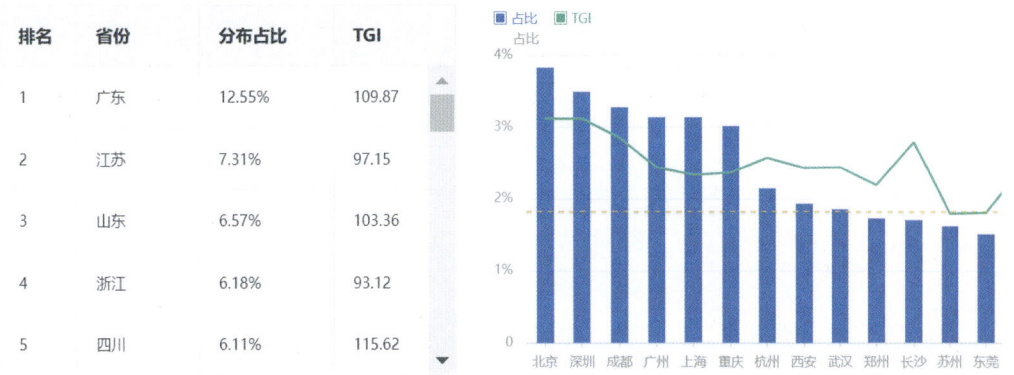

（c）地域分布

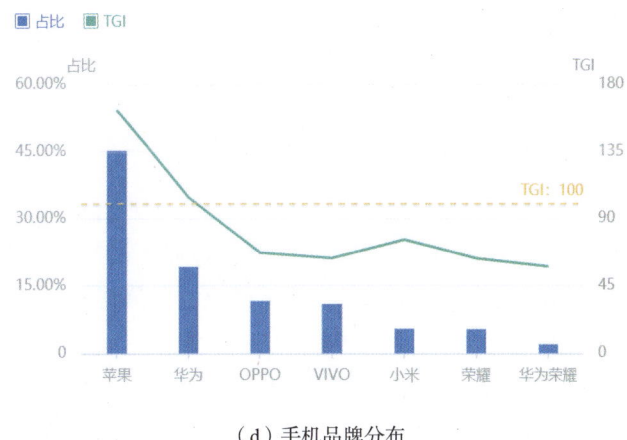

（d）手机品牌分布

图1-15 "@小小莎老师"账号的粉丝画像（续）

（2）抖音"八大人群"标签。为了将互联网消费群体打上数字化标签，便于用户分类与分析，2019年，基于相关理论和经验，阿里巴巴联合数据洞察与咨询公司凯度，调研了我国一～五线360个城市的4434位18岁以上消费者，根据不同人群的年龄、城市线级、家庭可支配收入等基础属性特征，对人群的价值观、生活方式、品类及渠道触点偏好进行了详细研究，提出了"八大消费人群"的概念，帮助品牌对人群进行精准运营，实现人、货、场高效匹配。

"八大消费人群"（简称"八大人群"）标签有效、简单、具象、易理解，非常适合我国互联网人群分类，在应用中取得了巨大的成功。抖音也应用了这一人群标签方法，在商业化（巨量广告）、数据分析（巨量云图）、数字化（火山引擎）等各业务领域广泛应用。

"八大人群"是指：Genz、小镇青年、新锐白领、精致妈妈、资深中产、都市蓝领、都市银发、小镇中老年见表1-2。

表 1-2　"八大人群"定义、基础属性与消费观念

八大人群	新势力人群		中坚力量人群			蓝海人群		
	Genz	小镇青年	新锐白领	精致妈妈	资深中产	都市蓝领	都市银发	小镇中老年
基本属性	三线及以上 小于 24 岁	四线及以下 小于 35 岁	三线及以上 25～35 岁 白领、IT、金融群体	三线级以上 25～35 岁 备孕/已生育白领女性	三线级以上 36～50 岁	三线级以上 25～35 岁 消费能力中下群体	三线及以上 大于 50 岁	四线及以下 大于 25 岁
消费观念	注重性价比 高颜值 时尚度高 联名款	很懂网购 促销心智 注重品质 偏好大牌	注重品质 小众设计 健康养生 重视自我	注重品质 理性消费 产品安全 囤货划算	随心所欲 注重品质 注重体验 偏好名牌	计划消费 量力而行 低价折扣 享受物质	随心所欲 健康养生 重视自我	随心所欲 独特设计 注重体验

（3）将达人粉丝画像标签化。利用"八大人群"标签，可以对达人粉丝进行更简单、具象化的定义，达人@小小莎老师的粉丝以一线及新一线城市，购买力较强的资深中产、精致妈妈和新锐白领为主。

2．挖掘优势，选择新赛道

（1）挖掘个人优势点。在寻找优势点时可以用一句话概括：你是谁？为了谁？提供了什么差异化的商品或服务？@小小莎老师原账号的优势点可以描述为以下内容。

达人@小小莎老师是一位在 30 岁辞职创业的旅行博主，为身处城市高压下仍渴望旅游看世界的都市女性，以短视频和直播的内容为载体，提供世界各地的旅行打卡攻略，以及提供独立女性的情绪价值。

进而萃取账号的关键亮点。

① IP 具备强内容属性，用户黏性高；

② IP 具备强颜值属性，用户种草需求旺盛；

③ IP 具备强转化潜力，用户购买力极强；

（2）挖掘公司优势点。同样运用"你是谁？为了谁？提供了什么差异化的产品或服务？"寻找公司的优势点，将其概括为：XX 是一家同时集合了 IP 内容孵化、传统电商双线业务，在文旅 MCN 和淘系女装赛道中都取得成绩的流量型电商公司，能够为达人提供一站式的内容孵化、品牌运营、供应链及电商体系搭建服务。

（3）寻找两者交集，确定新赛道。由于特殊原因对旅游行业的巨大冲击，且该影响为不可抗力。结合@小小莎老师账号和公司的优势点，最佳的选择是暂停文旅业务，全力投入已有基础的女装类目电商业务。但通过孵化文旅 IP 积累下的内容生产和流量运营能力应当保留，该模块能够很好地为电商业务赋能，即得到两者交集：内容电商。同时，2020 年抖音直播电商飞速发展，成为内容电商中变现潜力最大的形式，故新赛道可确定：抖音女装直播电商。

3. "点—线—面—体"定位法,确定新 IP 定位

"点—线—面—体"定位法是一种目标导向的、从宏观到微观的战略定位方法。在确定了抖音女装直播电商赛道后,可以应用该定位法,进一步明确 IP 定位。

(1)"点"是指经营目标及其对应的商业模式定位。通常可以用二维四象限定位法实施,如图 1-16 所示。

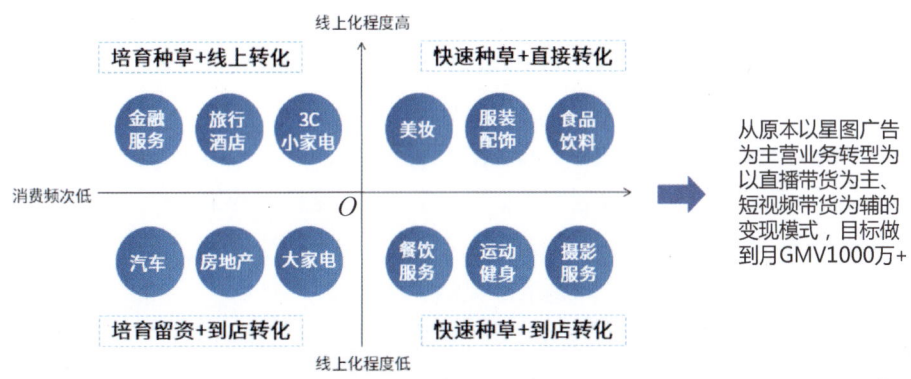

图 1-16 二维四象限定位法确定 @ 小小莎老师账号新 IP 的"体"定位

用消费频次与线上化程度作为分类标准(坐标轴),将各行业(品类)分为四大类(四个象限),获得对应的商业模式,例如,3C 小家电线上化程度高、消费频次低,归入第二象限,大类商业模式为:培育种草 + 线上转化,即可以采用多次短视频种草,然后短视频挂车或直播电商完成转化闭环。而服装配饰消费频次高、线上化程度高,归入第一象限,商业模式:快速种草 + 直接转化,即可以采用短视频种草 + 挂车,更多直播转化的策略。

"点"定位要求目标聚焦、商业模式精准,就像"点"一样简洁(到唯一)、清晰(到毫无歧义),是其他定位和行动的"原点"和"灯塔"。应用二维四象限"点"定位法,明确 @ 小小莎老师新 IP 的"点"定位:从原本以星图广告为主营业务转型为以直播带货为主、短视频带货为辅的商业模式,经营目标为 ≥ GMV1000 万元 / 月。

(2)"线"是指你与外部的关系定位,即对外呈现的业务线(或事业单元)。依据事业单元(BU,Business Unit)公式:

事业单元 = 产品 / 服务(P,Product) × 渠道(P,Place) × 客户(P,People)

可以将"线"定位描述为:在什么细分领域(渠道、类目定位)或交易场景下,为谁(用户、粉丝定位),提供了什么产品与服务(商品、服务定位),满足其什么个性需求(价值定位),有哪些对标账号(竞争态势定位)。

与外部的关系("线"定位)一般通过寻找对标,分析其商品和服务、渠道和用户三要素,从而找到差异化实施。达人 @ 小小莎老师通过查询并分析对标账号 @ 鸥纪儿、@ 子安、@ 邱莹莹等(相关技能在《自媒体运营(中级)》中已讲解),确定了新 IP 的"线"定位:在抖音女装类目,为一线城市的高净值女性,提供品质比肩大牌、性价比更高的女装及其他电商

好物、满足、鼓励其对服装服饰品牌、品位的个性化需求。

对外的业务线必然面临市场竞争，除了上述公式，读者可以应用波特五力模型等竞争战略相关理论，指导确定"线"定位，竞争市场战略的核心关注点是寻找差异化，故推荐罗列1～3个对标账号，长期跟进。

另外，完成唯一经营目标的业务线可能有多条，经营的乐趣就在于成功从来都无定法，所谓条条大路通罗马，选择单线突进还是多线并进，这和细分市场所处的生命周期有关。笔者认为，在市场成熟度不高时，选择单线优于多线（在差异化的业务线上深度突破），即使不得不多线并进，也有一条清晰的市场主线，但市场趋于成熟时，则应考虑多线并进。限于篇幅，有兴趣的读者可以自行思考、查阅文献或来信交流。

（3）"面"指的是你与内部的关系，即经营所需的"投入"，包括人、财、"know-how"（技能知识）、信息等基本经营要素，以及时间、风格与情绪能量等约束条件。"面"常常已足够复杂，要求"面面俱到"，不是抓好关键"点"就能做好的，是系统工程，考验达人及其公司的经营水准。这里仅用一些关键问题给出提示。

① 基本经营要素"人"的方面：业务线由自有团队还是外包团队支持（自运营or代运营），需要搭建怎样的团队（组织架构、岗位定义、职责与绩效）；

② 基本经营要素"财"的方面：业务线的成本构成如何，应该如何拟订预算，ROI优先还是起量优先，投资回报率、投资回收周期、现金流量如何；

③ 基本经营要素"know-how"方面：基础设备设施、软件如何选用，视频内容生产能力、直播能力、运营投流能力应达到什么水准，供应链支持服务能力，类目知识和商品专业知识能力如何；

④ 基本经营要素"信息"方面：需要获取哪些数据，具备什么数据分析能力，哪些环节可以通过信息化降本增效，信息安全策略如何；

⑤ "时间"约束方面：根据目标和事业生命周期，所有的内部事宜均建立时间维度的约束。例如，目标按月定义（而不是按年度），在这种指引下，人、财、"know-how"和信息等基本要素也要按月匹配，甚至按周分解，否则难以达成对业务目标形成有效支持；

⑥ "风格与情绪能量"约束方面：根据业务主导者的风格塑造团队整体情绪能量，这和企业文化相似，但因互联网的快节奏，往往是阶段性的"企业文化"。例如，团队主导者风格比较激进、竞争意识强，则可能选择全力投入策略、关键岗位、团队赛马机制，则需要团队建立全情投入的心态。如果主导者擅长谋定而后动，可以将转型第一年分解为若干阶段，每个阶段拟订执行计划，分步投入和达成阶段目标，把握好节奏，及时复盘优化。

（4）"体"指的是执行阶段的各种"细节"所构成的整体。所谓细节决定成败，其实就是要求在执行中，做好每项具体的工作。这样才能使得企业有血有肉，拥有健康的体魄，支持强大的执行力。主要通过推行项目管理机制，应用戴明环（PDCA）落地，追求效率最大化，所以"体"的关键是搭建SOP（标准操作流程，对应Do环节）和Checklist（自检表，对应Check环节）。例如，账号@小小莎老师转型新IP时，可以用自检表（见表1-3）进行检查优化。

表 1-3 新 IP 定位自检表

模块	自检点	检查动作
账号主页	主页头图	是否有整体视觉规划
	账号名字	品牌号是否符合品牌调性
	账号头像	达人号是否彰显人物个性
	账号简介	是否传达了人设（看了知道主播身份或性格）
		是否传达了主题内容（看了知道账号是什么赛道）
		是否有直播预告（联动直播间）
账号规划	粉丝群体画像	是否断清自己账号的目标人群是谁
		年龄段、性别、兴趣、标签
	题材	是否固定了视频的呈现方式
		口播分享、剧情演绎、生活 vlog
	风格	是否固定了视频统一的风格调性
	人设 IP	是否有鲜明的 IP 能让人记住
	主题	是否看了一个视频就知道整个账号做什么内容
		是否知道之后的视频会做什么内容
	对标账号	是否能找到几个对标账号进行内容参考和学习
	给予价值	是否能运用反向思维，找到观众能从视频中获得什么价值
		知识、审美、娱乐、情感、互动

严格来讲，"点—线—面—体"定位法所涵盖的范畴远超单纯定位，而是一整套经营方法论，可以用团队、企业共创经营计划（月度、年度）落地。

6. 利用账号矩阵，全面放大 IP 势能

（1）内容 IP 矩阵。内容 IP 矩阵一般指的是账号在内容层面因某种关系构成关联，一般出现在达人的亲属、同事、友人等社会关系中，或由 MCN 机构主导建立的同垂类的不同账号间。常见的内容 IP 矩阵又可以分为并列型和放射型两种。

① 并列型 IP 矩阵。这种类型的账号间体量相近，常通过内容共创或合作剧情的方式，互相为对方导流，分属不同创作领域，他们通过内容共创达到了相互导流的效果。这两个账号关系是平等的，无从属地位，所以称为并列型。

② 放射型 IP 矩阵。这类矩阵围绕一个大体量的核心账号，按照一定的社会关系布局其他账号，通过大号的简介栏、内容参演、内容共创为小号导流，最终形成矩阵合力。账号 @ 小小莎老师便采取了放射型的矩阵运营策略，通过借助 @ 小小莎老师账号的流量势能，开设了达人 @ 小小莎老师婆婆的账号 @ 爱笑的绿豆奶奶，以及亲子账号 @ 绿豆妈妈。值得一提的是，矩阵中新 IP 的创设，除了流量的裂变增幅，还能带来新赛道的机会。如 @ 绿豆妈妈便能帮助达人 @ 小小莎老师在已有女装和旅游达人的身份外，提供了探索母婴赛道的

可能性。

（2）内容 IP+ 商业闭环矩阵。由于内容 IP 账号和电商账号往往会有明显的流量差异，为了不影响内容 IP 账号的数据表现，可采取子母号的形式构建"内容 IP+ 商业闭环"矩阵。其中，母账号负责通过内容运营涨粉，积累流量势能，通常以流量指标（播放量、互动量、涨粉量等）作为 KPI；子账号则负责承接母账号流量，精准变现，通常以商业转化指标（留资数、GMV、ROI 等）作为关键绩效指标（KPI）。

@ 小小莎好物社、@ 小小莎原创衣橱、@ 小小莎超品社 三个账号精准定位为女装带货类账号，母账号 @ 小小莎老师 负责前端内容"种草"，三个子账号通过短视频挂车和直播带货"拔草"。子账号可利用母账号的直播高光切片作为短视频带货素材，不断获取长尾价值。

（3）店播矩阵。除了达人账号外，还可利用账号 @ 小小莎老师的 IP 价值赋能店铺账号，创立原创女装品牌 R30，同时开设多个店铺自播账号，如图 1-17 所示，实现高饱和的阵地自营。多账号品牌自播不仅能够放大流量，提高 GMV。同时还能够提前测品，将测出的爆品用于 @ 小小莎老师达人账号的专场直播。

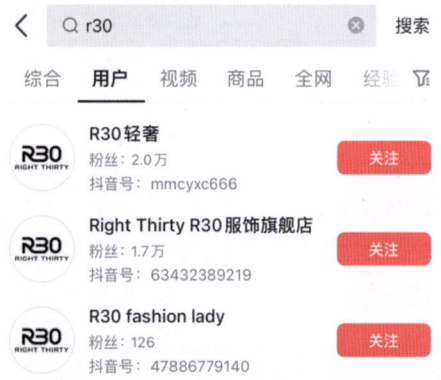

图 1-17　账号 @ 小小莎老师 IP 赋能的原创女装品牌 R30 的店播矩阵

（4）多渠道分发矩阵。还可将抖音的短视频、直播高光切片分发至其他社会化媒体平台，实现多渠道矩阵运营。

任务思考

在定位环节中，我们经常会遇到一些情况：纠结出镜演员穿什么？用手机拍摄还是相机拍摄？账号主页装修的风格选什么……这些都是未经系统思考，便陷入到细节执行困境的表现。

我们需要明确 IP 竞争力，不是突发奇想，一时"拍脑袋"决定的，更不是由一处两处细节决定的，而是需要系统的市场调研、向内沟通，同时权衡利弊后的策略思考，本任务给出的"点-线-面-体"定位法是一种目标导向的、从宏观到微观战略定位方法，是战略管理理论在新媒体行业的应用，经实践检验有效。

课后练习

请完成以下练习：

（1）运用"点-线-面-体"定位法，对你的账号重新进行系统定位。

（2）在完成定位后，尝试从至少3个维度搭建矩阵，并规划矩阵间各账号的协同机制和目标，充分放大IP势能。

任务1.3　乡村IP的账号诊断及优化策略

任务描述

抖音达人@川味盐太婆 在账号运营初期通过记录爷爷在乡村的老年生活，以做菜内容为主，目的是唤起在外工作的年轻人对家乡的思念，选择"乡村+美食"的蓝海赛道，帮助账号实现了快速涨粉，度过了启动期。但在粉丝到达百万量级后，同质化的内容使得账号涨粉困难，流量遇到瓶颈。请以账号运营负责人的身份，完成以下任务。

（1）分析账号数据和核心指标；

（2）给出账号优化策略，实现持续成长。

任务实施

账号经营一般分为启动期、成长期、成熟期和衰退期，该任务涉及的账号@川味盐太婆已度过启动期，得到了一定数据反馈，正处于成长期。成长期账号往往呈现快速涨粉的特征，但同质化内容可能打断这一进程，出现瓶颈。此时，是账号经营团队修炼"内功"的机会，需要直面问题，认真分析账号数据，诊断和发现问题的原因，进而创造性地提出解决方案或优化策略。一旦突破瓶颈，或可赢得较长时间的正增长。

1. 查看与分析账号数据

（1）登录抖音，依次点击"我"→"三横杠"→"创作者中心"→"详情"按钮，即可查看账号数据总览，如图1-18所示，这里给出的蜘蛛图涉及五大核心指标。核心指标意义及诊断结论见表1-4。

图 1-18 本任务达人主页及数据总览

表 1-4 核心指标意义及诊断结论

指标	意义	诊断结论
投稿数	在统计周期内发布的作品数量	@川味盐太婆的投稿数略低于行业同类账号的平均数量，应适当增加投稿数
播放量	视频被观看的次数	单位播放量内，更优质的互动指数数据表现是激发更高播放量的秘钥。@川味盐太婆的播放量高于行业同类账号的平均数据，有很大原因是同样高于行业平均的互动指数
互动指数	视频点赞、评论、转发、收藏的综合得分	点赞代表用户的认同感，评论代表内容的话题性，转发代表激发了用户的分享欲，收藏代表内容的有用性。每项数据本质上是用户对内容的"投票"。当前账号的互动指数同样高于行业同类账号的平均数据，代表内容相对优质
完播率	视频完整播放次数的占比	完播率代表了用户对视频的"兴趣持久度"，需要从用户思维出发，有意识地去绘制"视频兴趣曲线"。@川味盐太婆的完播率远低于行业平均数据，故针对完播率的优化是重点
粉丝净增	账号净增粉丝数，通过涨粉数减去脱粉数得出	涨粉（关注）也代表了一种用户倾向，即用户对该账号的精准识别与高度期待，但涨粉相较于点赞、评论、转发、收藏具有"滞后效应"。影响涨粉有两大关键：一是持续输出垂直的优质内容；二是帮助用户在最短时间内识别账号定位

2. 给出账号优化策略

在《自媒体运营》初级和中级课程，我们都给出了一些核心数据优化的策略，但不成系统，很难上升为可复制的方法。这里给出一种方法论：账号优化的黄金策略公式，供读者参考借鉴。

好内容＝有表演张力的出镜人＋有吸引力的选题＋
高完播率的内容结构＋看得懂的文案＋匹配预期的后期制作

（1）挖掘达人特色，增强人设辨识度。为了挖掘达人特色，我们将人设分解为四个要素，对 @川味盐太婆进行细致分析，见表1-5。@川味盐太婆的外显特征（口头禅）和呈现特征（美食特写镜头）如图1-19所示。

表1-5　@川味盐太婆的达人细致分析

要素	要素内涵	@川味盐太婆的细分特色
主要特征	内容主题，达人外貌、性格特征	热情、爱笑，烧得一手好菜的老婆婆
外显特征	表情、语言、动作	川渝口音，口头禅"吃饱了好减肥"等
辅助特征	内容道具、环境、场景	乡村厨房的场景，一家人在饭桌上其乐融融等
呈现特征	内容拍摄方式、角度、节奏、音乐	美食的高清特写镜头，充满烟火气、舒缓的背景音乐（BGM）等

图1-19　呈现特征（美食特写镜头）

（2）进行选题迭代，防止内容同质化。如何选题已在《自媒体运营（中级）》中详细介绍，这里也给出一种通用方法"二维定位法"：横轴是@川味盐太婆团队的知识库优先级，纵轴是热点热度值，选择第一象限中团队更熟悉、热度更高的选题，如图1-20所示。通常，两个维度要适当平衡，即兼顾团队熟悉和热度高两种属性。但要注意，对于热点一定要取之有道，切忌不顾账号垂直度随意蹭热点，扰乱账号标签。可使用巨量算数、抖音热点宝、热点小助手等工具，寻找平台热点、行业热点、社会热点三者交集，找到适合自己的热点，保持选题与时俱进，持续更新迭代。

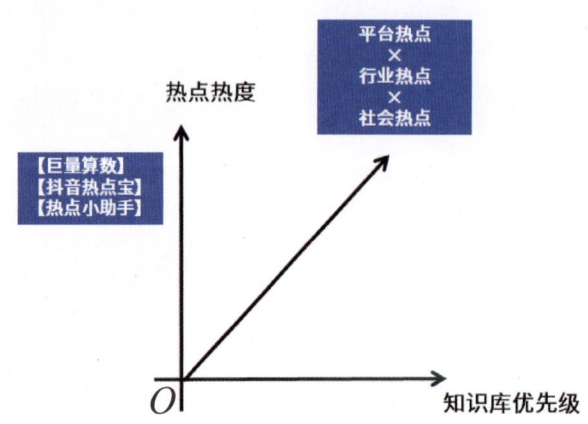

图1-20　兼顾团队能力与热度的二维定位法选题策略示意图

（3）搭建爆款内容结构，提高完播率。有关内容创意，也在《自媒体运营（中级）》中给出了方法，概况起来是"二创"方法。在《自媒体运营（高级）》中，将介绍"原创"方法，这里给出一种通用的内容结构。麦肯锡咨询顾问芭芭拉·明托在《金字塔原理》中提出了"结构化表达"工具——SCQA架构：S（Situation），即情境；C（Complication），即复杂性，常意译为冲突；Q（Question），即问题；A（Answer），指的是答案。通过对四个部分的任何排列组合，可以搭建更吸引用户的内容结构。为提高完播率，可在剧情中引入SCQA架构。同时，为了提高用户的5s完播率和降低2s跳失率，可采用"冲突前置"的CQSA结构。例如：

"C（冲突）"爷爷和奶奶对话产生冲突；

"Q（问题）"奶奶帮助爷爷解决XX美食的问题；

"S（情境）"展示美食制作过程；

"A（答案）"展示和分享美食成果，引导关注。

（4）应用大众化台词，拉近与观众距离。说好文案就是"说服人相信任何东西，或者促使人行动的语言艺术"。在抖音，好文案应当包含五要素：普通的道理、简单的字词、有节奏的句式、画面感、对象感。

① 普通的道理。抖音是普通人的内容社区，"曲高和寡"，立意"拔得太高"反而受众少。特别是乡村美食类IP@川味盐太婆，文案绝不能晦涩难懂，而要浅显易懂。很多大品牌的文案往往言简意赅，普通人都能秒懂秒记。比如，耐克的"Just do it"，德芙的"此刻尽

丝滑"等。

② 简单的字词。要传播要转化，遣词造句必须简化、口语化，不出现生僻字，少使用成语，可以用歇后语、俚语。

③ 有节奏的句式。好的文案具备口口相传的力量，其中很重要的一点就在于节奏感。比如"今年过节不收礼，收礼就收脑白金"，能够唱出来的"怕上火喝王老吉"等，所有传世经典的文案几乎无一例外。@川味盐太婆里爷爷一句"老太婆，今晚不吃饭，XX来下饭"的口头禅，既体现了淳朴乡情，也很有节奏。

④ 画面感。画面感不仅是追求视觉效果，而是要调动更多器官，"眼耳口鼻身心"，全方位感知内容，如通过描述食物的色、香、味，调动观众感知与情绪。

⑤ 对象感。戏剧创作要打破"第四堵墙"。"第四堵墙"是戏剧术语，舞台只有三面墙，面对观众席那面是没有墙的，但戏剧创作者常常会"自嗨"，导致作品与观众无互动，就像筑起了物理意义上的"墙"，形成舞台的"第四堵墙"。打破"第四堵墙"是一种增强对象感和互动感的艺术手法，比如，在视频的开始，可以对着屏幕说"别划走"或者"等一等，听我说完"。又如，在视频结尾对观众说"麻烦关注点个赞，明天要吃啥，好喊老太婆做"就打破了"第四堵墙"，吸引了观众注意力，增加了互动提示。

此外，匹配预期的后期制作也是内容优化的要点之一，主要影响"呈现特征"，细节较多，此略。

任务思考

任何账号都有其生命周期。对于运营者来说，其职责是定期复盘、诊断问题，通过不断迭代、成长，帮助账号延长生命周期。

账号诊断的五大核心数据是投稿数、播放量、互动指数、完播率、粉丝净增，账号成长的核心策略是"做好内容"。

课后练习

请使用账号优化的黄金策略公式，对自己的账号内容进行诊断，并给出优化方案。

项 目 小 结

本项目学习了社会化媒体传播的基本范式、抖音全域兴趣电商经营模式FACT+S、账号"点-线-面-体"定位法、利用矩阵全面放大IP势能、账号诊断的核心维度，以及账号优化的策略公式。看起来涉及理论知识比较多，但多是起于实践的理论溯源，即实践证明了某种方法有效，再追溯其理论支撑，故值得读者揣摩。抖音等互联网平台界面、功能、工具、规则等都在快速变化，但关于新媒体运营的分析模式、策略框架有相对更长的有效期，可大胆在自己账号管理与经营中应用。

项目二

场景搭建

▎学习目标

- 能整合并配置多机位、多账号同步的专业软/硬件工具。
- 能根据视频拍摄方案,灵活策划和低成本搭建场景。
- 能根据矩阵账号定位,装修不同类型、不同贴片风格的直播间。

任务 2.1　搭建大型农产品巡演的直播带货现场

任务描述

河北省易县将利用大舞台的方式进行户外直播，推介本地优质农产品、宣传乡村旅游景点，并且以点带面在本县各农业板块进行巡演直播，全面打响农产品品牌，激发线下旅游业态和农产品销售新活力。此次"才艺展示+直播带货"活动，当地的牛牛互动直播基地主播及团队全程参与，请协助牛牛互动直播基地团队完成以下任务。

（1）整合并配置硬件设备，包括直播一体机的安装与调试，多机位直播硬件联调；

（2）配置多平台同步直播的专业软件工具；

（3）根据账号定位，装修不同类型、不同风格的直播间。

任务实施

这是一场大型户外直播活动，不仅要包括直播策划方案的撰写，还要有设备的准备、现场人员的安排、镜头的衔接配合，直播内容规划与直播、后复盘数据分析等。总之，大型户外活动直播需要准备设备和制订详细的直播方案，以确保直播效果。同时，还需要根据观众需求和活动内容进行灵活的调整和优化，以获得更好的直播效果。

根据任务要求，首先要构架好正常直播所需的软、硬件设备，统一进行整理归纳，列入表格，并将直播间装修成符合产品、账号定位的风格。

1. 整合并配置硬件设备

（1）常见的视频源有：现场实时画面（如演出、会议、实景直播等）、演播室+场外连线合成画面（如新闻报道）、真人绿幕抠像/数字人+布景/虚拟场景合成画面（如很多抖音电商直播）、其他画面转播（如游戏直播）等。

（2）典型的直播间三大硬件组成，如图 2-1 所示。

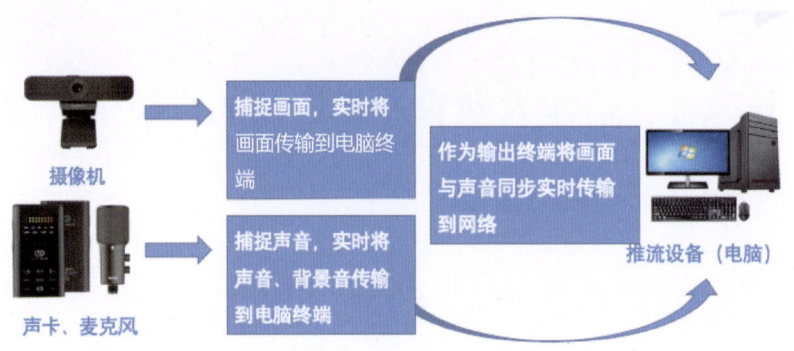

图 2-1　典型的直播间硬件组成

由摄像机拍摄画面，抓取视频源，将画面导入视频采集卡中，再从视频采集卡中导出到电脑，电脑端可实时抓取摄像机画面。由麦克风收声，传输到声卡，从而导入到电脑中实时抓取声音。

（3）直播一体机安装与调试。此次直播活动中，有的农户选择使用直播一体机进行直播，效果如图 2-2 所示，设备连接如图 2-3 所示。设备的安装与调试过程如下。

① 准备工作：搭建前，需检查设备有没有缺陷、能否正常使用、组件是否齐备等。

图 2-2　直播一体机室内虚景直播间效果图

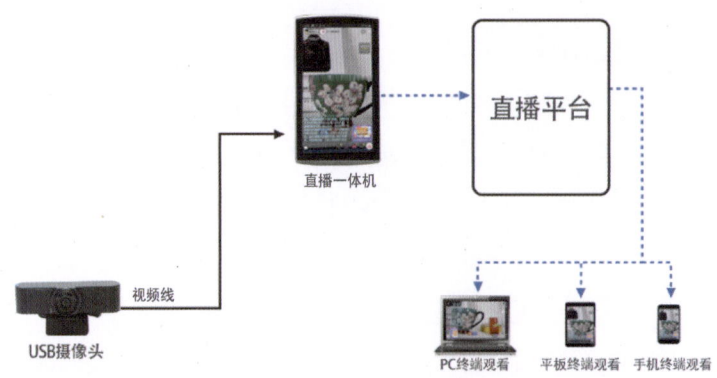

图 2-3　直播一体机连接示意图

② 安装步骤如下。

安装摄像头：首先把 USB 摄像头固定在选定的位置，然后将摄像头的视频线接入直播一体机，最后检查摄像头捕捉的画面是否正常。

安装直播推流设备：首先将推流设备放置在稳定的位置，然后将推流设备连接到有线或无线网络，最后在推流设备上插入摄像头的视频线。

调整摄像头角度，使其捕捉到清晰的画面。

将麦克风插入直播一体机麦克风接口，调整麦克风位置，确保收音效果。

下载并安装直播平台软件，进行账号注册和调试。

③ 调试技巧如下。

画面调试：调整摄像头和主持人之间的距离、角度等，使画面达到最佳效果。

音质调试：移动麦克风至合适位置，确保音质清晰、无杂音。

网络调试：测试网络速度，确保直播过程中画面流畅、音质稳定。

（4）多机位直播硬件联调

多机位直播是一种利用多台摄像机进行实时拍摄的直播。通过多台摄像机拍摄，将拍摄画面传输至导播台（推流系统），由导播台对画面进行切换与制作，以便提供更丰富、多角度的直播内容，增强观众的观看体验。

此次直播现场，配置了 3 个机位：固定机位、移动机位、摇臂。如有必要，还可以安排无人机拍摄画面。多机位直播硬件连接如图 2-4 所示。

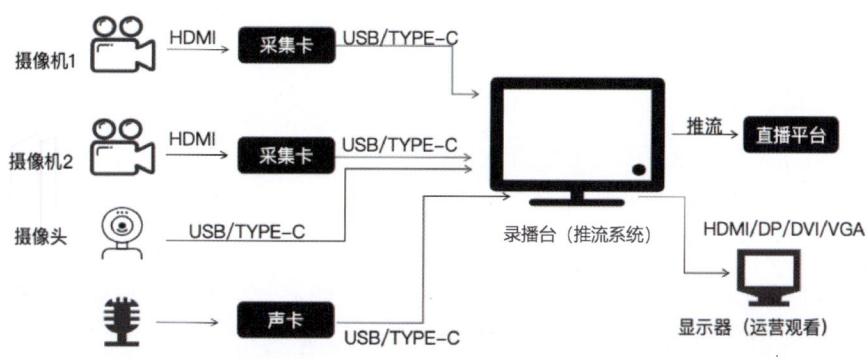

图 2-4　多机位直播硬件连接

多机位直播所需的硬件设备如下。

① 视频接入设备：视频接入设备直播的基础，包括摄像机、照相机、无人机、摄像头、手机、平板电脑、台式电脑、笔记本电脑、多媒体机顶盒等。这些设备可以提供不同的画面，为多机位直播提供素材。

摄像机（多台）：通过专业摄像机拍摄的视频具有清晰度高，对焦准，色温色差均衡，画面稳定等特点。同时，摄像机可以提供稳定的高清/4k 高清画面信号。

无人机：大型直播中常常会采用航拍的形式展现一些需要的画面，小型无人机更容易操控，飞行高度较低，风险小，取景灵活，越来越受到人们青睐。

摇臂：摇臂在三脚架的基础上增加了升降功能，可变长度的机械臂一端挂接摄像机，一端配置操作手柄，以三角架为支点，构成一套杠杆系统，如图2-5所示。摄像师通过操作手柄，使摇臂可以拍摄出连续、宏伟、大气的场面，不错过任何一个画面。

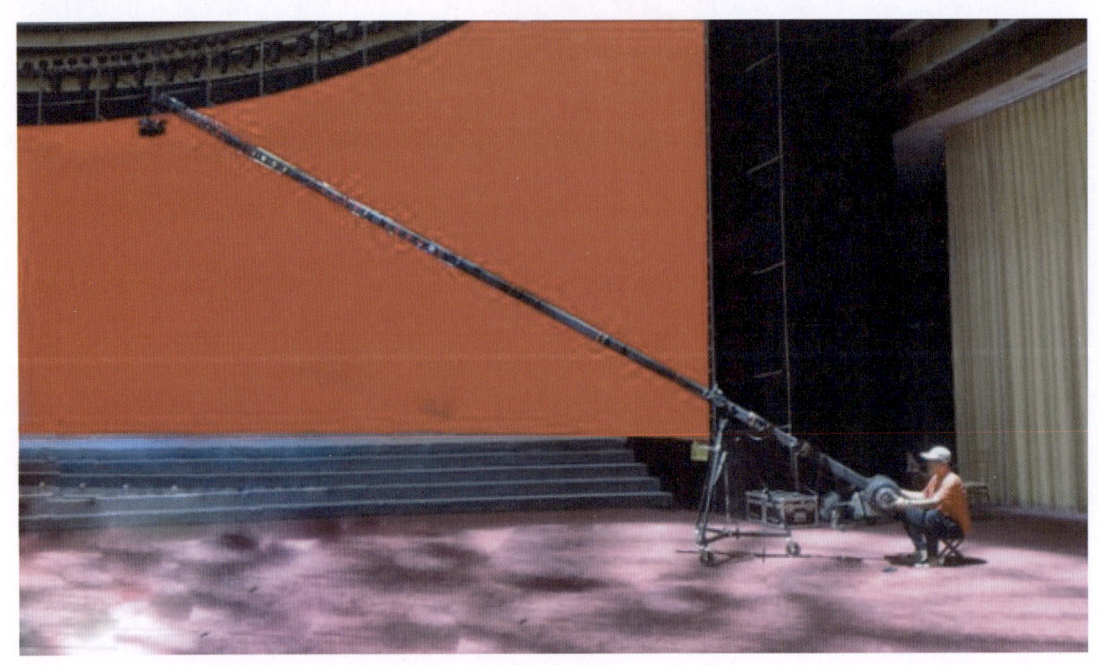

图2-5　摇臂

② 收音设备。

麦克风：麦克风可加强直播间内收音效果，降低环境噪音。

调音台：调音台可更专业的处理声音，并融入背景音乐，提升整体声音收听效果。

③ 导播、直播系统调度、控制设备。

切换台、导播通话系统等。这些设备可以帮助导播更好地控制直播过程，确保直播的顺利进行。

多机位视频接入时，是否使用采集卡，主要取决于视频采集设备是否有USB接口。如果摄像机有USB接口，可以直接插在电脑USB接口上；如果没有，可以选择多接口的采集卡或者导播台等设备中转，连接相机和电脑。

2．配置多平台同步直播的专业软件工具

直播间三大核心软件可以分为画面软件、声音软件和声画合成软件，如图2-6所示。

项目二 / 场 景 搭 建

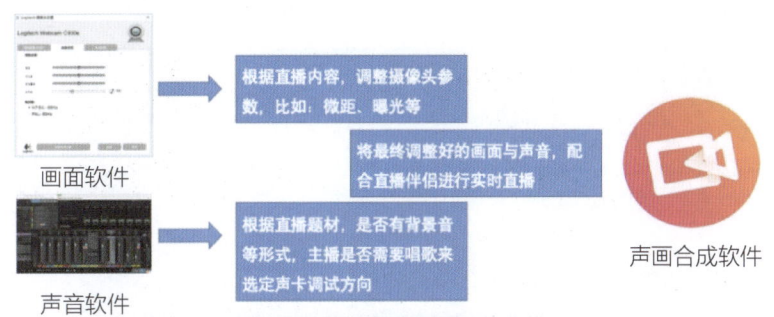

图 2-6　直播间三大软件

抖音提供的直播伴侣软件可以实现声画合成、推流等功能，这在《自媒体运营（中级）》中已经介绍。有时，我们需要更精细的工具，或者更通用的工具，支持在视频号、快手等平台直播，可以选用 OBS（Open Broadcaster Software）软件。这是一款免费的、开源的视频录制和视频实时交流软件，功能丰富，性能稳定，广泛应用于视频采集、直播等领域。

（1）OBS 软件界面简介

OBS 软件推流主界面如图 2-7 所示。

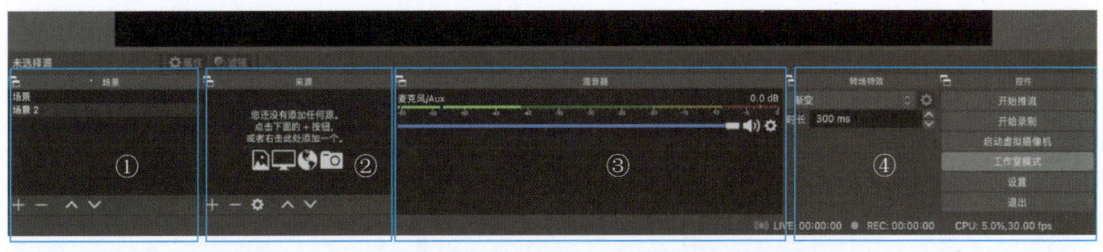

图 2-7　OBS 软件推流主界面

区域①：添加场景，OBS 软件通过多场景管理，支持不同场景之间的切换，不同场景可以设置不同的画面来源（区域②）。一般可以将主机位、侧机位等设置为不同场景；

区域②：画面来源，在选定的场景中添加画中画、视频、摄像头、摄像机等画面来源；

区域③：声音源，选择内录、外收声音等；

区域④：菜单栏，常用于推流设置；

这四个区域之上是中央区域，展示直播场景预览。

（2）OBS 软件画面来源简介

如图 2-8 所示，画面来源：图像（图片）、图像幻灯片放映（PPT）、媒体源、文本（添加文字）、显示器采集（采集外接显示器的画面）、视频采集设备（摄像头、摄像机等）、音频输入采集（麦克风、声卡等声音来源）等。同一个场景内可以设置多个画面来源，这些画面来源将在最终画面中叠加显示，通过调整画面来源的层次顺序及其他参数，可以组合出该场景的最终显示效果。

27

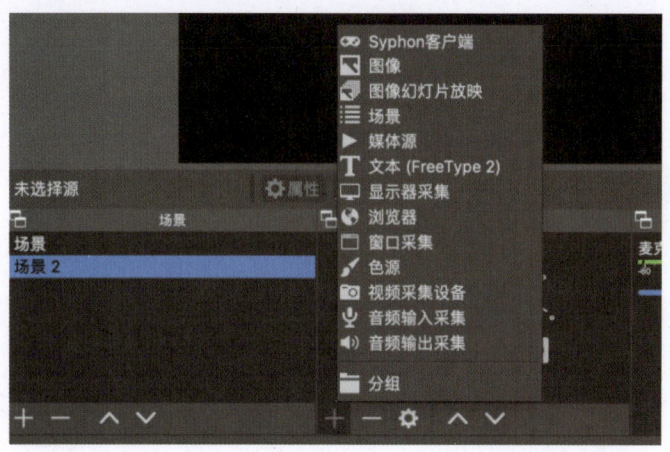

图 2-8　OBS 软件配置某场景下的画面来源

（3）OBS 软件设置

点击区域④中的"设置"按钮，可以进行通用、直播、输出、音频、视频等设置，其中，直播、输出和视频设置比较常用。

点击"直播"按钮，如图 2-9 所示，填写直播服务的服务器地址和推流码即可。不同直播平台提供的服务器地址和推流码不同，请读者自行查询。

图 2-9　OBS 软件推流设置

点击"输出"按钮，如图 2-10 所示，可以设置视频、音频的传输速率（比特率），一般视频比特率设为 2500/Kbps，音频比特率设为 160Kbps。通常在"录像"面板设置直播录制内容的存放位置和格式等，可将整场直播录制下来，用于复盘。

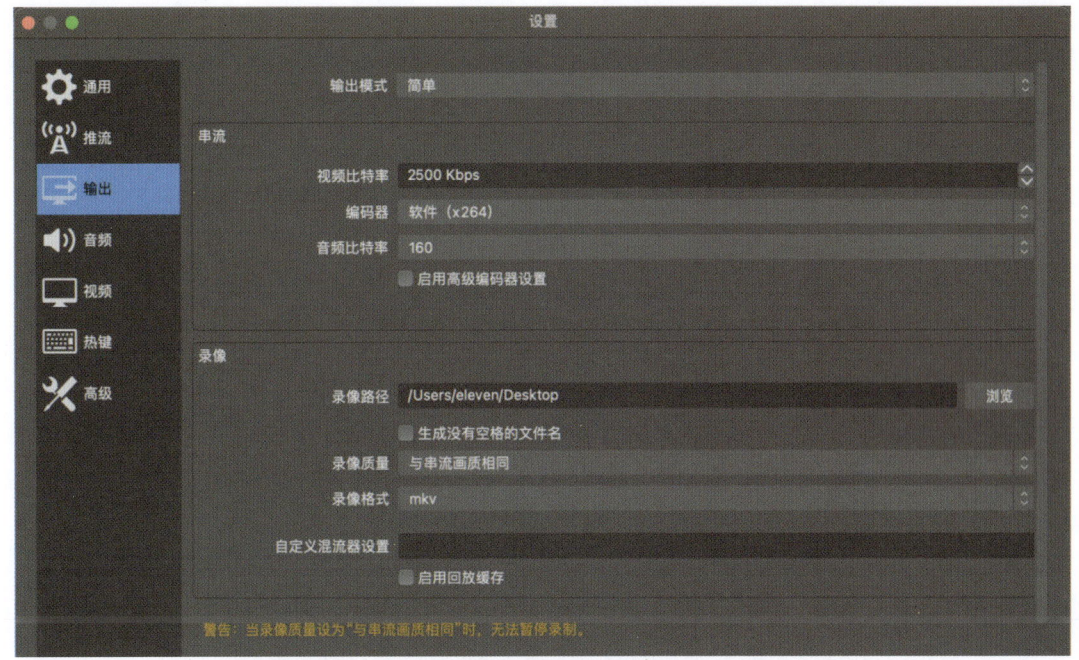

图 2-10　OBS 软件输出设置

点击"视频"按钮，如图 2-11 所示，可以设置视频的分辨率和帧率，使用默认选项即可。

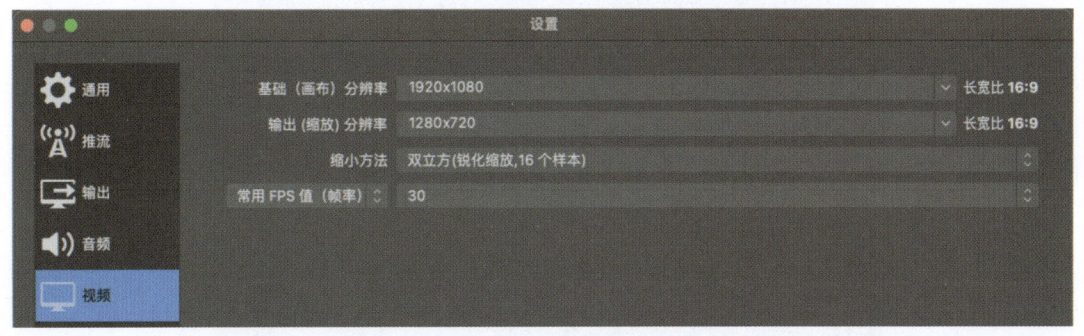

图 2-11　OBS 软件视频设置

（4）多平台同步直播

直播时，一个 USB 摄像头设备只能被一款直播软件调用，而 OBS 软件的虚拟摄像头设备可以同时被多个直播软件调用，早期使用这种方法实现多平台同步直播。但现在多数直播平台都不支持一个视频源多平台同步直播，一旦被检测到，容易限流甚至封号，所以为了账号安全，达人不应将完全相同的画面内容在多平台同步分发。

在本任务中，河北省易县大舞台巡演、农产品产地现场直播是重要的画面内容。但户外直播成本高，牛牛互动直播基地可以派出一支专业团队负责现场画面采集，传输给多个主播，满足不同平台直播带货的需要，即共用摄像机、摇臂高画质的内容。

例如，现场视频团队配置两台摄像机，一号摄像机拍摄大舞台，二号摄像机拍摄农产品生产现场。为一个主播提供现场画面时，两个摄像机分别命名，可在"热键"选项卡或者"快捷方式"工具栏上设置好相应快捷键或按钮，即可实现多机位一键切换。为多个主播同时带货提供现场画面时，比如，主播 A 可以用抖音直播伴侣，主播 B 可以用视频号助手在视频号直播，如图 2-12 所示，主播 C、主播 D 等还可以在其他平台直播。他们在直播过程中，只需要部分现场视频，通过场景的切换功能，则可以分时使用现场视频团队传回的画面内容。

抖音直播伴侣—添加素材—摄像头

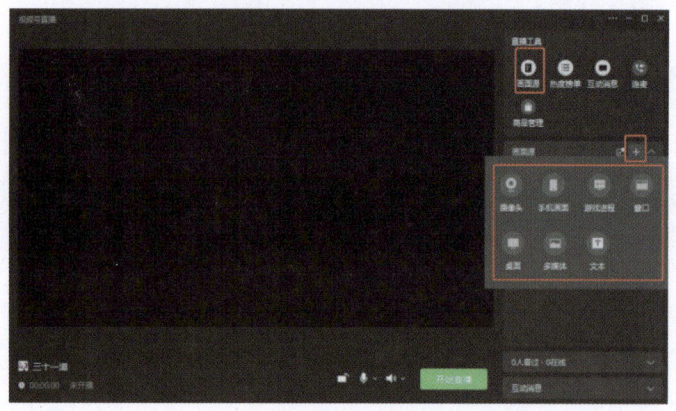

视频号助手—视频号直播—添加画面源—摄像头

图 2-12　在不同平台添加画面来源

3．直播间装修

本次农产品户外直播活动，邀请了近百家商家及达人参加，他们除了要布置自己的直播场景，还要进行线上直播贴片设计，以及视觉策划。

农产品的直播间装修风格多样，需要考虑到农产品的特性和目标受众的喜好。以下是两个装修风格不同的直播间，农家蜜薯直播间如图 2-13 所示，杏干直播间如图 2-14 所示。

图 2-13 农家蜜薯直播间　　　　　　　　图 2-14 杏干直播间

（1）农家蜜薯直播间

电商直播间是产品展示和销售的场所，因此实用性非常重要。通过合理的布局和设计，可以让观众更方便地查看产品，从而增加产品的曝光率和销售量。

农家蜜薯直播间装修采用的就是实用装饰风格，非常适合农业领域，可以让观众更好地感受到产品的原生态。直播背景以视频的形式真实还原蜜薯的种植和收获场景，并分别展示了蜜薯的不同做法，从不同角度直接、生动、丰富的传达产品多方面信息和优势，营造出身临其境的农田氛围。

直播间用到了多个贴片，加上龙年点缀，突显吉祥寓意，整体色调和产品色彩搭配协调统一，保持了整洁的视觉效果。

（2）杏干直播间

此直播间装修风格偏向温馨、简洁，注重温暖、舒适和自然的感觉，装修设计可以选用木质材料、绿植等元素，以及淡粉色、淡黄色等温暖的色调，营造出温馨的氛围。贴片采用醒目的红色，吸引观众的注意力，同时设计简单，符合整体的风格特点。

任务思考

看惯了人设崩塌的戏码，越来越多的人希望看到朴实自然的人设。而农村的亲近淳朴无疑契合这一趋势。多数农产品带货主播衣着朴素，但其中优秀的主播常常凭借对生活的热爱、幽默风趣的说话方式，通过分享农产品相关的知识、故事，在直播过程中与观众及时互动，定时为粉丝赠送产品相关福利等，有效激发了粉丝自主传播，成功打造了个人 IP。

课后练习

请搭建一场节庆活动的现场直播场景，要求如下：
（1）使用两个视频源，一个采集主播画面，一个采集活动现场画面；
（2）主播画面使用固定摄像机位获取，将活动视频作为背景画面；
（3）活动现场画面使用实景移动数码相机获取；
（4）尝试在直播中切换画面。

任务 2.2　搭建熏香产品视频拍摄场景

任务描述

达人山竹入驻抖音两年来，从短视频到直播带货，一直带货桂花香品牌产品，现在主要以直播为主，但是每天也会有引流短视频的拍摄与更新，每次拍摄视频之前，达人山竹都要制订视频拍摄方案，并根据方案进行视频拍摄与制作，请协助她完成以下任务。
（1）策划视频场景搭建方案；
（2）根据拍摄方案进行材料选配；
（3）视频拍摄成本的核算，实现低成本搭建视频拍摄场景；
（4）根据需要和目标优化搭建方案；
（5）执行搭建，完成后按搭建方案进行验收。

任务实施

场景搭建是制作一部成功短视频的重要环节，通过确定主题和目标，选择合适的拍摄地点、合理布局和构图、使用道具和装饰、考虑音效和背景音乐，以及加入后期制作，可以制作出引人注目的短视频作品。

1. 视频拍摄环境要求

在进行产品拍摄之前，先要了解产品特点和受众喜好，据此确立拍摄需求，确保拍摄效果与产品特点相结合。通常来说，一个良好的视频拍摄环境应达到以下要求。

风格匹配：场景的风格应与熏香产品的特性相匹配，如选择古朴、雅致或宁静的场景，以凸显产品的文化内涵和独特气质。

光线充足：足够的光源，确保画面明亮、清晰，避免阴暗的画面效果。

整洁美观：没有杂乱的物品摆放，保持整洁有序的画面，避免给人不舒适或不专业的感觉。

背景设计：背景设计要简洁明了，避免与产品产生视觉冲突，同时可以通过颜色、纹理等元素来衬托产品，不过分繁杂或干扰视线。

氛围营造：熏香产品拍摄时，可以适当加入烟雾效果，以营造神秘、宁静的氛围，增强产品的吸引力。

2. 策划视频场景搭建方案

根据视频拍摄环境要求，可以按以下方案进行场景搭建，以确保拍摄出高质量的产品视频。

（1）确定风格与主题

① 古风：考虑到桂花香品牌与传统文化和历史的紧密联系，可以选择一个古色古香的场景，如中式庭院、书房或茶室；

② 现代简约：如果想要展示桂花香与现代生活的融合，可以选择现代简约风格的室内场景。

（2）场地选择

可以选择在室内拍摄，在自己的工作室选择一个合适的房间作为拍摄地点。

（3）布置拍摄场景

背景：选择简洁、美观的背景，如中式屏风、书画或现代简约的墙面。

道具：使用与主题相匹配的道具，如香炉、茶具、花瓶、蜡烛等。

光线：确保场景光线充足且柔和，可以使用柔光灯或反射板来调整光线。

烟雾效果：在拍摄过程中，可以点燃桂花香，让烟雾缭绕，营造出神秘、宁静的氛围。

3. 根据方案选材并核算成本

由于达人平时直播，视频、音频、灯光等设备很齐全，此次视频拍摄就用直播间的同套设备即可，所以在视频场景搭建选材方面，主要是道具的使用。

（1）方案一古风风格

道具：古式家具、字画、屏风、香炉、茶具、花瓶、蜡烛、灯笼、铜质香炉等。

成本大约为2000元。

（2）方案二现代简约风格

道具：纯色背景、带灯盆景、梅花树、桂花花瓣、楠竹木质香盒、陶瓷香器等。

成本大约为1000元。

达人山竹在进行成本核算时，根据自己的实际情况和预算来选择设备和资源，尽量降低成本。同时也要保证场景的氛围感和吸引力，提高观众的体验感。故此她选择了方案二进行搭建。

4. 优化搭建方案

使用方案二进行搭建之后，在正式拍摄之前，进行了几次测试拍摄，检查光线、背景、道具等是否合适。根据测试拍摄的效果，对场景进行必要的调整和优化。

① 背景墙：背景墙壁本身是白色的，容易造成反光，与产品风格不太相符。马上进行调

整，选用了暗红色的壁纸装饰背景墙，画面效果看起来还不错。

② 金桂的花瓣散落在铺有黑色桌布的桌面上，毫无层次感，所以在桌子上铺了横排竹帘，金桂黄色的花瓣落在竹帘上，提升了氛围感。

③ 装饰品刚开始使用的是陶瓷香器，由于没有产品的搭配，显得格格不入，所以换成了一个小型的铜像。

5．执行搭建

方案优化之后，按照方案执行，视频拍摄搭建场景如图 2-15 所示。

图 2-15　视频拍摄搭建场景

任务思考

场景搭建分为室外和室内，对于短视频团队，特别是中小型团队来说，很难掏出一大笔钱，去搭建一个大型的室内布景。本任务搭建的视频场景则比较简单易操作。

对于室内场景搭建，会分为这几方面来进行。

背景：很多短视频自媒体的团队和同学，进入到该领域。没有足够的资金来搭建一个舞台实景，那最简单的方法就是用墙面来当背景。还有可以使用背景布，或者干脆把墙面刷成需要的色调。

装饰品布置：通过增加一些书架、花卉、照片墙等东西来装饰。

绿幕的使用：这种方法在场景搭建上很简单，但因为在使用起来需要一个很专业的后期，在影片剪辑时，剪辑成本也要增加。

如果我们选取的是外景，因为室外很难布置场景，外景布置的资金和时间成本是很高的。对于短视频团队最实惠的做法就是遵循减法的原则进行外景的取景。

课后练习

请搭建一个美食制作视频场景，要求如下。

（1）场地选择，根据项目需求确定合适的拍摄空间；

（2）现场布置与装饰，包括设备与灯光的布置，以及装饰品的布置；

（3）核算场景布置所需成本；
（4）调整场景布置，并最终执行。

项目小结

　　本项目介绍直播间的搭建，希望学生掌握直播间多机位、多画面的搭建技巧，并能够根据实际需要，快速搭建视频场景。

　　多机位、多画面直播间搭建要对需求精准掌握，对软/硬件设备充分了解，还要有涉及成本、质量、进度的项目管理能力，非常考验创作者的综合能力。

　　对于视频场景搭建也是如此，但因视频场景搭建个性化太强，本项目没有展开说明，重点以案例形式陈述一般搭建方法，创作者可以模仿给出的搭建步骤，尝试搭建各类视频场景，在多次实践中找规律，提升搭建技能。

项目三

团队建设

学习目标

- 能根据 IP 需要,明确成员职责和任职条件,招募合适的团队成员。
- 能激励团队成员利用线上资源自主学习,在实践中交流、沉淀经验。
- 能应用项目管理知识和线上协同工具,采用项目驱动模式打造团队凝聚力。
- 能对团队成员绩效进行评估,根据绩效实施奖惩。

项目三 / 团队建设

任务 3.1　初创新媒体公司的团队搭建

任务描述

抖音账号 @507 入驻抖音三年，连续发布女生宿舍美妆+剧情系列视频，积累了 100 万粉丝。即将毕业，宿舍的 4 名女生注册了一家新媒体公司，并且找到了投资人，但是投资人只负责出资，不参与管理。

目前她们的初步计划除了运营 @507 这个账号，还准备孵化一个新的美妆账号。在推进的过程中，她们发现最大的难题是人员不够，还有一些岗位需要专业人员，所以她们准备招募新成员，请协助她们完成以下任务。

（1）了解新媒体公司常见组织架构类型以及各组织的职能；

（2）梳理初创团队数字媒体的岗位基本职责和任职条件；

（3）确定新孵化美妆账号各工作岗位的岗位需求，同时分析如何组建合适的团队。

任务实施

众所周知，在创业初期，很多时候因为资金的原因，人员不可能一次配齐，往往需要一人身兼多职。比如，编导除了选题策划、内容创作，还要负责账号的基础运营，包括上传视频、回复评论、投流、数据分析即全平台分发；再比如，拍摄和剪辑可以一个人完成，因为专业是相通的。

刚刚组建创业团队时，很多人会感觉到人少，这时项目反而进展地更快，因为团队每多一个人，都会增加沟通成本而降低整体工作效率。因此，组建团队时，一要顺势而为，逐步扩大，二要合理分工，通过细分工作职能达到提升效率的目标，并在此过程中，努力提升沟通效率。

1. 新媒体公司常见组织架构及职能

4 名女生经过讨论，推举了执行力、沟通能力及统筹能力比较强的小 A 作为主要负责人。从校园走向社会，从 4 人小团队到正规公司，大家在管理经验方面比较缺失，于是给小 A 报名了管理课程。

在课程结束后，小 A 又通过对同类公司的调研，提出了新媒体公司常见组织架构，如图 3-1 所示，并撰写了各部门的职能，为公司的搭建做准备。

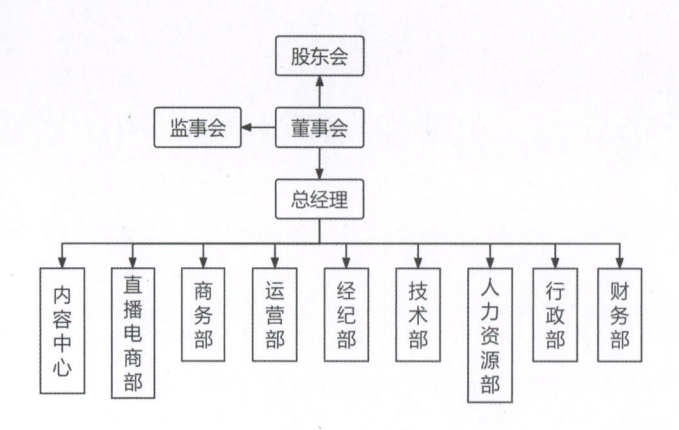

```
              股东会
               ↑
    监事会 ← 董事会
               ↓
              总经理
   ┌────┬────┬────┬────┬────┬────┬────┬────┐
  内容  直播  商务  运营  经纪  技术  人力  行政  财务
  中心  电商  部    部    部    部    资源  部    部
        部                            部
```

图 3-1　新媒体公司常见组织架构

（1）内容中心。负责公司短视频、直播内容部分创意的设计开发，同时要负责规划公司 IP 孵化体系。具体工作内容如下。

- 根据项目需求，分析研究各大平台热门的视频作品；
- 收集筛选创意方向和题材；
- 了解分析用户需求、情感及体验感受，收集用户反馈，即时掌握和挖掘热点素材；
- 脚本的创作及内容合规审核等工作；
- 拍摄、后期制作和包装；
- 制订孵化方案，针对不同级别 IP，规划相应的建设路线；
- 完成 IP 孵化所需内容的全方位建设。

（2）直播电商部。负责公司直播业务的发展和管理。具体工作内容如下。

- 直播间的搭建管理、直播主播的管理、直播营销策划等工作；
- 网店的装修、改版、上架及日常的维护和促销活动方案的制订；
- 站内流量分析，数据分析；
- 在线客服及售后服务；
- 物流发货。

（3）商务部。负责与广告主进行商务洽谈与合作等。具体工作内容如下。

- 按照广告主的需求精准匹配公司 IP，并依据广告需求与内容部门沟通，制订相应的执行方案；
- 负责宣传策划、信息收集、活动执行的统一管理；
- 商业变现所需要的各类资源、渠道的发掘；
- 与知名美妆、服饰、食品品牌广告主保持长期合作；
- 负责公司 IP、主播带货推广活动，带货方式包括但不限于直播、图文种草、短视频、视频种草等。

（4）运营部。负责公司整体运营，包括整体规划、营销、推广、分析、监控等。具体工作内容如下。

- 对各项运营指标进行分析和总结，制订合理的运营目标及计划；

- 提出公司运营工作目标，制订实现目标的具体手段和方法，包括互动内容运营、跨媒体运营、数据运营等；
- 短视频、直播平台、微博、微信等内容运营及线上、线下活动运营；
- 对运营活动整体把控、推进，对运营效果进行总结优化；
- 直播活动的整体策划、安排、效果分析及与各大平台的沟通协调，负责对短视频内容运营的效果数据分析及反馈优化；
- 内容的全网分发。

（5）经纪部。负责艺人、主播的发掘、招募。具体工作内容如下。
- 协助内容部选配艺人；
- 艺人、主播日常行为规范的管理，以及心理健康的辅导；
- 艺人、主播的培训；
- 艺人、主播商务经纪工作的拓展。

（6）技术部。负责公司日常软/硬件设备维护工作。具体工作内容如下。
- 公司音、视频直播系统安全稳定运行及故障修复工作；
- 公司网络连接稳定及安全的保障；
- 负责病毒的查杀，维护网络系统安全；
- 处理网络及计算机故障、公司员工的日常办公支持。

（7）人力资源部。负责公司的人才招聘工作，根据现有业务发展的需求，确定招聘目标，制订并执行招聘计划。具体工作内容如下。
- 执行招聘工作流程，协调、办理员工招聘、入职、离职、调任、升职等手续；
- 公司备用金管理、薪资待遇发放、员工报销等；
- 协助上级建立健全各部门招聘、培训、五险一金、福利发放、绩效考核等人力资源制度建设；
- 建立、维护人事档案，办理和更新劳动合同；
- 收集相关的劳动用工等人事政策及法规；
- 协同开展新员工入职培训、业务培训、执行培训计划，联系组织外部培训以及培训效果的跟踪、反馈；
- 协助建立员工关系，协调员工与管理层的关系。

（8）行政部。负责公司的日常行政管理工作，做好公司内外、企业上下的沟通和协调工作。具体工作内容如下。
- 公司环境管理和公司固定资产管理。办公设备、办公用品的采购和管理；
- 行政管理制度、流程等方面的建设，保证公司行政工作高效运转；
- 公司管理制度和发文拟定、文件发放，监督制度执行；
- 公司人员考勤统计；
- 组织员工团建、年会及旅游等文化活动，丰富员工生活；
- 组织、安排公司会议，或会同有关部门筹备有关重要活动；

- 负责对外联络接待、车辆管理、物业装修、投诉处理等行政事务工作。

（9）财务部。除了公司的资金管理，还得为企业的发展、投资、成本的管理、经营分析提供数据依据。具体工作内容如下。

- 财务预算的管理、资金管理、投资融资和担保管理；
- 内部控制管理、资产管理、成本费用的管理；
- 财务分析报告的编制、税务筹划、会计核算；
- 财务档案的管理、财务数据的统计分析。

通过对新媒体公司常见组织架构及各部门职能的了解，考虑到初创公司资金、账号数量、公司体量等方面的因素，根据账号 @507 团队 4 个人擅长的部分，决定公司组织架构中一些部门暂不设立，见表 3-1。

表 3-1 暂不设立的部门及原因

部门	不设立原因
经纪部	目前公司艺人数量较少，账号 @507 团队中 4 人为初创人员，准备先孵化 1 个账号，相对应也只有 1 名艺人，所以暂由内容部门直接管理。艺人人数多了，再考虑增加该部门。
技术部	目前人员较少，相对应办公设备有限，采用定期联系相关公司对公司设备进行维护。
运营部	账号暂时较少，内容部门可完成基础运营，账号数量及公司影响力扩大后，再考虑搭建该部门。
直播电商	目前公司擅长的是短视频部分，先用自己擅长的部分让公司生存下去，同时学习直播电商相关知识，再进行搭建。

为了公司正常运行，以下部门必须设立，见表 3-2。

表 3-2 必须设立的部门及负责人

部门	负责人	团队招募
内容中心	@507 团队小 B【小 B 网感极强，不光在之前的工作中产出多篇爆款脚本，并且懂设备还会剪辑】。	新孵化账号编导 1 名
		新孵化账号拍剪 1 名
		新孵化账号艺人 1 名
商务部	@507 团队小 C【小 C 热衷参加各类活动，并且非常擅长人际沟通与交往，以前 @507 账号的商务也是由她来负责对接的】。	商务拓展 1 名
		商务执行 1 名
人力资源部	@507 团队小 D【小 D 比较细心、并且非常有耐心，同时性格非常外向】。	人事 2 名
		行政 1 名
财务部	@507 团队小 A【执行力、沟通能力及统筹能力比较强，被推举为首席执行官（CEO）】。	出纳 1 名
		会计 1 名

2．基本岗位职责和任职条件

确定了基本组织架构后，负责内容中心的小 B 和负责人力资源部的小 C 决定，先一起在招聘平台调研，并确定各通用岗位职责和任职条件，再由各团队负责人补充。内容中心岗位职责与任职条件见表 3-3。

表 3-3 内容中心岗位职责与任职条件

岗位	岗位职责	任职要求
编导	1. 负责视频团队的日常管理，输出高质量视频，对结果负责 2. 负责公司抖音账号的内容方向策划，结合账号风格和受众人群需求，独立完成脚本撰写，制订拍摄计划，组织并进行拍摄 3. 负责拍摄现场的调度与控制；跟进指导视频后期制作、剪辑、调色和音乐特效等，确保内容出片质量 4. 数据导向，根据数据反馈，及时复盘优化内容	1. 熟悉短视频制作流程，善于捕捉热点，能独立完成脚本创作 2. 有审美、有网感、有创意、脑洞大 3. 具备较强的沟通力和团队协作力，执行能力强 4. 中文、编剧、编导、导演相关专业者优先 5. 有抖音或其他短视频平台账号打造经营者优先
拍摄	1. 负责新媒体短视频的拍摄工作 2. 负责把控短视频现场拍摄质量 3. 负责和团队一起优化短视频的拍摄形式 4. 负责摄影、摄像器材的管理维护工作	1. 能熟练使用单反、摄像机等摄影器材 2. 能独立处理拍摄相关的布景、灯光及辅助设备 3. 懂得设备保养知识，能适应各种拍摄条件，可独立完成拍摄 4. 能把控好视频的节奏与风格，能配合编导产出优质内容 5. 具有 1 年以上宣传片、专题片、广告片等相关专业经验者优先 6. 摄影、影视制作、艺术设计等相关专业者优先
剪辑	1. 根据编导的要求，结合脚本，按需求对视频做剪辑、包装处理，并按要求做出相应修改 2. 负责把握剪辑节奏，包括剪辑、画面包装、调色、声音处理、BGM、字幕特效合成等	1. 熟练掌握 AE、PR、PS、AI 等软件 2. 懂创意和分镜，镜头感、色彩、设计等方面审美好 3. 新媒体制作、广播电视编导、广告设计等相关专业者优先 4. 具有 1 年以上视频剪辑工作经验者优先

（1）内容中心组织架构如图 3-2 所示。

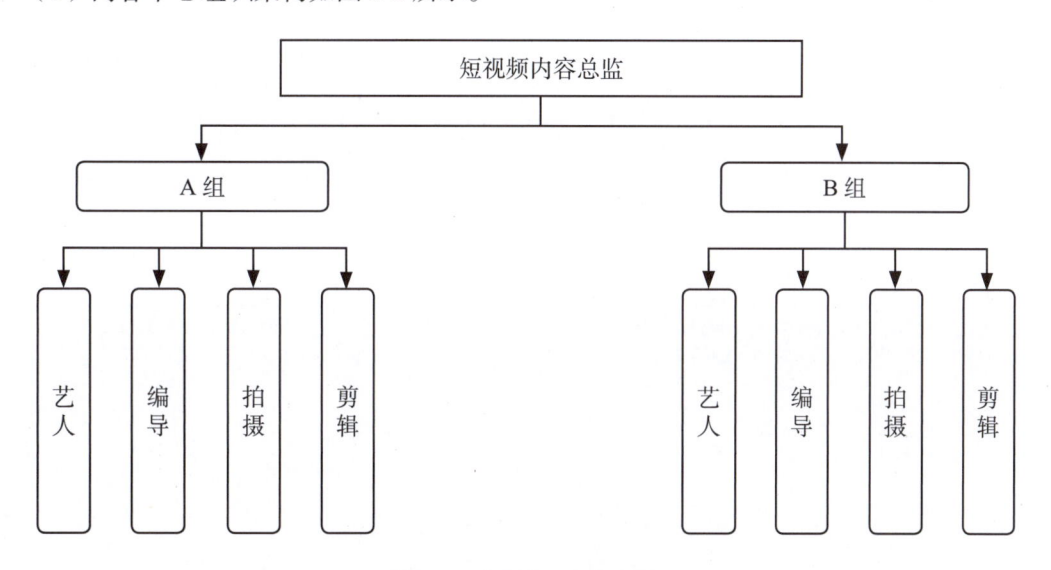

图 3-2 内容中心组织架构

由于艺人岗具有较强的独特性，孵化不同的账号对于艺人的要求也不一样。

（2）直播电商部组织架构如图 3-3 所示。

直播电商新团队要执行力，切忌团队人员冗余，非关键岗位可以暂时舍弃，如售后、客服、物流、选品等支持人员，优先三个板块：素材、投放和直播间团队。

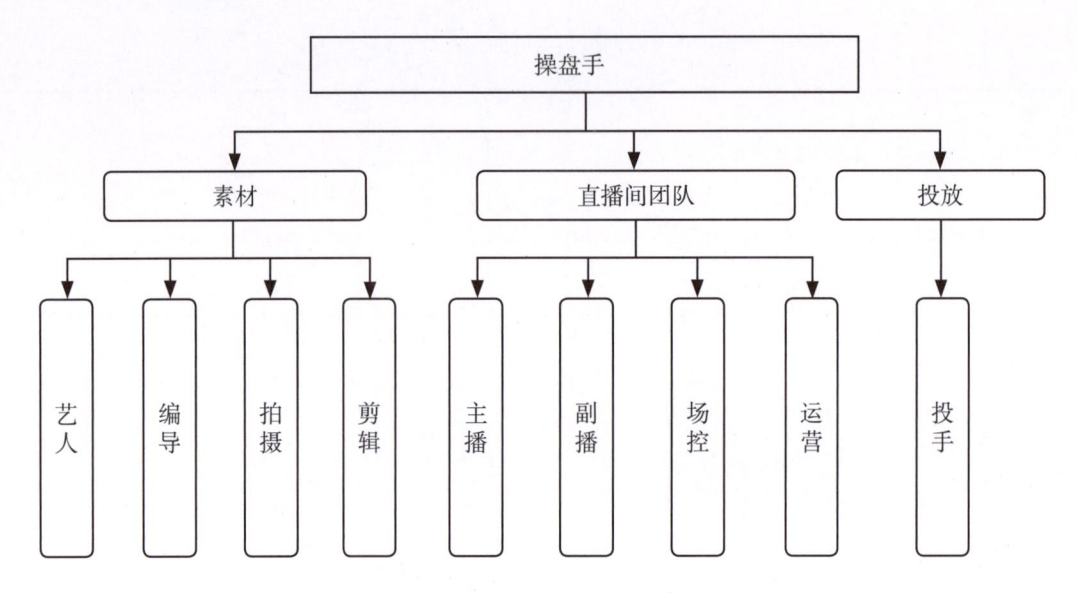

```
                    ┌─────────┐
                    │ 操盘手  │
                    └────┬────┘
        ┌────────────────┼────────────────┐
    ┌───┴───┐      ┌─────┴─────┐      ┌───┴───┐
    │ 素材  │      │ 直播间团队│      │ 投放  │
    └───┬───┘      └─────┬─────┘      └───┬───┘
   ┌──┬─┴─┬──┐     ┌──┬──┼──┬──┐          │
  艺 编 拍 剪    主 副 场 运         投手
  人 导 摄 辑    播 播 控 营
```

图 3-3 直播电商部组织架构

由于艺人和主播是同一人，所以统归为主播岗。

素材产出部分的编导、拍摄、剪辑基础要求同短视频组一致。

表 3-4 直播电商部岗位职责与任职条件

岗位	岗位职责	任职要求
主播	1、负责协助直播运营制定直播计划与内容，配合开展直播活动，通过直播平台进行商品讲解等视频直播销售。 2、跟踪直播平台活动推广效果，做好数据分析反馈及总结并反馈。优化直播内容。	1、普通话标准，具有互联网思维，销售逻辑；熟悉电商直播结构与规则，了解新广告法。 2、沟通能力强，性格开朗大方，能调动直播间氛围，具有个人魅力，能调动粉丝情绪，增加粉丝的活跃度。 3、节奏把握能力强，服务意识强，有一定控场能力。 4、表演专业、播音主持专业优先； 5、具有直播、销售、导购、主持人等职位经验者优先。
副播	1、与粉丝互动，回答直播间粉丝提问并提供相应建议，引导有购物需求的粉丝完成购物流程。 2、保持直播间的活跃度，与主播、粉丝进行互动。 3、对所属的直播渠道的粉丝增长及销售任务负责，协助电商团队完成直播渠道的销售目标。	1、熟悉电商直播结构与规则，了解新广告法。 2、普通话标准。有较强的语言表达能力。 3、反应灵敏，良好的逻辑思维能力和行动力。 4、会抓热点，具有较强的产品介绍、沟通能力。 5、具有直播电商行业经验者优先。
场控	1、负责直播间氛围调动，协助主播进行产品讲解，直播间福利发放，增强粉丝互动，及时解答粉丝问题，提升直播转化及产出； 2、直播样品整理归纳，场地灯光等对接与准备，直播预告的发布，独立完成直播间硬件及软件设置；	1、熟悉抖音平台操作流程以及直播平台规则；对粉丝运营有分析和把控能力； 2、熟练运营基础的 EXCEL 表格，对电脑软件硬件设置维护精通； 3、性格活泼外向，有较好的语言表达能力和临场应变能力；能带动直播间氛围； 4、具有较强的沟通能力和执行力，细致认真，责任心强，抗压能力强。 5、至少半年以上直播跟播经验，有场控经验优先。

续表

岗位	岗位职责	任职要求
运营	1. 负责公司各直播项目整体内容策划、活动策划（产品的匹配、脚本的定制、数据分析、内容优化），提升直播效果及转化率，以达成产品销售目标。 2. 负责公司直播电商平台日常运营工作，直播前准备、直播过程管控、直播后期跟进，推动直播有序进行。 3. 对主播、场控等相关人员进行培训和培养，确保直播效果。 4. 关注直播行业动态和走向，直播竞品分析，提高直播用户留存率和黏度	1. 具有1年以上电商直播运营经验，熟悉各电商平台直播运营方式，擅长粉丝运营。 2. 熟练使用办公软件，逻辑思维清晰，具备较好的数据分析能力。 3. 擅长沟通，统筹能力强。 4. 有创新意识及产品化思维，懂得借助产品工具去解决问题。 5. 电子商务、市场营销等相关专业优先
投手	1. 负责抖音的投效优化运营工作，按投产比需求合理规划投放预期，把控投放节奏。 2. 对投放数据进行分析，并提供优化策略，使广告投放效果达到最大化，对消耗总额及ROI负责	1. 有1年以上巨量引擎广告投效经验。 2. 抖音投放月消耗百万以上者优先。 3. 有较强的数据分析能力，能通过数据分析工具，优化数据。 4. 具备良好的沟通能力、商务谈判能力，可以灵活处理各种突发问题

3. 新孵化美妆账号团队搭建

（1）分析招聘需求。通过账号@507团队4人的讨论，短期内还是做擅长的短视频内容，下一步再启动直播电商业务。于是负责内容中心的小B和负责行政人事部的小C决定优化美妆团队招聘岗位：一名美妆艺人、一名美妆编导和一名拍摄、剪辑。

（2）补充岗位人才画像与考核办法，见表3-5。鉴于岗位职责和任职条件对人才的描述不够清晰，决定补充岗位人才画像，凸显人才核心能力，并拟订对应的考核方法，尽可能降低选人失误率。

表3-5 人才画像及对应的考核方法

岗位	人才画像	考核方法
美妆编导	基本的编导专业能力	线上提交选题、脚本、简历
		线下看过往作品，沟通近期热点及最喜欢的平台和博主
	统筹能力	如果一周要出5条成片，并且是双休的情况下，提交工作计划
	审美能力	利用工具现场制作一张人物画像
		现场给一个道具拍一张产品照
	学习能力	最近看的一本书、一部电影
		最近喜欢的一位博主，说明喜欢的原因
		最近学习的一门新技能
	沟通、应变能力	你被通知16:00点参加新人培训，而主管通知你16:00点开复盘会，你怎么处理
		跟你搭档的同事后期能力不足，影响进度，你怎么处理
		讲一遍你提交的试写脚本

续表

岗位	人才画像	考核方法
美妆拍剪	专业能力及审美	线上提交试卷试剪,以及之前自己拍剪的作品、简历,同时了解专业软件使用情况
		线下实操制作一个封面
		用公司的设备调光试拍一段视频
	沟通、应变能力	拍摄现场跟艺人因为画面效果产生争执,如你是正确的,你该怎么处理
	学习能力	目前专业短板是什么
		有没有制订学习计划
	效率	剪辑样片耗时多久
美妆艺人	形象气质佳或者有极具辨识度的个人特色	面试前提交5张最满意的照片
		拍摄一段自我介绍的视频
	有一定的化妆技术	通过面试时近距离观察整体妆容
		让面试者给自己的妆容打分并说出原因
	语言表达能力强	录一段产品种草试镜
	镜头前的表现力强	录一段妆容展示试镜
	审美好且爱好美妆	询问最近购置的彩妆产品
		询问最喜欢的博主及原因
		询问面试者常用或者会回购的护肤类产品、彩妆产品及穿搭单品

(3) 填写人员需求表。人员需求申请表见表3-6。用人部门提交人力资源部开始招聘。由人力资源部依据需求申请表做人才初选,并配合部门负责人依据人才画像及对应的考核方法进行精选。

表3-6 人员需求申请表

人员需求申请表

申请日期:××年×月×日

申请部门	×组	需求岗位	美妆编导	最晚到岗时间	尽快
申请人数	1	定编人数	×	现有人数	×
申请原因	□离职补缺:____人 □岗位调动:____人		□新增岗位:____人 □人才储备:____人		□业务发展扩编:____人 □其他:_____人
要求具备资格条件					
性别	不限	年龄	20~30	婚否	不限
学历	大专	专业	编导、编剧、服化等相关专业优先		
技能及工作经验要求	1. 有2年以上新媒体、互联网行业工作经验,熟悉自媒体推广及营销模式; 2. 有较强的文字功底及审美水平,创新能力强,能实现创意内容的输出; 3. 热衷刷各类短视频App,是抖音、小红书、B站等平台的忠实用户; 4. 对网络热点敏锐,能紧跟热点,并围绕热点创作内容; 5. 熟悉美妆知识,对各类小众品牌有一定了解; 6. 策划、运营过抖音、小红书、B站、公众号等平台账号的优先				

续表

岗位职责及 工作内容	1. 独立完成美妆文案策划及短视频脚本撰写 2. 辅助编导策划 IP 账号的人设，并协助完成视频的前期制作 3. 负责美妆类的选题收集及选题输出，建立并持续丰富选题库 4. 深度分析美妆热门账号和爆款视频，不断优化创新账号内容 5. 随时跟踪并把握短视频平台的美妆热点和美妆风 6. 不断积累美妆知识和美妆技巧，并将其充分运用于账号内容
部门主管	
总经理意见	
备注：各部门根据用人需求，由部门负责人填写《人员需求申请表》，报总经理批准后交人力资源部，由人力资源部统一组织招聘	

任务思考

新媒体公司的核心资产是人才。究竟怎样才能找到真正有才能的人呢？这需要招聘人员与业务部门紧密合作。在招聘之前，先理清招聘需求、人才画像，避免没有能力的候选者浑水摸鱼，也避免优秀的候选人成为"漏网之鱼"。

课后练习

请同学们根据本任务所学知识，结合自己抖音账号调性，撰写拍剪人员招聘需求表。

任务 3.2　新入职人员的学习计划

任务描述

抖音账号 @507 同宿舍 4 名女生注册的新媒体公司已经完成了人员招聘工作，虽然很多员工有经验，但不是美妆赛道的经验，请协助负责内容中心的小 B 完成以下任务。

（1）让新员工养成自学习惯，掌握自学方法；
（2）帮助新员工掌握有效的分享方法；
（3）教会新员工如何在实操中学习，总结学习经验。

任务实施

对于新媒体行业，每天最大的不变就是每天都在变化，所以不管是新媒体的哪个岗位，都要养成学习的习惯，不断提升自我，跟上新媒体行业的发展。同时要给员工提供切实有效的学习方法及系统的学习方式，才能达到事半功倍的效果，也会给企业注入学习的"DNA"，营造学习的氛围。

1. 辅导培养新员工自学

（1）了解新员工实际工作能力。小 B 决定先了解新员工的实际能力，以便发挥新员工的优势，有针对性地提升其短板。她以人才画像为基础，制作了各岗位工作考核表，在入职第一周对新员工进行了一次初步考核，见表3-7、表3-8、表3-9。

表3-7　美妆编导工作考核表

美妆编导第一周工作考核标准			
姓名		入职日期	
部门		岗位	
访谈时间		负责人	
完成1个账号拆分，并按照模板以文字形式提交主管			
完成3个脚本创作，并按照模板以文字形式提交主管			
提交10个美妆选题，并以文字形式提交主管			
完成一次试拍，并在试拍后以文字形式提交主管拍摄复盘			

表3-8　美妆拍剪工作考核表

美妆拍剪第一周工作考核标准			
姓名		入职日期	
部门		岗位	
访谈时间		负责人	
完成1个账号拆分，并按照模板以文字形式提交主管			
完成4条视频剪辑，并最少有2条达到可上传使用标准			
完成一次跟拍，并在结束后总结，以文字形式提交主管拍摄过程中的优缺点			

表3-9　美妆艺人工作考核表

美妆艺人第一周工作考核标准				
姓名		入职日期		
部门		岗位	艺人	
访谈时间		负责人		
找出10个对标艺人，并以文字形式提交主管				
完成3条视频成片，按时提交主管				
每天交1条2分钟小视频发在群里				

（2）新员工辅导"16字箴言"。小B收到考核表后，发现问题极大，于是进行了如下自我反思。

① 直接让新员工上手工作，工作成果参差不齐。

② 任务指令不够清晰，新员工无法理解，也就无法根据考核结果进行针对性的辅导。

③ 仅考核无法让新员工养成发现问题、解决问题及自我学习的习惯。

于是决定围绕"16字箴言"开展新员工辅导工作。

① 我干你看：给新员工展示正确的做法和流程。这是一个示范教学过程，让员工通过观

察和模仿，了解正确的操作和技巧。例如，美妆编导小月入职后第一次做账号分析和爆款分析，先给小月看范例并提供分析模板，账号分析模板见表 3-10，爆款分析模板见表 3-11。

表 3-10 账号分析表模板

账号分析表			
账号		粉丝量	
人设特点	毒舌 / 沙雕 / 夹子音……	账号调性	如朴素的穿着，生活感的拍摄方式、日常对话、前后反差视觉冲击，强吐槽……
粉丝定位	少女 / 学生 / 宝妈 / 中年男性……		
爆款视频特点	系列 1：集中在 ×× 的选题，主打真实产品测评 系列 2：整蛊店家系列，博主与老板的互动真实有趣……		
账号发展线	路径：账号主页——作品——最热排布——最热视频——视频发布节点前后 2019 年 × 月，出现第 1 条爆款，点赞数，内容是……自此数据稳定在 ××，并持续更新 2020 年 × 月，出现爆款作品，点赞数，但之后内容进入瓶颈，数据一般，涨粉较慢 2020 年 × 月开始进行内容转型，开始调整拍摄视角，更换了真实的声音，同时调整了视频速度		
爆款分析	标题： 数据： 直发语： 封面： 高赞评论： 逐字稿文案拆解： 【附爆款分析表】		
内容框架	开头 + 中间 + 结尾		

表 3-11 爆款分析表模板

爆款分析表							
标题							
直发语							
点赞		评论		收藏		转发	
封面							
高赞评论							
序号	时间	画面内容		字幕		分析	

② 我说你听：告诉新员工为什么这么做。这个过程通常涉及理论知识，帮助员工理解该技能或做法的原理和实际应用。例如，让小月选一个自己熟悉的账号，根据模板，给小月讲解需要重点关注的部分，以及为什么这么做。

③ 你干我看：让新员工亲自尝试并练习所学的技能或做法。通过实操练习，让新员工可以更好地掌握和应用所学的技能做法，并能及时发现问题解决问题。例如，让小月写该账号的分析表，见表3-12，以及爆款分析表，见表3-13。

表3-12 小月的账号分析作业

账号分析表				
账号	红鹤陈易欣	粉丝量	672.1w	
人设特点	幽默/接地气	账号调性	精致的少女外表，内在的幽默灵魂；好物推荐像讲段子；活用各种内外网表情包；擅长用平淡的话来戳痛点	
粉丝定位	z世代少女/小镇青年			
爆款视频特点	系列1 好物分享的系列视频，视频开头抓住用户痛点，快速思路清晰地提出一站式整合解决方案 系列2 易欣美女思路系列，用接地气的表情包和直接明了的对比效果给受众讲解变美方法			
账号发展线	路径：账号主页——作品——最热排布——最热视频——视频发布节点前后 1. 2021年3月——2021年5月的视频是大多数抖音用户（主要还是美妆赛道的用户）知道陈易欣的开始，在此期间共有27期内容，最出圈的视频系列就是"美女思路"（6期），穿插了几期好物分享、穿搭tips以及化妆教学，在此期间的视频善用加有数字的标题+问句的开头+面瘫表情+有"梗"的口播+形象的动作展示来吸引受众，也成为了她的一大特点。 2. 2021年6月——2021年8月这一时间段的视频主要是以好物分享为主，穿插3期美女变美思路题材的视频，在这一阶段好物分享的产品展示画面会更加丰富，会补充各种类型的摆拍展示视频，整体的视频质量较之前有很大的提升。（这一段时间接到广告，从年中"6.18"开始变多） 3. 2021年9月——2022年3月这一时间段的视频将内容集中在小众品牌性价比高的好物分享上，整体的方式沿用了她最出圈的视频结构（加有数字的标题+问句的开头+面瘫表情+有"梗"的口播+形象的动作），在此期间整体做的更加模式化（主要变化在封面的统一性上） 4. 2022年月至今这一时间段的视频内容还是以好物分享为主，但视频整体的画面颜色做了改变，从暖色调变为冷白偏灰质感的调色；在产品展示的摆拍上也更加趋向于商业产品拍摄风格			
爆款分析	详见爆款分析表			
内容框架	1. 数字化（可量化）标题开头 2. 逐点阐述观点+场景模拟 3. 用自己的例子来阐述			

表3-13 小月的爆款分析作业

爆款分析表									
标题	小胖们速来～！微胖的3个美女思路								
直发语	第5集|你们催了很久的微胖美女思路来了 #陈易欣的美女思路								
点赞	121.4w	评论	6.7w	收藏	7.3w	转发	5.6w		
封面				高赞评论	1. 第一点就我现在执行的，我现在转行"女善萨"了；第二点我的脸可以奶 这期简直就是说我（点赞：2.6w） 2. 要是肚子离奇大怎么办？（点赞：1.5w） 3. 太喜欢你那句，他们看不见，他们是虾的[搭脸]（点赞：8857）				

项目三 / 团队建设

续表

序号	时间	画面内容	字幕	分析
1	0～2s	◆正常口播（口播位置坐在床边的地上） 1. 说完"微胖的"然后稍微停顿1秒，再接着说 2. 在说"三"时，用右手比3的手势 【后期】 在艺人停顿的时候，加上哆啦A梦音效（台版动画片中哆啦A梦从口袋里拿出东西之前的音效）	微胖的3个美女思路	开头采用了达人经典公式化的开头：带有数字＋有停顿感的开头，这已成为达人的个人特色IP，暗示微胖的粉丝
2	3～12s	◆正常口播 1. 在口播到重点词语时，加上手势动作 2. 没有说到重点词时眼睛轻闭，说重点词语时，快速的眨几下眼或抬眉瞪眼 【后期】 1. 在重点词语上用粉色字幕来区分 2. 在说"好词""坏词"的时候，加上变换音效	有点胖怎么打扮这道题其实很好做，你把形容胖的好词找出来，按照它描绘的意思去做，再把形容胖的坏词揪出来，绕开它就完事儿	这里值得我们关注的点有：达人口播时的表现方式；后期字幕、音效的添加。首先是达人方面，手势＋眼神＋有"梗"口播词，在保留达人原有特色的基础上，还让纯口播类的视频看起来稍显丰富，再加上后期的润色添加，使整个干货视频没有那么干，看起来会比较有趣
3	12～14s	◆正常口播 在说"一"时，用右手比1，然后快速弯曲几下 【后期】 "臃肿与肉感"的字幕用粉色标出，放置在视频靠左上的位置（停留保持住）	微胖第一个美女思路，臃肿 vs 肉感	开头的铺垫讲完以后，正式进入主题，从这里开始背景音乐就一直采用猫和老鼠片头曲，让整个视频的节奏维持一个偏快的水准，且相对固定

④ 你说我听：让员工复盘，让他把"跟着看"和"自己做"的发现和感悟都讲出来。例如，让小月陈述自己写的账号分析表，小B记录下问题和做得好的部分，及时反馈，见表3-14。讲完后让小月提问或总结，小B答惑解疑。

表3-14 小月的爆款分析表批注

序号	时间	画面内容	字幕	分析	
1	0～2s	◆正常口播（口播位置坐在床边的地上） 1. 说完"微胖的"然后稍微停顿1s，再接着说 2. 在说"3"时，用右手比3的手势 【后期】 在艺人停顿的时候，加上哆啦A梦音效（动画片中哆啦A梦从口袋里拿出东西之前的音效）	微胖的3个美女思路	开头采用了达人经典公式化的开头：带有数字＋有停顿感的开头，这已成为达人的个人特色IP，cue出微胖的粉丝	
2	3～12s	◆正常口播 1. 在口播到重点词语时，加上手势动作 2. 没有说到重点词时眼睛轻闭，说重点词语时，快速的眨几下眼或抬眉瞪眼 【后期】 1. 在重点词语上用粉色字幕来区分 2. 在说"好词""坏词"的时候，加上变换音效	有点胖怎么打扮这道题其实很好做，你把形容胖的"好词"找出来，按照它描绘的意思去做，再把形容胖的"坏词"揪出来，绕开它就完事儿了	这里值得我们关注的点有：达人口播时的表现方式的后期字幕、音效的添加。首先是达人方面手势＋眼神＋有"梗"口播词，在保留达人原有特色的基础上，还要让纯口播类的视频看起来稍显丰富，再加上后期的润色添加，使整个干货视频没有那么干，看起来会比较有趣	小B： 分析过于笼统，给到的形容词太多。没有分析到具体每句话的目的，以及如何让观众看下去。建议可以进行逐句拆分，不要一大段一大段的去总结

上述过程要不断循环，直到新员工有了判断工作质量的能力，再考虑自学。

（3）利用抖音创作者中心自学。@507 这个账号刚做的时候，4 人都是小白，最后能够成功，很重要的一点就是自学，自己找各种课程学习，并考取相关的证书。基于这一经验，小B 决定把学习的一些渠道分享给新员工，鼓励他们自学。

抖音官方有很多线上学习中心，如，创作灵感小助手、DOU+ 小助手、电商小助手、抖音创作者中心、剪映创作课堂等，这些地方都有免费的学习资源。这里简单介绍抖音创作者中心。

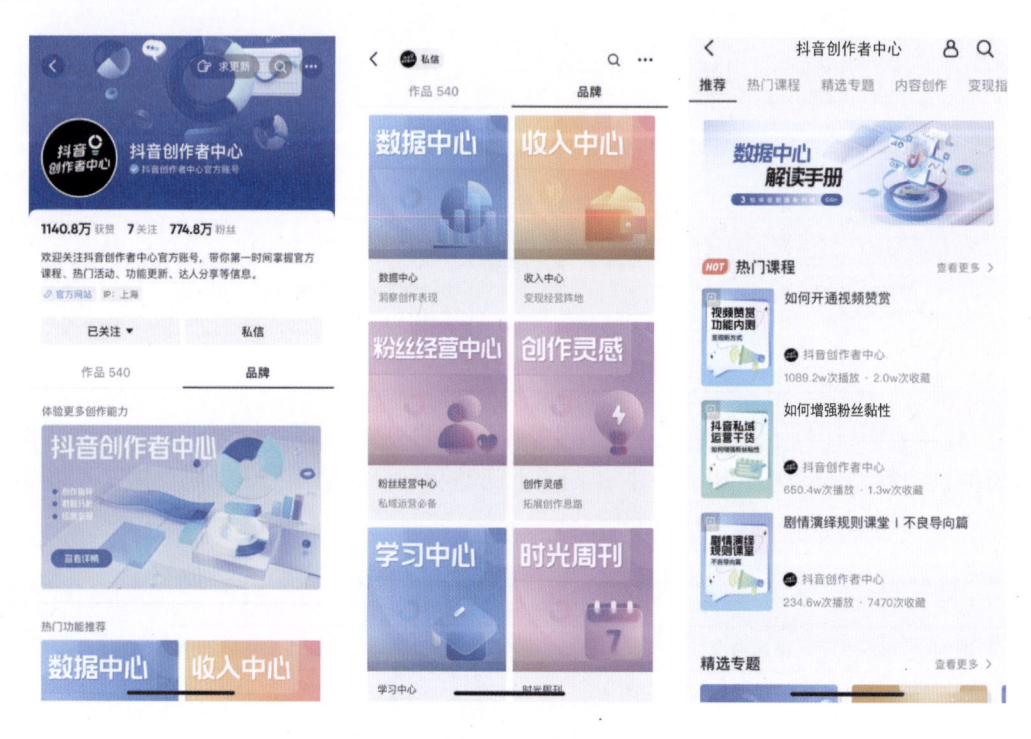

① 访问抖音创作者中心。打开抖音 App，点击"放大镜"按钮，搜索"抖音创作者中心"，如图 3-4 所示。

图 3-4 访问抖音创作者中心

② 要求新员工做每项工作前，先访问抖音创作者中心找对应的课程快速学习，然后再做工作。

（4）用考证促进学习。本书是《自媒体运营（高级）》的配套教材，该证书是抖音官方推出的达人视角自媒体运营技能证书，获得教育部认可。相对线上的免费课程与认证，技能证书的知识体系更严谨、系统，但也因此失去了一定的时效性，故做某项工作前查询、学习最新更新的在线课程更合适，如果要系统学习相关知识和技能，则选证书课程学习更合适。证书考核通常都会先拟订技能标准和考纲，如笔者主持编写的《自媒体运营》《抖音电商运营操盘手认证标准》等。可以根据相关等级标准拟订较长期的学习计划，搭建系统的技能体系。《抖音电商运营操盘手》认证是商家视角的全域电商操盘手技能证书，在浏览器中搜索关键词"抖音电商学习中心"，登录学习中心官网后，点击"人才认证"按钮即可找到《抖音电商运营操盘手》认证。

2. 通过分享帮助新员工成长

对于一些人而言,自学可能会有困难,可以尝试通过分享进行学习。每个人的知识体系都不同,思考方式和角度也会不同,通过分享可以起到相互学习的作用。对于听者,可以获取新知识,对于说者,也会加深对知识的理解。更能起到统一团队话语体系,提升团队沟通效率的作用。建议团队内部定期召开分享会,若条件允许,每天早上开半个小时的分享会,效果最佳。

每次分享会前都需要做足准备,避免成为"天马行空"的"茶话会"。首先,要有明确的主题,如选题技巧分享。其次,分享主题应是分享者近期正在重点做的工作。再次,要求分享者结合工作过程中的经验教训,分享的内容既要完整又要"干货满满"。最后,为了达到分享的效果,主管可以提供一些模板或工具表,要求新员工提前进行结构化经验总结。美妆编导小月根据模板完成的选题分享材料见表 3-15。

表 3-15　小月的选题分享材料

选题分享会		
时间	×年×月×日	周×
类目	思考的点	具体内容
爆款视频	时长	1 分 42 秒
	剧情梗概/主题	如何完成五官连接感
	选题	有效化妆和无效化妆的衍生内容
	直发语	有效化妆最后一步:五官连接感 # 美妆风暴季
	视频框架	戳痛点 + 讲干货 + 展示效果
	人设特点/账号特色	纯垂类美妆教学博主
	看点/爆点	槽点:对于博主展示对比效果,两边倒的争议
	拍摄手法	第一人称视角,无滤镜、原相机
	使用了哪些 bgm、音效、表情包	春节音乐
	使用了哪些特效、剪辑手法	除了放大特效,未使用任何其他剪辑手法
	热评关注点	1. 感觉眼头是灵魂 2. 我感觉换个双眼皮贴就没有问题了 3. 以为是个王者,原来是个倔强青铜
	其他补充	学会根据当前热点去做延伸或反向思考。如:沉浸式 asmr 化妆——从室内走向室外——加上剧情演绎——反沉浸式化妆
账号选题	全平台挖掘新账号、形式	1. 好梦一日游 2. 哈哈草 3. 迟早是我
	灵感(通过新形式想到自己账号可二创的形式)	迟早是我,辞职体验 100 种职业,型人挑战,认识 100 个不同职业的朋友
	选题	1. 给妈妈化妆 2. 连线素人教化妆 3. 指导男朋友给自己化妆

3. 在实践中学习

在实践中学习是成年人的主要学习方式。做得好的是经验，做得不好甚至做错的是教训，都会给实践者留下深刻印象，但能否从中学习到更多，甚至成为团队经验或教训，则需要有一个"实践—总结—分享—发布"的过程。

（1）勇于实践、勇于给新员工实践机会，以认真、负责的态度去实践；

（2）结果无论对错好坏，都必须归纳、总结、反思，并且最好写在工作日志中，这样才能学到更多；

（3）典型的案例要求做成 PPT，在团队内分享，写下来之后再讲一遍，分享者一定会有更深的理解；

（4）通过收集分享 PPT，逐渐形成体系化的学习资料，可以在团队飞书云文档中按一定逻辑发布，即可成为团队经验。

小 B 发现负责拍剪工作的小刘剪辑的质量和效率非常高，且非常擅长找解决问题的方法，但小刘性格比较内敛。于是小 B 鼓励小刘把自己的经验做成 PPT，如图 3-5 所示。在一次分享会上，小刘讲得一塌糊涂，但 PPT 做得非常漂亮，且"干货满满"，依然得到了同事们的热烈掌声。分享会后，小 B 选用了小刘的 PPT 分享在团队飞书云文档中，并奖励小刘 200 元奖金。这一过程提高了小刘的工作积极性，增强了她的自信。如今，小刘已是公司的资深拍剪技术人员，其他拍剪人员都是她的"徒弟"。

图 3-5　小刘初次分享剪辑经验的 PPT 截图

任务思考

刚步入社会的大学毕业生，经常会手忙脚乱，感到迷茫。很多大学毕业生发现做本职工作技能深度不够，与他人协同时技能广度又欠缺，简直一无是处。这是各种原因综合作用导致的常见现象，要使自己适应环境、胜任工作，唯有持续学习，随时更新自己的知识、能力结构。或许大学毕业生工作后才发现，这时才真正开始"学习"。你在本任务中找到适合自己的学习方法了吗？

课后练习

作为编导，你觉得自己画面感不强，你会通过什么方式学习呢？请结合本任务所学知识，制订一个可落地的学习计划。

任务 3.3 新孵化美妆项目的项目计划

任务描述

抖音达人 @507 宿舍的 4 名女生注册的新媒体公司，孵化了一个新的美妆项目，目前已经完成人员招聘和初期磨合，为提升团队执行力，小 B 决定在新团队推行项目管理制，请协助她完成以下任务。

（1）学习项目管理基础；
（2）完成项目计划；
（3）能应用项目管理知识和线上协同工具实现更便捷的项目协同管理。

任务实施

项目开启前一定要有明确的目标，同时还要去评估风险、控制成本和时间，自上而下确立目标的一致性、计划的可行性，才能增加完成目标的可能性。如果无法完成项目目标，应能理性评估，及时止损。

1. 学习项目管理基础

作为公司负责人，小 A 报名学习了管理课程。又通过对同类公司的调研，梳理了现阶段需要了解的项目管理基础知识，然后给负责内容中心的小 B、负责商务部的小 C、兼管人力资源部的小 D 进行普及。

（1）项目管理生命周期：项目管理生命周期包括启动、规划、执行、监控和控制以及结束六个过程，这些过程的实施可以确保项目在预算和计划内成功完成；

（2）项目计划：项目计划是项目管理过程中的一个关键步骤，它涉及定义项目的范围和目标、确定可用资源、制订时间表和预算，并识别和管理项目风险；

（3）项目执行：项目执行是在项目计划的基础上实施项目活动，并确保项目按时、有质量完成。

（4）项目控制：项目控制是评估项目进展情况，监控项目的时间、成本、范围和质量，

并识别和管理项目风险;

（5）项目结束:项目结束是将项目正式关闭，包括完成最终成果、对项目进行总结评价和确定项目是否继续;

（6）团队管理:团队管理领导和管理项目团队的过程，包括招募、培训和激励团队成员，以及管理团队内部的冲突和团队成员之间的合作;

对于初创团队，要重点关注的是项目计划、项目执行、项目控制和团队管理。而这些部分都是需要各部门以内容中心为核心，配合完成。

2. 编制项目计划（含预算）

（1）项目计划

在这里重点关注:目标的制订、目标的拆解和时间节点的控制。小B先做了一些调研，包括同类账号的数据和同类型公司项目的时间节点控制方法，然后完成了目标制订，以及项目整体进度拆解。

① 确定项目目标。作为初创团队，"人才"是新媒体公司最宝贵的财富，所以除了业务目标，还同步制订了团队目标。通过完成业务目标，拿到结果，实现变现，让公司可以"活下去"。同时，留住优秀的人才，让公司可以"活漂亮"。见表3-16。

表3-16 新孵化美妆账号半年项目目标

	目标	描述	衡量指标	权重
业务目标70%	活下去	立项确定人设	确定艺人人设，完成账号策划和包装	20%
			涨粉50w	15%
	活漂亮	开始盈利	每月冲10条1w赞，1条10w赞	20%
			对后续内容进行分类，针对客户端和粉丝端每月调整配比，涨粉和接广告两条腿一起走	15%
团队目标30%	团队氛围	建设简单开放、积极向上的团队文化	1. 上传下达，上面的东西能准确及时的传达下去，下面的声音能传递上来 2. 保证同组成员对公司的满意度 3. 制定合理组内制度，同时能规范执行公司相关制度	10%
	团队成长	通过自理机制实现组内成员的共同成长	1. 团队周、月、季度review全覆盖，给出明确的短板和行动计划 2. 苛求过程，释怀结果 3. 组内坚持执行工作以外的学习计划 4. 艺人冲有自己内容的真正的kol，后期重素材积累及人像拍摄，编导除了脚本要提升账号运营能力	20%

② 目标拆解和时间节点的控制。目标需要具体的进度计划才能完成，项目进度计划是项目管理的重要工具之一，它能让项目按照计划有序进行并保障高效率。项目进度计划的关键是抽取关键节点（里程碑）并明确关键节点完成时间。管理的关键是确保项目实际进度与计划进度相符。如果存在任何偏差，可以立即采取措施，保障项目朝最终目标靠近。

新媒体公司节奏很快，一般三个月无法实现收支平衡的项目会被果断"砍掉"，目前是6月底，距离本年度结束刚好还有6个月，也就是两个季度。故拆解目标:第一季度（7~9月）活下去（收支平衡），如图3-6所示，第二季度（10~12月）活漂亮（有利润），如图3-7

所示。小 B 做到这个程度后，交由美妆项目团队成员继续拆解到月度目标，并拟订月度进度计划，此略。

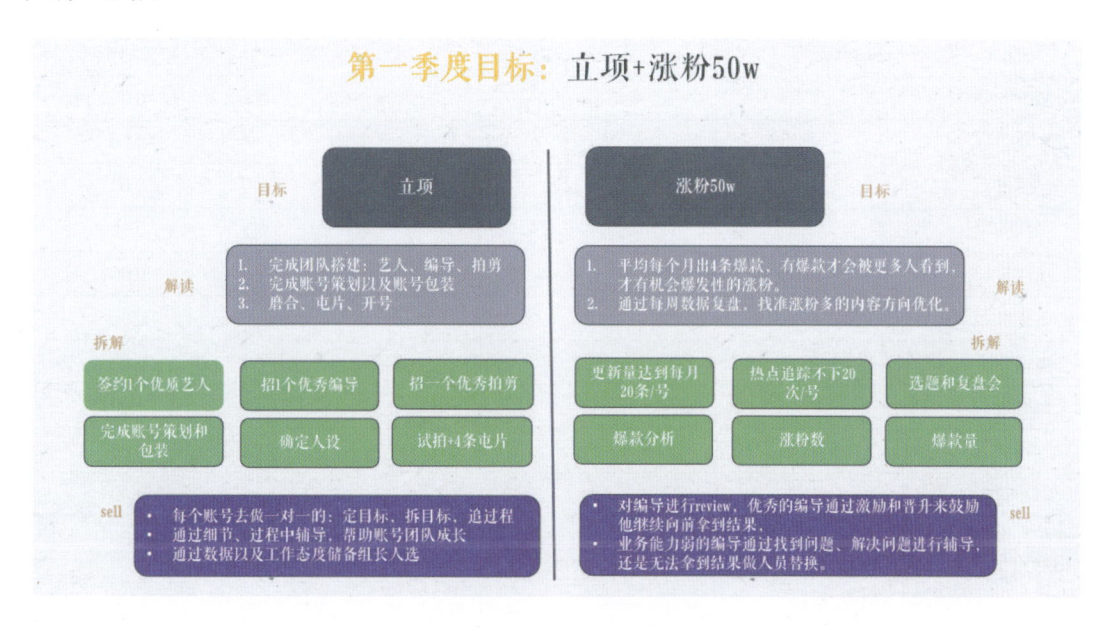

图 3-6　第一季度目标拆解

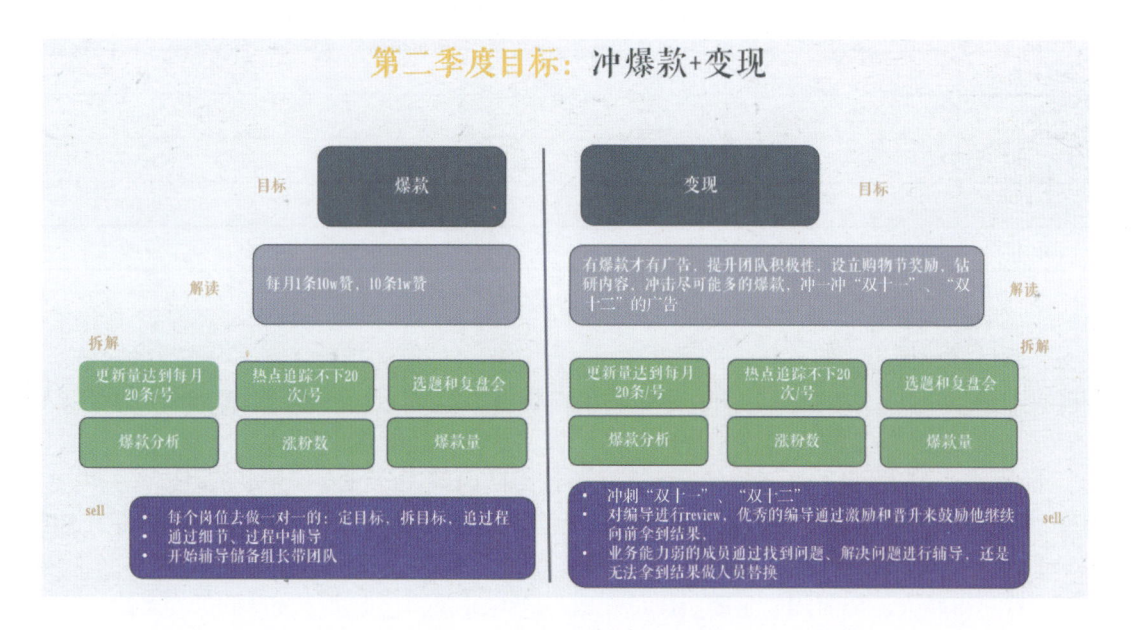

图 3-7　第二季度目标拆解

（2）编制项目预算

一个成功的项目必须做到在预算范围内完成，同时确保项目交付的质量和进度。美妆项目是新项目，第一季度（7～9月）不要求营利，只需要收支平衡即可，小 B 通过预算表控制成本支出，见表 3-17。

表 3-17 2023年第一季度（7～9月）预算表

2023年第一季度（7～9月）预算表				
项目	2023年7月	2023年8月	2023年9月	预算总金额
通讯费				0.00
差旅费				0.00
交通费				0.00
餐费				0.00
快递费				0.00
团建费				0.00
物管费				0.00
水电费				0.00
维修费				0.00
装修费				0.00
设备租赁费				0.00
律师费				0.00
培训费				0.00
福利费				0.00
其他				0.00
营业外支出				0.00
增值税				0.00
附加税				0.00
其他税费				0.00
企业所得税				0.00

通过编制预算，小B对项目第一季度（7～9月）的成本有了认识，然后，小B依据收支平衡目标，得出了收入目标。问题来了，最初拟订的第一季度（7～9月）目标中，没有提收入目标，4位创始人讨论时，也认为第一季度（7～9月）很难有稳定可预期的收入，不应写入项目计划中，那么这个季度的"活下去"总目标还能达成吗？

小B将这个问题抛给新孵化的美妆团队，让团队内部充分讨论。大家积极建言，主要是各种"赚外快"的策略，但大部分与美妆主业无关，被小B否决了。被采纳的建议举例如下。

① 在不影响新孵化的美妆团队每日本职工作外，承接@507账号团队的内容制作任务，内部结算获得收入，同时加速了团队成员获取经验的进程，也促进了团队间的交叉融合。

② 与商务部保持沟通，在账号数据还不够大的情况下，开始接低价格商单。这一举措可能影响到新美妆艺人的长期IP价值，但影响不大。

③ 提高第二季度（10～12月）的目标收入，说服公司同意将第二季度（10～12月）提高的收入核算在第一季度（7～9月）。

在讨论会上，小B根据权责发生制原则，否决了这一建议。新员工小刘说，虽然是吃

项目三 / 团队建设

第5个包子时饱的，但前面4个包子不是没有起作用，所以第二季度（10～12月）的收入，分一部分给第一季度（7～9月）不是完全没有道理。小B最终同意了这条建议。

经过复杂的核算，新孵化的美妆团队最终做出了收支平衡的第一季度（7～9月）预算表。这一过程让团队倍感压力的同时，提升了新团队的凝聚力，也让新团队更快融入了原有团队。

3. 项目执行中的协同管理

随着业务的开展，很难保证每个人每天都在办公室，协助商务拓展专员（BD）外出拍摄等时常发生，为保证项目进度，小A建议使用线上办公工具实现项目协同。通过比较各种工具，最终选定飞书云文档作为全公司的办公工具，新孵化的美妆团队也要尽快熟悉飞书云文档。

（1）学习飞书云文档基础操作。打开飞书云文档官网，选择"帮助中心"选项，点击"新用户入门"按钮，根据帮助文档的顺序依次完成加入企业、认识云文档界面和完善个人设置相关任务。这样新孵化的美妆团队就在云文档中组建好了。

（2）学习利用云文档执行项目的课程。选择"帮助中心"选项，点击"学习广场"按钮，学习《告别混乱，和云文档一起推进高效项目管理》课程。该课程详细讲解了如何利用云文档管理项目，包括创建项目群、组内同步项目资料、召开项目组会议、创建里程碑和任务、任务指派给团队成员、创建甘特图、项目变更管理、项目资料汇总等。新孵化的美妆团队感觉云文档在项目管理方面确实非常有效，开始积极使用云文档交流和协同。

（3）一周后，新孵化的美妆团队成员小李被推举做云文档应用的分享工作，加速了团队成员熟悉云文档的进程，新团队的协同配合越来越顺畅。

从小李开始，每次团队分享的PPT都在云文档上汇总分享，团队经验得到了有效沉淀与传承。

任务思考

利用云文档实施项目管理，可以提高团队协作效率、有效管理资源和降低项目风险。而团队每个成员都有自己的任务清单，个人任务与项目组的任务可以统一管理，读者可以自行寻找方法。

课后练习

请根据本任务所学知识，给自己的账号经营制订季度目标，并进行目标拆解。

任务3.4 新孵化美妆团队绩效评估与激励

任务描述

达人@507宿舍4名女生注册的新媒体公司，决定孵化新的美妆项目，现已完成团队搭建和磨合，制订了季度目标与计划，并开始用项目管理思想推进相关工作，请协助内容中心负责人小 B 完成以下任务。

（1）编制新孵化的美妆项目各岗位的绩效评估表；

（2）制订新孵化的美妆项目的激励方案。

任务实施

目前，互联网行业流行用目标与关键成果法（OKR）实施绩效管理，但小 A 与团队讨论后，对新孵化的美妆团队，选用了关键绩效指标法（KPI）。KPI 是来自项目目标的层层分解，分解时应注意以下原则。

少而精原则：KPI 的制订应体现被考核人 80% 以上的工作成果；

结果导向原则：KPI 主要侧重于对被考核人工作成果的考核；

可控性原则：KPI 应是被考核人可控制的或能够产生重大影响的指标；

可衡量性原则：KPI 应具备可衡量性，应当有明确可行的考核方法和考核标准；

一致性原则：KPI 与项目目标保持一致，其实现有助于项目目标的实现。

1. 编制绩效评估表

（1）KPI 制订方法如图 3-8 所示。

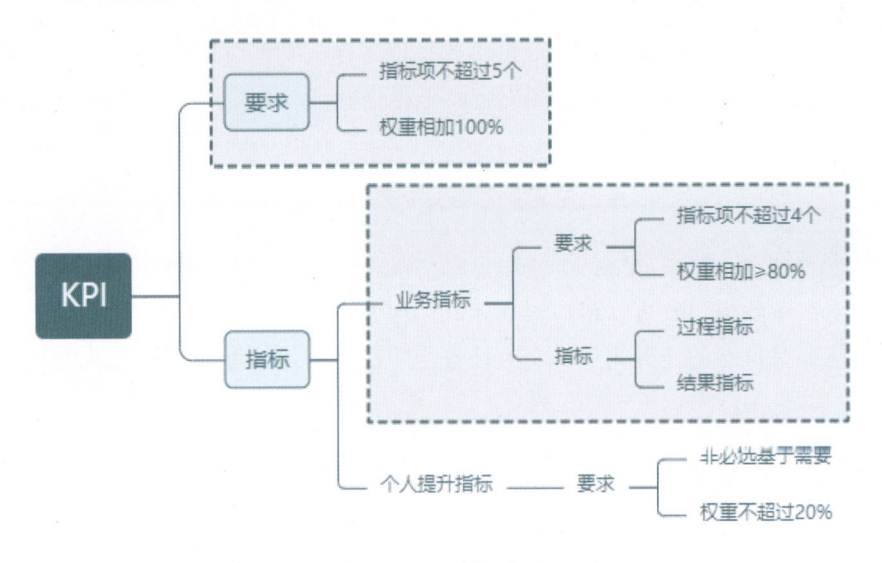

图 3-8　KPI 制订方法

（2）分析指标。

① 确认月度目标。第一季度（7～9 月）的目标是涨粉 50 万，新业务没有可参考的历史数据，参考 @507 账号的涨粉速度，新美妆账号第一个月暂定涨粉量为 10 万，该指标作为各岗位业务指标中的结果指标。

② 确定工作流程，如图 3-9 所示，根据工作流程给各岗位设定过程指标。这里主要考虑编导和拍剪，因为艺人通常签的是经纪合同，无绩效考核。

项目三／团队建设

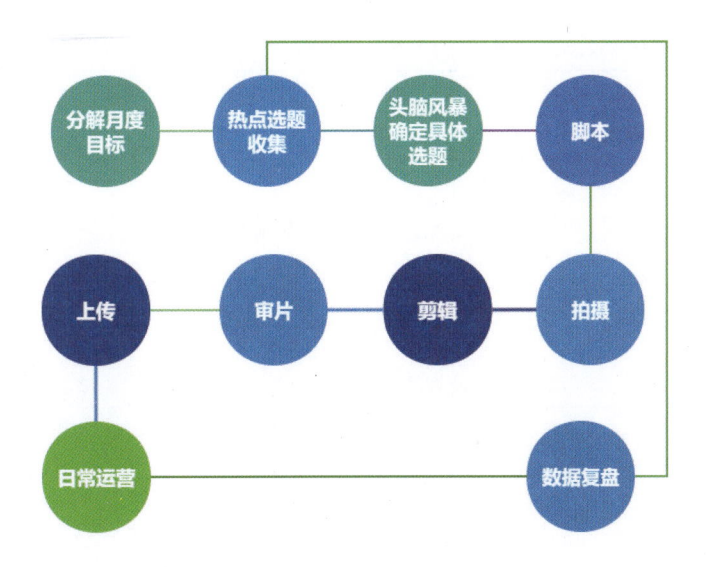

图 3-9　工作流程

③ 针对各岗位人员的实际情况，制订个人提升目标。

最终确定各岗位 KPI 关键指标如图 3-10 所示。

图 3-10　各岗位 KPI 关键指标

（3）完成绩效考核评估表。见表 3-18、表 3-19，由于是第一个月，给过程指标赋予了远高于结果指标的权重，这与 KPI 制订的原则不符，但得到了小 A 和其他团队成员的认可。后续根据每月实际情况逐步调整。

表 3-18　美妆部编导岗位绩效评估表

美妆部编导岗位 2023 年 7 月绩效评估表					
姓名	小 A	直属领导	OO	被考核人签字	
部门	美妆孵化组	岗位	编导		

续表

考核指标	分值	关键指标	参考指标	计分条件	实际得分	评分说明
过程指标	20%	更新量	更新20条	完成1条，可得1%		
	20%	账号运营	1. 发布作品前半个小时及时回复评论 2. 评论未超过100条，每条必须回复 3. 发布前检查清楚直发语、音乐、封面、关联话题、违禁词 4. 非客观原因，不得出现隐藏或删除内容 5. 随身携带工作机	完成1项，可得4%		
	10%	热点分析	组内热点分享每周最少5次，共计20次	完成1周，可得2.5%		
结果指标	30%	涨粉量	涨粉10w	完成本项。可得30%		
个人提升指标	20%	账号内容分析	账号内容分析4次	完成1次，可得5%		
绩效等级：				绩效总得分：		

备注：
总分100分，以上所有关键指标、权重比例等根据当月业务侧重点会进行动态调整
1. 每月度绩效分数为A+（95分以上）
2. 每月度绩效分数为A（91分-95分）
3. 每月度绩效分数为B（86分-90分）
4. 每月度绩效分数为C（80分-85分）
5. 每月度绩效分数为D（80以下）

表3-19 美妆部拍剪岗位绩效评估表

美妆部拍剪岗位2023年7月绩效评估表						
姓名		小B	直属领导	OO	被考核人签字	
部门		美妆孵化组	岗位	拍剪		
考核指标	分值	关键指标	参考指标	计分条件	实际得分	评分说明
过程指标	20%	更新量	更新20条	完成1条，可得1%		
	20%	账号运营	1. 负责拍摄设备管理维护，保证设备的正常使用，无损坏 2. 保证拍摄素材的完整性、可用性，未出现曝光过度、无收声等后期不可逆错误 3. 成片仔细检查，无错别字、跳帧、声音等问题	违规一次，扣4%		
	10%	热点分析	组内热点分享每周最少5次，共计20次	完成1周，可得2.5%		
结果指标	30%	涨粉量	涨粉10w	完成本项。可得30%		
个人提升指标	20%	账号拍摄后期分析	账号分析4次	完成1次，可得5%		
绩效等级：				绩效总得分：		

续表

```
备注：
总分 100 分，以上所有关键指标、权重比例等根据当月业务侧重点会进行动态调整
1. 每月度绩效分数为 A+（95 分以上）
2. 每月度绩效分数为 A（91 分 -95 分）
3. 每月度绩效分数为 B（86 分 -90 分）
4. 每月度绩效分数为 C（80 分 -85 分）
5. 每月度绩效分数为 D（80 以下）
```

2. 制订激励方案

（1）制订激励方案的原则。

首先要体现公平的原则。要在广泛征求员工意见的基础上，形成一套大多数人认可的方案，并且把这个方案公布出来，在激励中严格执行并长期坚持。

其次，要与激励方案考核制度结合起来，这样能激发员工的竞争意识，使这种外部的推动力量转化成一种自我努力工作的动力，充分发挥员工的潜能。

最后，方案制订要有针对性，也就是做到工作细化，企业必须系统地分析、搜集与激励方案有关的信息，全面了解员工的需求和工作质量，根据情况制订相应的政策。

（2）针对新团队的简单激励方案。在做激励方案之前，先考虑以下几个方面。

① 激励目的：运用多种有效手段，最大限度地激发员工积极性、主动性和创造性，以保证涨粉 10 万的目标完成；

② 奖励对象：新孵化的美妆团队的编导、拍剪和艺人；

③ 奖励方式：物质奖励（含绩效相关的长期奖励，以及小目标完成的即时奖励）。

（3）长期奖励方式。

① 建立科学的绩效考核体系，对员工的业绩进行定期评估；

② 根据考核结果设立不同级别的绩效奖励，鼓励员工在工作中追求更高的目标；

③ 对于连续获得优秀评价的员工，给予额外的晋升和职业发展机会；

④ 根据员工的岗位、职级和绩效等因素，设立年终奖金制度，根据公司的营利状况和员工的年度绩效考核结果发放年终奖金；

⑤ 设立特殊贡献奖，对于在工作中表现特别优秀的员工给予额外的奖励；

⑥ 明确的晋升制度和职业发展路径，使员工看到自己在公司的发展前景；

⑦ 为员工提供公平的晋升机会，根据个人能力和业绩好坏决定是否晋升；

⑧ 对于成功晋升的员工，给予相应的薪酬和福利待遇提升。

（4）即时奖励方式

针对某一个项目或者某一段时间内，为完成某一目标的员工给予即时可得的奖励。即时奖励一般是物质奖励，方案应简单，奖励应即时。例如，如果团队本月 10 万粉丝目标完成，即时奖励方案如图 3-11 所示。

美妆部账号激励方案【试行3个月】

一、目的
　　为了更好的激励美妆孵化部编导、拍剪,以及艺人的主动工作动力,激发创作热情;同时为了实现"奋斗者成为受益者"的激励初衷,经公司研究决定,特设定本方案;

二、适用对象
　　美妆孵化组编导、拍剪、艺人岗位;

三、方案细则
1、周奖励:
　　周涨粉超过2.5w,美妆孵化组成员共同共同获得300元奖励。【编导、拍剪、艺人】
2、月奖励:
(1) 月底前提前完成10w粉丝增长,美妆孵化组成员共同共同获得1000元奖励。
　　【编导、拍剪、艺人】
(2) 月底前完成超过15w粉丝增长,美妆孵化组成员共同共同获得1500元奖励。
　　【编导、拍剪、艺人】
(3) 月底前完成超过20w粉丝增长,美妆孵化组成员共同共同获得2000元奖励。
　　【编导、拍剪、艺人】
(4) 月底前完成超过30w粉丝增长,美妆孵化组成员共同共同获得10000元奖励。
　　【编导、拍剪、艺人】
3、月惩罚:
1) 周粉丝增长低于1w,警告一次。
2) 月底粉丝增长不足5w,重新做账号策划。
3) 连续3个月无法达成月度目标项目终止。

总经理签字:
时间:

图 3-11　即时奖励方案示例

任务思考

企业发展与员工工作积极性密不可分。良好的考核制度,是调动起员工工作积极性的重要方法。全面、公平、有效的激励方案,更能激发员工创造力和工作热情。考核与激励要同步进行。

不管是绩效考核还是激励方案,都应该是动态的,不断优化和改进的。

课后练习

请根据本任务所学,制订艺人的KPI考核指标。

项目小结

团队建设就是选人、带人、用人、留人。

招聘成功只是万里长征的第一步,要把合适的人放在合适的岗位上,全心全意地培育,为团队创造积极的学习氛围。用人时,要注意科学的管理方法和工具的应用。最后,要通过科学的绩效考核及配套激励方案留住人才。

项目四

文案创意

学习目标

- 能结合热点策划重大、系列专项选题,根据内容数据反馈,优化策划方案。
- 能搜集整理选题资源,甄别选题优劣,创建并不断丰富选题库。
- 能分类总结并标准化创作视频和直播脚本,提升脚本创作质量和效率。
- 能应用营销理论,借助创意工具,组织团队产出广告创意,进行营销文案创作。

任务 4.1　某汽车品牌的热点专题策划方案设计

📋 任务描述

某国产汽车品牌近期将参加国内一场大型汽车博览展销会。临近暑期，部分家庭有较强的自驾出行需求，市场迎来汽车销售旺季。小 K 是该汽车品牌的市场营销负责人，现需要结合当下的时间节点及平台热门趋势，为汽车博览展销会期间本企业的矩阵账号设计一份短视频和直播内容专题策划方案。请完成以下任务。

（1）制订和分解目标。
（2）选题分析及选题库搭建。
（3）直播内容策划。
（4）制订实施方案。

⏱ 任务实施

今天的汽车，不只是产品与技术本身，也是体验与生活方式。中国汽车市场的人口红利固然不像十年前那样唾手可得，但是每年 2000 多万人的消费基础盘始终在那里，消费需求也一直客观存在。在过去，汽车品牌虽有大把的营销预算，却只能通过传统的广告投放、400 客服、线下门店等方式触达用户，很难即时获取用户的真实需求。短视频和直播兴起以后，用户可以更直观地了解、感受产品，即时反馈和表达自己的意见和疑惑，这对决策和成交都起到了非常大的促进作用。

本任务中的方案设计，要求结合行业营销节点——汽车博览展销会，同时考虑目标用户所处的时期——暑期，来进行针对性的策划，具有非常强的时效性。同时有明确的营销目标需要完成，这就要求方案具有可落地执行性。

1. 制订和分解目标

在汽车行业，汽车博览展销会的重要性跟电商行业的"618"和"双 11"类似，都是人为制造出来的营销周期节点，关注度和流量都会迎来高峰。根据公司要求，小 K 确定了车展期间的两个核心目标：品牌的曝光量达到 800 万（品），汽车博览展销会期间销售 1000 台车（效）。

为了完成目标，需要细化、分解方案，并在执行过程中关注关键指标。以下是对核心目标拆解的四个方面。

（1）提升社交媒体的线上曝光量。
① 使用各大社交媒体平台广泛传播车展相关内容，包括品牌自有的抖音、微博、视频号、公众号、等账号，利用热门话题标签增加曝光量。
② 邀请本地达人和汽车领域 KOL 来车展拍摄打卡探店类内容，并在自己的社交媒体账

号上发布，扩大受众范围。

③ 利用官方矩阵账号、经销商渠道门店账号和员工自有账号，在车展期间开启现场直播，拓宽营销渠道。

（2）增加新用户对品牌的认知和关注。

① 在短视频中重点展示旗下各车型的特点和科技亮点，吸引新用户的关注。

② 通过直播，邀请技术专家深入解说汽车的科技创新，让新用户更深入了解品牌。

③ 制作简洁明了的产品展示短视频，侧重突出车型的特点和不同应用场景。

（3）提升线下到展人数。

① 在海报物料、短视频内容和直播中强调车展时间和品牌展位地点，并提醒用户前往参观。

② 在短视频和直播中预告参展的新发布汽车车型，激发潜在用户的好奇心，增加到场动力。

③ 针对车展现场到访用户，每日赠送限量的精美定做伴手礼，吸引用户到现场。

④ 针对本地用户，通过自定义区域范围投放，定向推送短视频，引导他们到车展现场。

（4）提升意向客户转化成交率。

① 在短视频和直播中宣布车展期间的限时特惠政策，增加购车诱因。

② 通过直播间主播与用户的互动，解答观众的购车疑问、汽车落地报价，增强购车决策的信心。

③ 鼓励异地用户预约线下门店试驾，为门店带去精准客流，提高成交效率。

细化目标指明了方向，而关键指标的监测和分析，对方案的调整和改进至关重要。在执行过程中，小 K 与团队开会讨论后，决定密切关注以下指标。

- **短视频播放量和分享量**：检查短视频在各社交媒体上的表现，确保广泛传播和分享；
- **直播观众人数和互动率**：监测直播期间的用户人数和互动情况，评估直播的吸引力和效果；
- **线下车展参观人数**：通过车展期间的人流统计，以及现场销售对到场用户的渠道来源调研，评估短视频和直播对线下到展人数的影响；
- **直播间留资数和后续成交数**：监测统计直播间留下联系方式的用户数量，以及后续到展及成交情况，评估直播间带来的精准用户数量；
- **试驾预约和成交率**：跟踪试驾预约和实际成交数量，评估意向用户转化成交的效果；
- **新用户关注度**：通过各社交媒体账号粉丝的增长情况，评估新用户对品牌的关注度是否有提升。

2. 选题分析及选题库搭建

在明确细化方案和关键指标后，小 K 发现，必须充分利用短视频的内容输出窗口，创作用户喜爱的内容，触达潜在的意向用户，扩大传播，才能实现在平台上从公域流量往品牌私域的引流和转化。

利用抖音"巨量算数"小程序，小 K 确定了对本品牌感兴趣的主要用户人群画像，如图 4-1 所示，男性占比达到 66%，TGI 指数高达 155，说明男性用户对该品牌汽车类产品的关注远远大于女性用户。同时，31～40岁年龄段的用户虽然数量占比较大，但TGI指数反而最低，相比18～23岁，以及24～30岁的用户，TGI指数都超过150，说明年轻用户群体，对本品牌有更多的关注度和兴趣度。

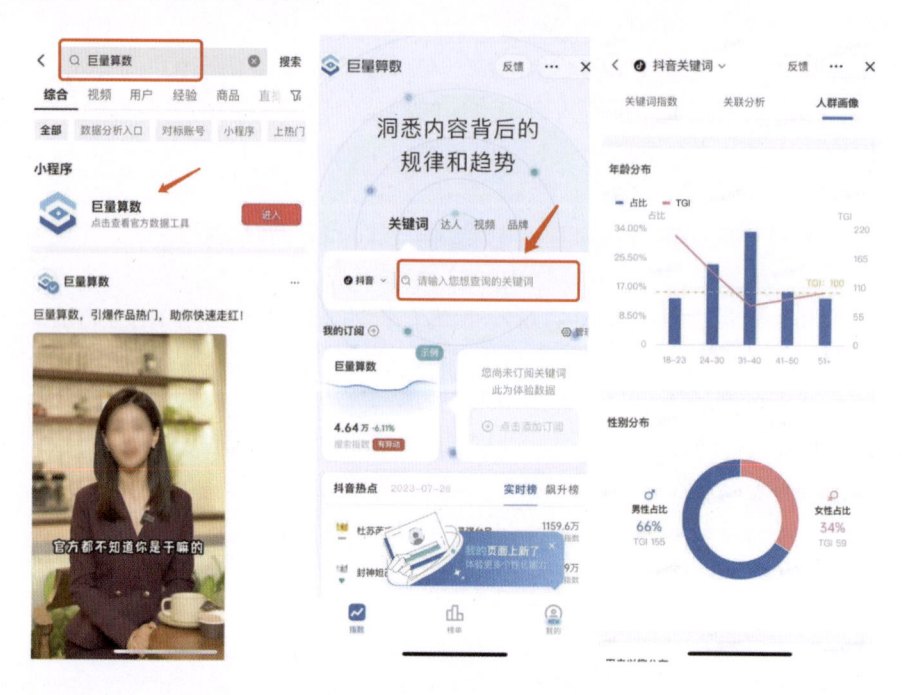

图 4-1　抖音"巨量算数"小程序关键词查询

关于常规选题和创意的搜集方式，在《自媒体运营（中级）》的文案创意部分已有讲解，这里不再展开。结合汽车博览会（以下简单"车展"）的特殊时间段，小K整理了一系列选题，见表4-1。

表 4-1　车展期间选题库预设

日期	主题	短视频内容
第一天	预热引爆	短视频以车展的快节奏镜头开篇，展现车展的规模和热闹场面，引起用户好奇心，鼓励他们到车展现场了解更多信息
第二天	车型卖点	突出本品牌在车展上展示的几款重点车型，包括新推出的概念车，强调各车型的特点和卖点。同时可以在短视频中融入一些精彩的试驾镜头，展示车辆的性能和驾驶体验
第三天	科技创新	着重突出本品牌汽车在技术和配置上的创新，比如自动泊车、智能互联、L2驾驶辅助、人脸识别等功能
第四天	用户口碑	随机采访车展现场真实用户选择品牌的原因，采集片段后剪辑成视频发布，引导老用户和潜在用户互动，在评论区分享自己的用车心得和期待
第五天	现场活动	临近周末，组织车展场馆外场地的试驾、儿童亲子区及现场的体验活动，引导潜在用户利用周末时间带家人一起来车展
第六天	限时特惠	重点强调车展期间的限时特惠活动，如车价优惠、赠送礼品等，吸引用户抓紧最后的时间前来车展参观和试驾
第七天	直播切片	利用前几天车展现场直播的回放素材，剪辑切片，重点集中在车型、车身科技、车辆性能、适用场景的讲解

虽然有所涉及车展期间的短视频选题方向，但还需要结合抖音"巨量算数"小程序查到的用户画像，针对不同年龄段的用户喜好，做进一步的细分选题内容策划，见表4-2。

表 4-2　不同年龄段购车用户的选题侧重方向

用户区间	用户关注点	选题方向
18～23岁	外观独特性、科技感动力、驾乘体验	主推旗下的 uni-v、逸达、深蓝系列，突出外观的年轻时尚、内饰的干练简洁、运动氛围，突出动力的优势
24～30岁	性价比、功能配置丰富性、生活方式	主推旗下 uni-t、阿维塔、欧尚系列，在延续外观设计卖点的同时，突出丰富的功能和科技配置，带来舒适的驾乘体验
31～40岁	空间大小、油耗情况、家庭出行场景、续航	主推旗下的 CS 系列车型，瞄准家用 suv 场景，从空间、油耗、续航上强调稳定优势

之后，小 K 觉得上述选题整体营销属性比较重，难以获得平台的自然流量，最终可能难以达成曝光声量的目标。于是小 K 结合夏季高温天气、户外活动、自驾旅行等关键词，对选题库进行了扩充，增加了受众面。自然流量相对较大的热门选题内容见表4-3。

表 4-3　自然流量相对较大的热门选题内容

主题	短视频内容
暑期出行安全	提醒用户在出行前，自己进行车辆检查和保养的教程短视频
夏日露营	制作与露营、野餐相关的短视频，同时可以在视频中植入本品牌汽车的储物空间和驾乘舒适性、续航等特点
高温汽车保养	分享在高温天气下，如何合理保养汽车，避免车辆出现故障，为用户提供实用建议
雨季应急处理	分享在遇到洪涝、积水路段、车库被淹等情况，该如何进行车辆保护及保险理赔的小贴士
户外探险	展现越野车型在极限路况下的表现，吸引对越野探险有兴趣的年轻男性用户
车辆性能测评	不同系列车型横向比较，测量在加速、平均油耗、过弯、制动刹车距离、车内空间、语音交互功能上的数据，给用户提供实际参考
自驾攻略	推荐适合家庭自驾避暑前往的旅游城市和景点，附上行程攻略

结合以上 3 个方面的选题，小 K 及其团队完成了泛汽车用户——车展垂直兴趣用户——产品线细分用户的选题梳理，搭建完成了近期相对丰富的选题库。在流量选题方面，有很多同行账号中会发布车模小姐姐的视频，虽然流量比较大，但小 K 觉得这样的短视频内容吸引的用户不是精准的潜在用户群体，所以摒弃掉了这类选题。

3. 直播内容策划

相比于短视频，在竖直屏幕上直播更能带来沉浸式的体验，而且可以与用户进行实时互动，方便对车型特点进行深度讲解，从而达到垂直种草的效果，提升转化效率。

为完成本次车展期间的核心 KPI，在直播内容策划方面，小 K 设计了"专题直播"和"常规直播"两类直播内容策划，见表4-4。

表 4-4　车展直播内容分类

直播分类	主要目的	直播内容
专题直播	吸引注意力，提升直播间观看	邀请汽车的技术专家，对新发布的车型进行科技和车辆设计的讲解，回答网友提问
		邀请汽车垂直 KOL 与企业高管搭档，共同进行讲解，同时与网友互动，送出限量福利礼品
常规直播	涨粉、解答问题、深度"种草"、获客留资	固定机位：对展台车型深度循环讲解；车内机位：对场外车辆试驾直播；走播机位：带网友看意向车型引导关注、留资获取报价、预约线下试驾

在直播间场景和画面规化上，画面包括展厅、车内、室外，除画面以外，从福利、车型、优惠政策等多个方面吸引潜在用户观看，提升直播间总观看人数，通过获取专属报价、限时优惠套餐、预约到店福利等活动方式，提升直播间留资数量和后续成交等关键指标，如图 4-2 所示。

图 4-2　直播间场景和画面规划

在这个过程中，品牌与线下门店的协同效应非常关键，品牌发起多账号矩阵直播任务，将重点放在建联、涨粉、互动上，将线上流量导引到线下门店，并且完成可到店、可试驾、可转化的下一步动作。随后，线下门店可将相应的直播效果反馈到品牌，再由品牌去优化直播的内容产出，从而形成良性循环。

4. 制订实施方案

根据以上短视频选题及直播规划，小 K 将 7 天内预计产出的数据指标，结合核心目标分解后，制订出了目标分拆执行方案，见表 4-5。

表 4-5　7 天车展期间具体目标执行方案

核心目标	形式	账号	目标执行方案
品牌曝光量（800 万）	短视频	企业矩阵账号	单个营销类短视频播放量 10000× 账号数量 10 个 × 每天 3 个视频 ×7 天 =210 万
			单个流量类短视频播放量 30000× 每天 2 个 × 账号数量 10 个 ×7 天 =420 万
		外部合作账号	KOL 账号单个视频预估播放量 20 万 / 个 ×2 个 =40 万
			KOC 账号单个视频预估播放量 60000/ 个 ×10 个 =60 万
	直播	企业蓝 V 账号	单场直播 20 万观看人次 ×2 场 =40 万
		矩阵账号	单场直播 4000 观看人次 ×2 场 / 天 ×7 天 ×10 个账号 =56 万
销售数量（1000 台）	现场	车展现场订车	20 家现场渠道商 * 每天预估成交 4 台 ×7 天 =560 台
	门店	直播间引流成交	（40 万观众 × 转化留资 0.5%+56 万观众 × 转化留资 1%）× 线下门店转化率 6%=456 台

任务思考

企业的营销短视频与泛娱乐类的短视频相比内容选题方向上有较大的差异，往往不是以追求爆款传播为目的，而是力求所生产的内容，能够让潜在用户产生兴趣，完成观看"种草"，并进入下一步的互动联系，因此更看重观看用户的精准性。

作为成熟的创作者，在选题策划方面，固然要努力打造爆款，但在更多场景下，作品数据的稳定可预测性可能更重要。此时，创作者在追求天马行空的创意与回归商业本质为精准潜在用户创作有价值的内容之间，会越来越倾向于后者，这才有了策划系列专题、储备选题库的心理基础。还会在效果与成本、数量与质量等方面发生微妙的变化，希望读者们能用心创作，慢慢迎接这些变化的到来。

若干选题要构成"系列专题"，则必然面临每个选题的独立性与其他选题的关联性的思考，从而明确每个选题的定位与使命，明确每个选题为总目标服务的角度与价值。作为技能型教材，本任务没有讨论这些"高大上"的内容，但建议读者不妨思考一下，或许这些思考影响着创作者最终能到达的"高度"。

汽车类的产品具有客单价高、品牌繁多、内容消费时间长、决策周期长等特点，这就要求我们根据年龄段、性别、场景需求出发，针对性地设计短视频内容，才能更好地助力销售转化。

课后练习

如果你是该汽车品牌的市场营销负责人，要为旗下即将上市的新能源汽车系列做宣传和推广，将会从哪些方面进行选题搭建和方案设计呢？试结合用户痛点和产品特点，给出五个适合的选题，构成系列专题。

任务 4.2　三农产品营销标准化脚本设计

任务描述

账号 @ 农场主小敏是一个主营菌菇产品的三农类短视频账号，目前有 1.5 万粉丝，通过短视频和直播销售，能够做到月销售 5 万～10 万元。创始人小敏觉得还有比较大的提升空间。经过与团队多次复盘后发现，因缺乏固定选题和脚本框架，每天消耗在短视频内容拍摄的时间比较长，造成小敏留给直播话术学习和优化的时间不够，进而影响了直播间人气、停留和转化成交数据。小敏希望通过对优秀三农对标账号的拆解和学习，提升视频和直播脚本的创作质量和效率，提升短视频和直播间的转化率。请与她一起完成以下任务。

（1）账号现状梳理；

（2）对标账号拆解；

（3）标准化脚本撰写。

任务实施

小敏及其团队已经有一定的短视频内容创作和直播经验，不是新人，任务目标侧重于对现有内容进行优化。因此需要先结合数据，梳理清楚目前团队存在的问题，找到和行业优质同类型直播间的差异，再针对性地学习借鉴，并运用到自己日常的创作和直播过程中去，而不是生搬硬套，否则可能起到相反的效果。

1. 账号现状梳理

创立账号初期，小敏及其团队就明确了该账号的"人设"，是返乡在三农领域的创业者，所以起名"农场主小敏"。在内容方向上：希望吸引喜欢吃菌菇、种植菌菇和采摘菌菇的人群，从而明确了账号的日常选题库，账号内容定位方向见表 4-6。

表 4-6　账号内容定位方向

类别	人群画像	内容偏好	选题举例
吃菌菇	分布较泛，各年龄段均有，对美食感兴趣	菌菇的挑选、做法，以及教程类视频，菌菇的养生价值	羊肚菌泡发的关键水温、羊肚菌煲汤搭配方法、剪菌脚的羊肚菌好不好
种植菌菇	同行或创业者、农户	菌菇栽培的基底、场地挑选、土壤运作、病害防治、种植风险等	羊肚菌的种植条件、羊肚菌如何高产、如何制作羊肚菌的菌袋
采摘菌菇	以家庭用户为主，注重线下体验和生活方式	新鲜羊肚菌采摘、农场环境、基础设施、住宿条件、交通	沉浸式采摘羊肚菌、体验农场的夏天、一起去钓小龙虾啰

从 2021 年创立账号至今，已经发布了 400 多个作品，但是作品的平均播放数据一般，点赞和评论数据也不是特别突出。在短视频内容上，从人、货、场等方面，经过了多次迭代，如图 4-3 所示。

图 4-3　小敏的短视频迭代发展过程

结合目前账号的用户画像，如图 4-4 所示，可以看到，账号粉丝年龄结构偏大，以中年用户（31～50 岁）为主，占比都超过 30%，年轻用户（18～30 岁）较少，并且中年用户的 TGI 指数还比较高，且男性用户的 TGI 指数达到 145，所以男性用户比女性用户对视频内容更感兴趣。

小敏通过查看视频的历史数据还发现，越是专业性比较强的内容，比如羊肚菌种植的知识科普，播放量和完播率越低，专业内容无法触达更广泛的受众。

2. 对标账号拆解

通过拆解对标账号寻找解决方法，在《自媒体运营（中级）》中已有叙述，在此不再展开。通过搜索，小敏找到了一个同样是做菌菇类产品的"三农"电商账号 @小田姑娘官方旗舰店，如图 4-5 所示。

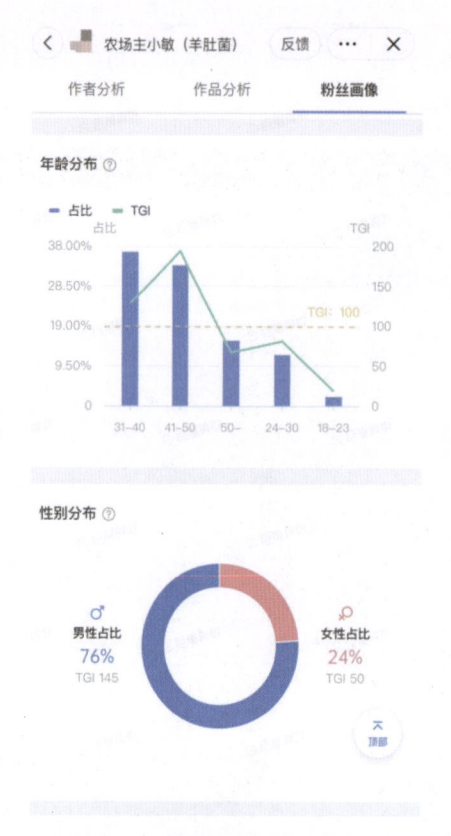

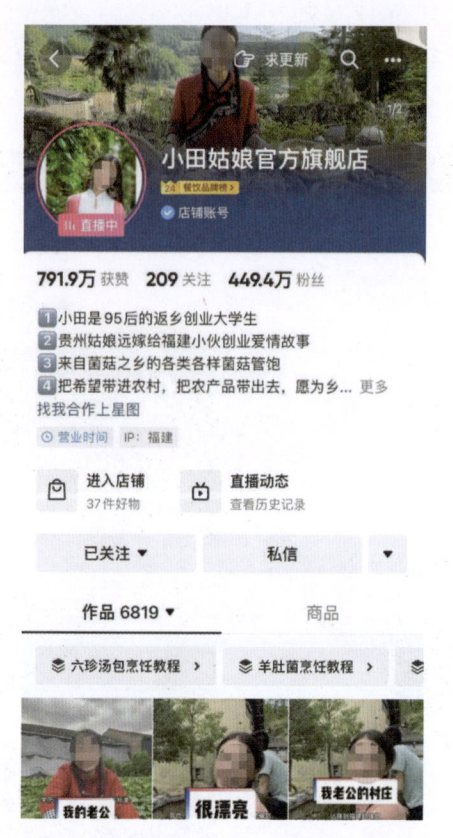

图4-4　小敏的账号粉丝画像　　　　　　图4-5　对标账号@小田姑娘官方旗舰店

通过"飞瓜数据"后台查看账号@小田姑娘官方旗舰店的带货数据，如图4-6所示，该账号以直播变现为主，短视频带货的销售额比较少。直播间的产品除了羊肚菌，还有菌菇汤包，跟小敏目前的主推产品相似。

图4-6　@小田姑娘官方旗舰店直播近15天直播带货数据

通过"巨量算数"查看@小田姑娘的用户画像，小敏发现账号@小田姑娘官方旗舰店的主要用户年龄也是中年区间段，但是在用户性别上，跟自己的账号有比较大的差别，女性占比 75%，且 TGI 指数高达 159，表现出对产品有更高的兴趣，结合年龄段和性别可以得出结论，宝妈和家庭主妇是账号 @ 小田姑娘官方旗舰店的主力购买人群。@ 小田姑娘的粉丝画像如图 4-7 所示。

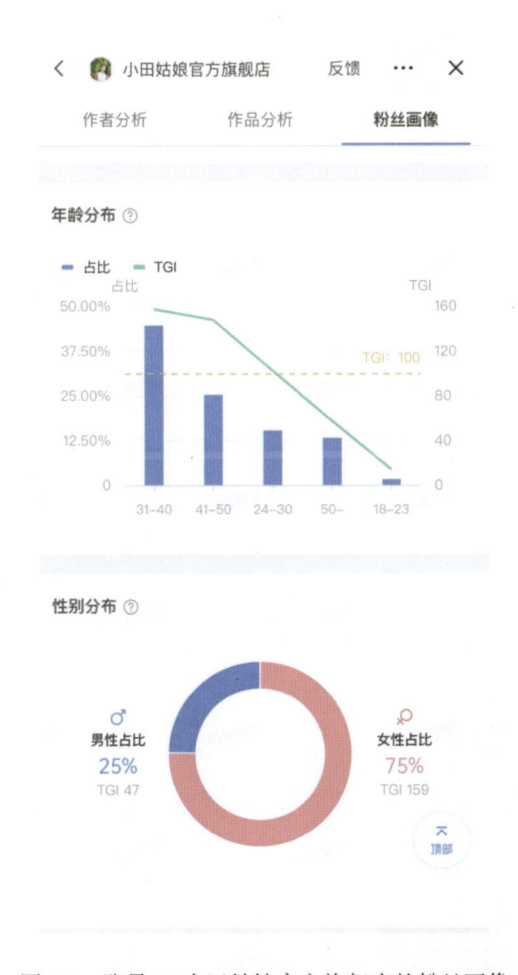

图 4-7　账号 @ 小田姑娘官方旗舰店的粉丝画像

在对 @ 小田姑娘官方旗舰店发布的历史作品进行查看后，小敏发现，跟自己账号的作品方向不同的是，@ 小田姑娘官方旗舰店的所有视频内容集中围绕核心产品（羊肚菌、六珍汤包等），分别从产地优势、营养价值、烹饪做法、"人设"打造等多个方面拍摄视频，没有在其他的方面（如羊肚菌种植、农村生活体验方面）花费时间和精力。

考虑 @ 小田姑娘官方旗舰店所在的地方是福建省宁德市屏南县，当地种植主要靠大棚和菌菇培养袋，而小敏所在的地方是重庆，菌菇种植主要是土地。小敏决定学习 @ 小田姑娘官方旗舰店聚焦标准化菌菇产品的内容策略，进行短视频和直播的标准化脚本创作。

在进行标准化脚本创作之前，小敏先对 @ 小田姑娘官方旗舰店发布的历史视频进行总结提炼，通过搜索账号内有关"羊肚菌"的关键词，小敏梳理了短视频的话术，并填写到表 4-7 中。

表 4-7 短视频拆解总结模板

视频阶段	原始视频台词	内容提炼总结
视频开头全景画外音对话	老板,听说你家羊肚菌九块九一斤啊?六块六一斤啊。你开什么玩笑?你都给我开玩笑了,我怎么不能跟你开玩笑啦?我都想揍他一顿了,是吧	羊肚菌晾晒场景;用九块九一斤抓用户注意力,增加停留,3.3s后反转,给出新信息点,持续观看
视频中段1近景+特写 圈人群+卖点	你过来看一下,跟松茸、松露、牛肝菌并列称为四大名菌当中的菌中老大哥,它叫羊肚菌,锌、钙、铁、钾、镁的含量都很高,拿回去炖鸽子、炖鲍鱼、炖排骨。你家小朋友千万千万不要等他排在第一排第一个的时候,你才想起来给他煲这个汤,一个星期煲一到两次	用"四大名菌"衬托羊肚菌的价值;用烹饪的美食画面吸引人的注意;用小孩子个子矮的痛点吸引目标人群的注意
视频中段2中景口播 价值塑造	你别看我们放在这地方不值钱的样子,你随便到哪个大城市的店里面去对比一下,一斤要不要大几千?随随便便一个星级酒店的羊肚菌炖例汤彻底就是 188 元以上	价格塑造。星级酒店的例汤突出价值感,188 元的价格可感知,增加心理锚点
视频结尾中景口播 种草+行为引导	省钱的小妙招,点我的头像,原产地,直发量大,给它做到高性价比,一包 20 克,两包 40 克,三包 60 克,四包 80 克,五包的话就是净含量足足 100 克,而且是一包 8 到 12 个之间,起码够你吃 3 到 4 个月。百来块钱,实现羊肚菌自由,不会吃的点头像,让主播给你一个属于你们的食谱	引导用户点进直播间,强调性价比(克重和吃的时间长)用额外食谱做推手,再次引流

在观看 @ 小田姑娘官方旗舰店直播后,小敏将达人对于羊肚菌这个单品的讲解话术进行了结构化拆解,如图 4-8 所示。

图 4-8 @ 小田姑娘直播单品话术拆解

在拆解过程中,小敏发现达人 @ 小田姑娘官方旗舰店对每个单品的讲解约 5 分钟,话术结构相对固定,呈循环讲解模式。相比而言,自己的直播话术有几个缺点。

(1)花了太多时间在产品卖点的讲解上,直播间的节奏整体有点慢,可能造成还没等到"种草"结束,用户就已经离开了直播间。

(2)对目标人群的定位不够清晰,账号 @ 小田姑娘将羊肚菌定义为"长个菇""开胃菇",

项目四 / 文案创意

并且在一开始就圈定了受众人群是担心孩子不爱吃饭、长个慢、脾胃不好的家长，并且在后续讲解中提到"煲鸡煲鸭煲排骨""老人、孕妇、小孩都能吃"，给出明确的使用场景。

（3）用户互动的话术不够，自己做直播的时候，互动比较生硬，讲解卖点和互动听上去是两个独立的板块，达人@小田姑娘官方旗舰店的直播则是把互动、评论、引导的话术穿插在产品的讲解和促单环节，增加了与用户的互动，限时、限量的氛围营造，增加了直播间的停留和人气数据。

3．标准化脚本撰写

根据对@小田姑娘短视频内容的拆解，小敏概括出了"三段式"的短视频标准脚本结构，即采用"开头抓停留"+"过渡讲产品"+"结尾行为引导"的方式，每次撰写脚本时，从内容库中随机挑选话术进行组合即可，见表4-8，再刷到新的优质"三农"视频时，也可以按照这个结构，往内容库中对应的板块添加，更新迭代内容。

表4-8 直播单品标准化话术总结

视频结构	内容作用	通用话术
开头抓停留	反问留悬念	九块九一斤的羊肚菌，你怎么可能买得到
	逆反心理	千万千万不要拿这个羊肚菌，去给你家的小朋友炖鸽子汤，不然你会后悔，你这么迟才认识它
	画面+痛点留人	夏天到了又闷又热，不好好吃饭的孩子，作为家长这个汤你一定要学会（画面揭开锅盖+勺子舀羊肚菌特写镜头）
	悬念吸引停留	大家不要再被骗了，真正品质好的羊肚菌，真的没有你想象中那么贵
	开头认错吸引停留	我是真的错了，我认输，要是论价格，我真的比不过，但是要论到品质，有一说一，一分价钱一分货的道理大家都懂的（羊肚菌采摘大棚内）
	疑问+解决方案	夏天到了，肠胃不好，做事情无精打采怎么办？不妨试试这款汤
	疑问+产地优势	为什么你的家人说，市面上的菌汤包煲出来汤不好喝，那是因为他没有吃过，来自咱们原产地直发的菌菇
过渡讲产品	价值塑造	跟松茸、松露、牛肝菌，并列称为"四大名菌"当中的菌中"老大哥"
	记忆点塑造	闻得此菌鲜，三日不思肉滋味
	圈定人群	哺乳期坐月子的宝妈再合适不过，老人家年纪比较大的，舍不得花钱的，你又想给他吃点好的，试试羊肚菌
	售后无忧	我们的生产日期最近的，拿回去炖鸡、炖鸭、炖排骨，不带托盘，我手里是什么样，你收到就是什么样。感谢大家给我们的信任，在我们家下单只有0次和无数次
	价值塑造	羊肚菌又被称为"植物海参"，里面锌、钙、铁、钾、镁的含量都很高
	场景塑造	如果你家小朋友，是3周岁到15周岁的，再合适不过，拿回去炖鸽子、炖鲍鱼、炖排骨，在孩子生长的黄金期，这道菜一定是他的最佳搭档
	使用方法	羊肚菌的营养价值就是适合煲汤，一次不要放多，放个三五颗就行了，多了吸收不了，浪费了
	行业科普	市面上你们会发现羊肚菌的价格参差不齐，一是因为它的品种，二是因为它的年份不一样，年份不同价格也通通不一样，这个是我们今年的新货

75

续表

结尾行为引导	福利赠送	喜欢的，从头像点击进来，不会吃的跟主播讲，再给你加一份属于你的食谱
	产地优势	这个如果你想要，我们原产地给你直发，性价比给你做到百来块钱实现羊肚菌自由，点击头像来看看
	烹饪场景	每个菌菇都是剪过脚的，拿回去清水洗一下温水泡一泡，煲鸡、煲鸭、煲排骨、炖羊肉、牛肉、鸽子肉，还可以干锅、爆炒、焖肉，怎么做都好吃，如果你不会做，你可以点我们头像进来，让主播教你

小敏通过对达人@小田姑娘官方旗舰店短视频话术的总结后也发现，达人@小田姑娘官方旗舰店每个周期的短视频话术也基本上是以上标准话术的组合，对用户最关注的痛点、场景反复强调，而相比自己每一期视频的文案都需要重新撰写，数据还不好，标准化后的脚本大大降低了拍摄难度，同时保证了视频将用户往直播间引流的精准性。

小敏账号的用户虽然也是中年群体，但女性占比低，不是精准的用户，从用户评论里就可以看出来。通过调整短视频内容，小敏希望看到用户性别结构上的变化（主攻宝妈及家庭主妇）。如图4-9、图4-10所示。

图4-9　账号@农场主小敏的视频评论　　图4-10　账号@小田姑娘官方旗舰店的视频评论

在直播脚本方面，因为小敏自身不是激情奔放的性格，且直播间在线人数和粉丝量与账号@小田姑娘官方旗舰店又有一定差距，所以准备以账号@小田姑娘官方旗舰店的直播脚本为基础，对直播单品话术结构进行微调，然后进行测试，根据数据反馈再优化。

任务思考

小敏及其团队通过发布三方面的短视频内容,希望能够吸引粉丝,进行电商变现,但是发现对短视频内容感兴趣的粉丝,不一定是精准的粉丝,导致在内容上投入了很多精力,但收效不是很理想。小敏的经验教训提示如下。

(1)观看内容的人群,有对应的变现产品。比如,对种植羊肚菌感兴趣的人群,是否有种植技术类变现课程;对农村采摘体验感兴趣的家庭,是否有民宿或者农场一日游的标准化文旅产品。

(2)如果账号要做不同的内容方向,最好是以矩阵账号的方式来进行,三个方向的内容都做,容易都做不深、做不透,反而会影响账号的整体数据和粉丝画像。

课后练习

(1)如果你是小敏,下一步你继续沿用三个方向,还是跟账号@小田姑娘官方旗舰店一样集中在电商销售和转化呢?为什么?

(2)检查自己的账号内容方向,思考是否存在与小敏一样的问题,写出自己账号内容优化的3点策略。

任务 4.3　代餐品牌广告创意文案创作

代餐品牌"初吉"成立于2017年,最初从代餐饼干这个品类切入,上线了第一款低GI代餐饼干,同年就完成了百万销售额。2018年开设天猫旗舰店,仅代餐饼干这一个品类就做到1800万元销售额,3年累计卖出150万盒,成为淘系该类目的销量冠军。

"初吉"在2019年首创威化蛋白棒。据了解,每根蛋白棒的蛋白质含量约为12g,且零售价仅是同目类产品的一半左右,单品一经上线,当年销售额就达到了千万级别。2021年,"初吉"又采用创新黑科技,打造了一款颠覆传统烘焙行业的低脂魔芋小蛋糕,成为全网该品类销售冠军。

目前产品线主要有两条:一条是健康肉食,另一条是健康烘焙。

健康肉食线产品包括:咖喱鱼蛋、鸡胸肉肠、牛腱子肉、撸铁鸡蛋、鸡胸肉丝。这些产品的平均复购率约为30%,其中鸡胸肉肠和咖啡鱼蛋,无论作为健身人群的蛋白质补给,还是非健身人群的日常小零食,都获得了广泛的好评。

健康烘焙线首创了非奶油夹心饼干,还有低GI饼干和低脂魔芋蛋糕这两个爆品,另有威化蛋白棒、全麦奶酪夹心欧包、全麦面包、全麦荞麦面条、魔芋凉皮、全麦杂粮脆饼、薄脆饼干、全麦吐司等多个品类,能够满足轻食代餐、健身补给、低卡速食等多种场景下的食用需求。

任务描述

"初吉"品牌目前在淘系平台同类目销售份额已经稳定,但在抖音上,不管是品牌曝光量还是销售数据，都不太理想，现抖音直播负责人小美希望围绕旗下核心产品，进行广告创意短视频的内容创作，为付费投放和抖音直播间引流提供优质素材。请与她一起完成以下任务。

（1）用户画像及产品卖点梳理。
（2）广告创意搜集。
（3）完成文案创作。

任务实施

本任务所需的短视频需要满足两个特点：(1) 内容有较强的营销种草属性，需要围绕产品特点和目标人群进行文案策划。(2) 在表现形式上，因为是在抖音上传播，需要符合平台观众的喜好，才更容易获得大范围的传播。因此在任务实施过程中，也要围绕这两点进行设计和文案创意。

1. 用户画像及产品卖点梳理

小美根据品牌媒体矩阵后台的粉丝数据及线上店铺销售数据，对目标受众的年龄、性别、产品偏好等进行了综合分析，如图4-11所示。

图4-11 "初吉"媒体矩阵数据及电商店铺

经过分析，小美及团队得出代餐市场的三大趋势。

（1）从市场大环境上看，我国居民膳食结构不合理，在外就餐比例不断上升，长期摄入高油、高盐食品，静态生活时间延长，体重增加等是各种慢性疾病广泛发生的重要原因。在这一背景下，代餐因低糖、低脂、高蛋白、多膳食纤维的特点契合健康需求，受到人们青睐。

（2）从垂直细分市场上看，健身人群通常具有增肌、减脂、塑形的需求，热衷购买鸡胸肉、蛋白棒等代餐食品。截至2022年年底，中国健身人群（每周参加两次以上运动）达到3.03亿人，消费潜力巨大，有待深入挖掘。

（3）从受众性别上看，女性经济实力提升，出于审美等的消费需求，会因为身材焦虑、减肥、保持体重等原因购买代餐食品，在这方面的平均消费支出高于男性。

根据《京东健康代餐白皮书》的统计数据，小美确定了品牌的消费主力用户画像，如图4-12所示。

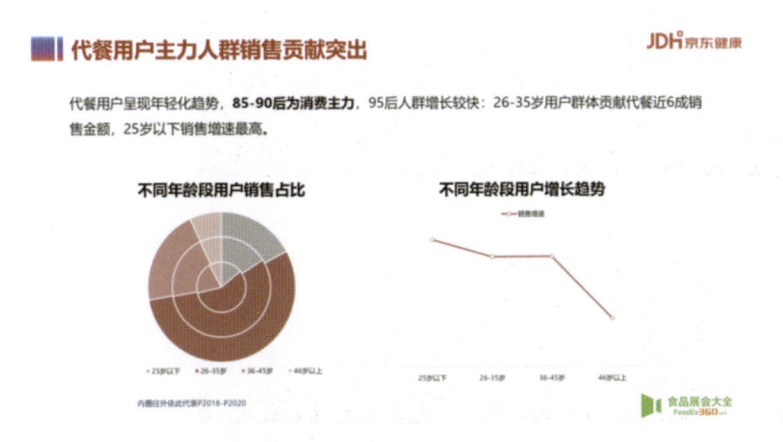

图 4-12　行业报告《京东健康代餐白皮书》

女性、00后男性和90后年轻男性为主要用户人群；在健身比较盛行、消费水平较高的沿海省份的用户为主要营销对象；在城市分布上，用户有从一、二线城市向三、四线城市发展的趋势。

2．广告创意搜集

目前，品牌电商店铺的宣传片视频和与KOL、KOC进行合作投放的视频，都有专门的团队在负责。小美准备创作的视频，主要是用于巨量千川投放的广告素材，以及发布在品牌抖音的官方账号上，为直播间进行引流。考虑所需要的视频数量较多，最好能批量产出，因此视频时长，尽可能控制在15s以内。小美决定用巨量创意平台和抖音电商精选联盟搜集广告创意。

（1）首先登录巨量创意平台，推广账号注册的相关内容已在《自媒体运营（中级）》中学习，在此不赘述。登录成功后依次点击"创意灵感"→"巨量千川"按钮，输入关键词，如图4-13所示。

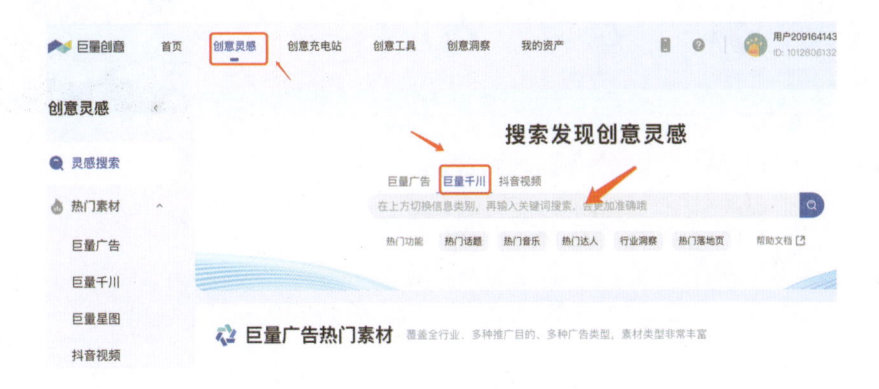

图 4-13　巨量创意后台

（2）搜索"鸡胸肉"得到相关优质创意，如图4-14所示。

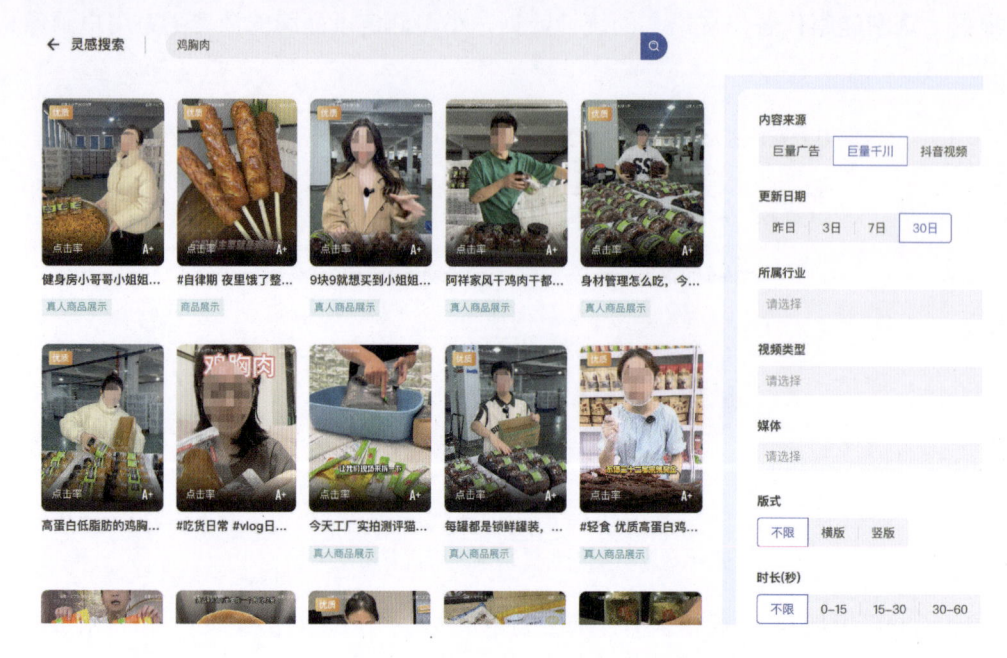

图4-14　巨量创意关键词"鸡胸肉"的搜索结果

（3）点击某个创意视频，可以进入详情页查看更多信息，如图4-15所示。小美把跟品牌旗下主力产品相关度较高的视频的内容形式、点击率、完播率等数据，都分别记录下来。

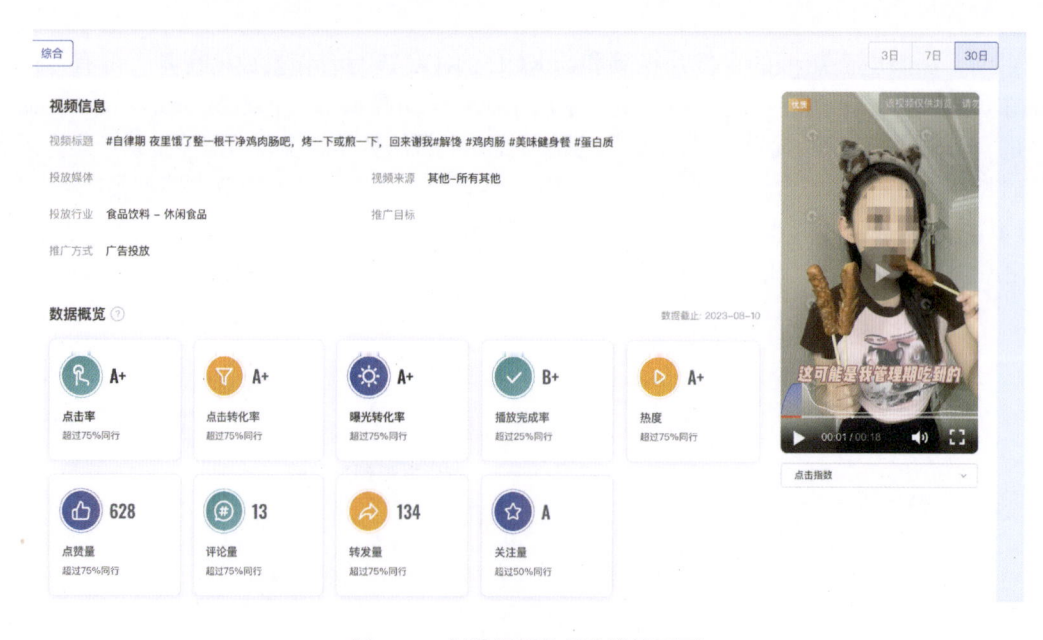

图4-15　相关视频的部分详情页面

（4）经过梳理总结，小美发现，在食品饮料行业，优质视频较多的类别有3类，分别是纯产品展示型、真人口播+产品展示型及轻剧情型，如图4-16，图4-17和图4-18所示。

项目四 / 文案创意

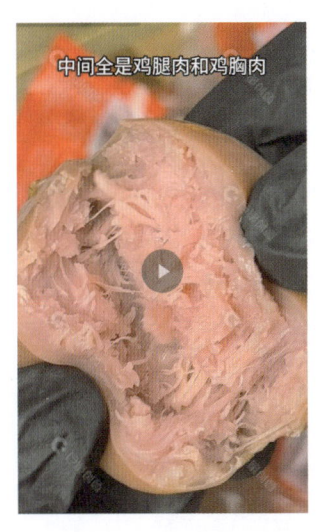

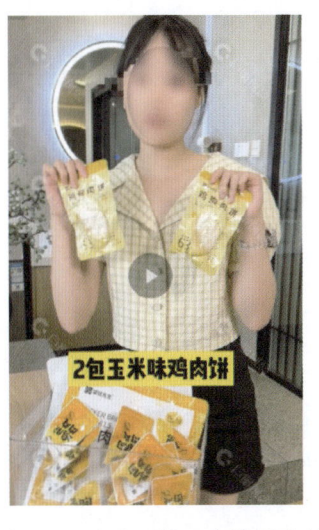

图 4-16　纯商品展示型　　　图 4-17　真人口播＋产品展示型　　　图 4-18　轻剧情型

（5）小美发现，在巨量创意平台内有一些好创意，但数量还是不够多，且跟代餐食品相关的创意数量更少，于是决定继续在"精选联盟"搜集创意。

（6）登录抖音App，依次点击"我"→"电商带货"→"选品广场"按钮，在搜索框内输入关键词"蛋白威化棒"，点击排名靠前的同类竞品，进入产品详情页后，在"相关视频"板块点击"查看更多"按钮，如图 4-19 所示。

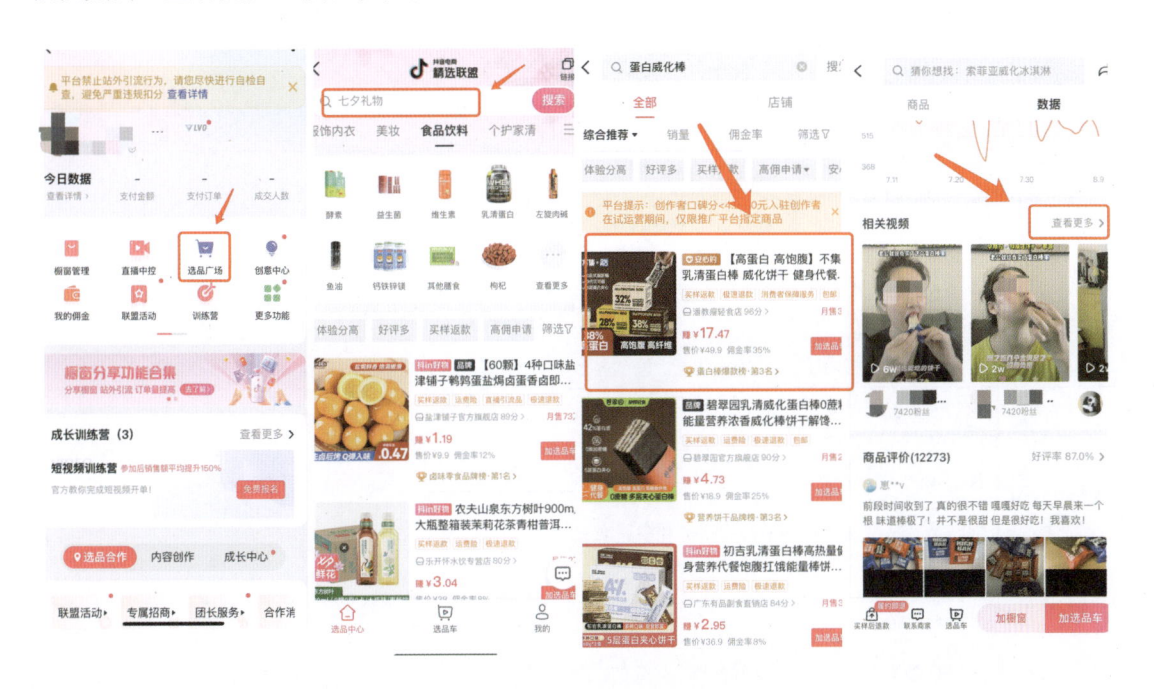

图 4-19　通过精选联盟查找更多视频创意

经过归类总结，目前抖音上的代餐类产品的广告创意文案类型见表 4-9。

表 4-9 代餐类产品的广告创意文案类型

类型	前三秒句式	脚本特点
身份推荐型	身份推荐	这种类型的脚本方向,一般开头点明推荐人的身份,利用推荐人的"背书"达到吸引用户的目的,比如宝妈、白领、学生党、健身教练,视频中部围绕为什么推荐、能解决什么,视频结尾做转化引导
痛点陈述型	直陈痛点	核心是先展示效果再说明原理或成分,视频开头直接展示或者放大痛点,引发用户共鸣,视频中部继续强化痛点,并提出解决方案,视频结尾做引导转化。这类比较适合有强痛点的产品
价格利益型	价格优惠	性价比就是产品主卖点,这类脚本方向视频开头直接突出利益,要么量大、要么便宜,要么平时不降价,视频中部强化性价比利益,或者传递其他卖点,视频结尾做转化引导
故事引出型	提出疑问引出好奇	开头先讲述一个话题,或者演绎一个故事吸引用户留下来,视频中部结合故事植入产品与卖点,这类剧情演绎的素材类型运用最多
人群锚定型	直击人群	产品有明确的用户受众,特别是垂直类细分品,开头直接明确目标人群,用户被突然"点名",自然就容易停留,视频中部围绕人群提出解决方案,视频结尾做转化引导,跟身份推荐型有点类似,但更直接,且对出镜拍摄的人的身份没有特殊要求

3. 完成文案创作

广告创意的核心目标是完成转化,其次是通过短视频筛选用户,给直播间导入精准的用户。同时考虑目前公司很难找到合适的艺人来出演轻剧情型内容和身份推荐型内容,同时拍摄难度大、成本高。因此,小美决定以"痛点陈述型""价格利益型""人群锚定型"作为文案创作方向。根据脚本特点,小美尝试撰写了三个创意脚本文案,见表 4-10。

表 4-10 小美尝试撰写的创意脚本

类 型	文 案
人群锚定型	想吃肉解馋又不想胖的姐妹们,福利来了 来一箱脂肪含量 4% 都不到的鸡胸肉肠试试吧,别看这款鸡肉肠那么大 据说每 100 克才 1.8 克脂肪,比牛奶脂肪还要低一半 是真正的胖女孩们的福音,它这个肠鸡肉含量是 80% 啊 里面满满的都是肉。但是吃起来是嫩嫩的 一点都不柴,空口直接吃也不会咸 我把我最近的晚餐都换成它了 我真的怀疑我家的秤坏掉了 这么低脂的鸡胸肉肠不到 100 元就能买一大箱,姐妹们赶紧囤
价格利益型	我头的初吉蛋白棒终于到了,39.9 到手两大箱,超大的 18 根 拆开看一下,一盒里面 9 大根 一根蛋白棒的优质蛋白约从二十盒纯牛奶中提取出来 每箱 40 克里就含有 9.4 克的蛋白质,热量也很低 6 层夹心威化 5 层蛋白,有白巧和黑巧两个口味 酥脆又好吃,里面还有丰富的膳食纤维,饱腹感强 上班、加餐来一根,好吃没负担 现在直播间买一送一,还送两袋鸡胸肉干,特别划算
痛点陈述型	自律期馋碳水又不敢吃怎么办 吃了等于没吃的蛋糕来啦 还得是魔芋蛋糕,0 碳水、0 油脂、0 蔗糖 口感和普通蛋糕差不多,湿润又绵密 还有原味、抹茶、巧克力三种口味选择 满满一大块,热量竟然比一个苹果的热量还要低 一天吃 10 个都不怕 一箱有整整 18 个,姐妹们赶紧冲

任务思考

优质的广告创意，既要具备真实性，即内容源自品牌产品的客观表达，让用户所见即所得，又要具备有趣性，满足用户的多元喜好，符合平台风格，还要具备实用性，即在有限的时间内，让用户对所推广的产品具备较完整的认知，包括但不限于产品展示、功能操作、知识介绍等。这样的广告创意，才能获得更多的曝光机会和流量。

在撰写广告创意文案时，通常采用"人群+卖点"或者"需求场景+卖点"的方式，激发用户购买需求，引发用户的高频互动、停留行为。除了遵循一定的脚本结构，短视频内容还要满足基本美学要求，如画面干净整洁、声画字幕同步等。

课后练习

请选择五种创意文案类型之一，结合自己账号推广的产品，撰写一份创意文案。

项目小结

本项目包括三个任务。第一个任务讨论当企业面临重大营销事件时，如何进行目标拆解、系列选题库搭建、短视频和直播间内容规划等。第二个任务通过梳理"三农"类电商账号的用户画像、内容迭代、数据反馈等，总结"三农"电商视频和直播的常见结构，给出标准化脚本范本。第三个任务讨论抖音上短视频广告创意的搜集途径、常见广告创意文案的五种类型及其特点等。

通过三个任务的学习，希望创作者能掌握热点系列选题策划方法、结构化短视频和直播脚本创作方法、短视频广告创意方法，基本胜任较复杂的、原创文案创意工作。

项目五

图片拍摄与处理

▍学习目标

- 能根据账号定位，设计图片拍摄风格，统一账号视觉形象。
- 能根据选题需要，策划图片拍摄方案。
- 能制订图片遴选相关标准，指导团队成员选片，建立和持续丰富图片素材库。
- 能根据运营数据和流行趋势，对账号视觉风格进行升级优化。

任务 5.1　结合视觉拍摄方案组建图片素材库

📋 任务描述

抖音达人 @ 一只大夹子是喜欢拍剧情画面照片的摄影师，经过一段时间的运营，已积累数十万粉丝。为了提高创作效率，他想建立和持续丰富图片素材库，便于后续图片处理、视频剪辑、视频封面制作。请与他一起完成以下任务。

（1）了解图片拍摄风格的类型及应用场景；
（2）根据账号定位，确定图片拍摄风格，策划图片拍摄方案；
（3）制订图片遴选标准，指导团队成员选片，建立图片素材库。

📋 任务实施

本任务要求根据账号定位，设计图片拍摄风格，根据拍摄风格及选题需求完成图片拍摄方案的制订。完成系列图片拍摄和制订图片遴选的相关标准，指导团队成员一起完成选片，建立图片素材库。

1. 了解拍摄的风格类型

在视觉艺术领域，有许多不同的风格类型。以下是一些常见的各个摄影拍摄风格的分类、特点及常用应用场景，见表 5-1。

表 5-1　摄影拍摄风格的分类、特点及常用应用场景

分类	特点	常用应用场景
传统风格	注重真实记录，客观性，稳定镜头，自然光线	纪录片，新闻摄影
艺术性风格	创新和艺术性，非传统技术手法，抽象元素	实验电影，艺术摄影
环境与情感风格	强调特定环境和情感表达，色彩、光线与场景的结合	城市摄影，情感描绘
情感与氛围风格	营造特定情感和氛围，利用光线、构图和色彩传递情感	婚纱摄影，故事叙述
技术与实验风格	利用技术手法和实验性元素进行创作，追求新颖和独特效果	实验摄影，科学摄影

（1）传统风格。传统风格包括纪实风格、叙事风格、黑白风格等，具体拍摄风格特点及应用场景见表 5-2。

表 5-2　传统风格拍摄风格特点及应用场景

	拍摄风格特点	应用场景
纪实风格	注重真实记录，客观性，稳定镜头，自然光线	纪录片，新闻摄影
叙事风格	讲述故事，情节发展，角色心理，镜头语言	剧情电影，电视剧
黑白风格	使用黑白色彩，强调对比，增强氛围和纹理	艺术摄影，时尚摄影

（2）艺术性风格。艺术性风格包括实验风格、幻想风格、梦幻风格等，具体拍摄风格特点及应用场景见表5-3。

表5-3　艺术性风格拍摄风格特点及应用场景

	拍摄风格特点	应用场景
实验风格	创新和艺术性，非传统技术手法，抽象元素	实验电影，艺术摄影
幻想风格	奇幻和超现实，梦幻氛围，柔化光线和模糊效果	幻想电影，艺术摄影
梦幻风格	创造浪漫和神秘氛围，柔和光线，温暖色调	婚纱摄影，情侣写真

（3）环境与情感风格。环境与情感风格包括都市风格、自然主义风格、高光风格、童话风格等，具体拍摄风格特点及应用场景见表5-4。

表5-4　环境与情感风格拍摄风格特点及应用场景

	拍摄风格特点	应用场景
都市风格	强调城市生活，明亮光线，反射和几何形状	城市摄影，城市旅游宣传
自然主义风格	还原自然环境，真实色彩，自然光线	自然摄影，纪实纪录片
高光风格	强调明亮光线和鲜艳色彩，高对比度	时尚摄影，广告摄影
童话风格	营造童话般氛围，明亮色彩，温暖色调	儿童图书插图，儿童电影

（4）情感与氛围风格。情感与氛围风格包括非线性风格、恐怖风格、浪漫风格、怀旧复古风格等，具体拍摄风格特点及应用场景见表5-5。

表5-5　情感与氛围风格拍摄风格特点及应用场景

	拍摄风格特点	应用场景
非线性风格	非传统叙事结构，打破时间线性，抽象元素	实验电影，艺术摄影
恐怖风格	创造紧张和可怕氛围，暗调光线，阴影效果	恐怖电影，惊悚摄影
浪漫风格	营造浪漫和温馨氛围，柔和光线，轻盈构图	婚纱摄影，情侣写真
怀旧复古风格	使用暖色调或深色调来营造怀旧感，强调细节和纹理，例如老旧的建筑物、古董物品等，以突出时光的痕迹和历史感	城市的历史风貌，历史纪录片、回忆

（5）技术与实验风格。技术与实验风格包括微距风格、长曝光风格、鱼眼风格等，具体拍摄风格特点及应用场景见表5-6。

表5-6　技术与实验风格拍摄风格特点及应用场景

	拍摄风格特点	应用场景
微距风格	拍摄极小细节，放大视角，捕捉微观世界	自然摄影，科学摄影
长曝光风格	延长曝光时间，流动效果，抽象和艺术性	城市夜景摄影，流水摄影
鱼眼风格	广角镜头，鱼眼效果，弯曲和扭曲视角	广告摄影，艺术摄影

2. 根据账号定位，确定图片拍摄风格

@一只大夹子的账号定位是喜欢拍剧情画面照片的摄影创作者，主要拍摄系列有少数民族风系列、国风少年系列、电影感照片系列。如图 5-1 所示。

图 5-1　@一只大夹子抖音账号系列

近期需继续拍摄少数民族风系列图片，少数民族风系列图片，拍摄特点及风格特点如下。

（1）强调文化特色：突出少数民族服饰、习俗、建筑等文化元素，展现独特的民族风情；

（2）自然环境融合：选择少数民族地区的自然风光作为拍摄背景，与人物形成和谐的融合；

（3）颜色与纹饰：注重少数民族服饰的色彩鲜艳、纹饰丰富，通过拍摄突出其独特之美；

（4）表情与姿态：捕捉人物真实、自然的表情和姿态，表现少数民族文化的自豪和活力。

根据拍摄特点及风格特点撰写拍摄方案策划书，如图 5-2 所示。

> **少数民族风系列拍摄方案**
>
> （1）拍摄方案及要求。
> ① 地点选择：少数民族聚居地或传统村落作为拍摄地点，如云南丽江、大理古城、西江千户苗寨等；
> ② 人物造型：着装选择传统服饰，搭配传统饰品；
> ③ 拍摄时间：选择在适当的光线条件下进行拍摄，如早晨或傍晚；
> ④ 拍摄角度：采用不同的拍摄角度和构图方式，突出服饰、纹饰和背景的特色，如特写、全景、低角度等；
> ⑤ 与当地居民互动：尊重当地少数民族文化，与当地居民进行互动和交流，获得真实的表情和情感；
> ⑥ 后期处理：在后期处理中，可以加强颜色调整，突出服饰和环境的特色，同时保持自然和真实的效果。
>
> （2）相机参数的设置。
> ① 色彩模式：选择适合的色彩模式，比如鲜艳或标准模式，以突出服饰和环境的色彩；
> ② 曝光控制：根据光线条件和主体对比度，合理设置曝光补偿，避免过曝或欠曝；
> ③ 对焦方式：使用单点对焦或人脸识别对焦，确保人物的清晰度和焦点准确；
> ④ 快门速度：根据拍摄场景选择适当的快门速度，以冻结动作或捕捉流动效果；
> ⑤ 镜头选择：选择合适的镜头，如人像镜头或广角镜头，以突出不同的元素和场景。

图5-2　少数民族风系列拍摄方案

此拍摄方案将有助于捕捉和展现少数民族文化的独特之美，同时也注重与当地居民的互动和对当地居民及少数民族文化尊重，以创作出真实、生动、富有民族特色的摄影作品。请参考此拍摄方案与拍摄团队沟通，完成系列图片拍摄。

3．根据图片遴选及分类规则完成选片，建立图片素材库

（1）优质图片遴选规则。制订照片遴选规则将有助于筛选出技术优秀、内容相关且具有艺术性和情感表达的照片，提升照片的质量和视觉吸引力。优质图片遴选规则见表5-7。

表5-7　优质图片遴选规则

指标	要求说明
图片质量是否优质	清晰度和细节：图片应清晰、细节丰富，避免模糊或失真
	曝光和对比度：适当曝光，避免过曝或欠曝，并保持适当的对比度
	色彩准确性：确保色彩准确和饱和度适中，使图像真实而生动
	噪点和图像噪音：避免过多的噪点和图像噪音，保持图像清晰

续表

指标	要求说明
内容相关性是否匹配	主题一致性：选择与主题或目的相关的图片，能够准确传达所要表达的信息或情感
	故事性和表现力：选择具有故事性和表现力的图片，能够引起观众情感共鸣
	突出关键元素：选择突出主题或关键元素的图片，关键元素其在整体中得到凸显
构图和视觉吸引力是否合理	艺术构图：选择具有艺术性和创意性的构图，创造视觉上的吸引力
	对焦和视觉重点：选择对焦准确、清晰的图片，突出主题和视觉重点
	视觉平衡：选择具有平衡感的图片，避免画面过于拥挤或失衡
情感和情绪表达是否到位	情感共鸣：选择能够引起观赏者情感共鸣的图片，触发情绪和情感反应
	情绪表达：选择能够准确表达所要传达的情绪和情感的图片

根据图片遴选规则，团队分别对图片进行审核，将不符合要求的图片进行标记或删除。

（2）确定图片分类规则，完成选片及分类。通过对图片进行分类，可以将大量的图片有序整理和组织起来，便于管理和查找。可以按照主题、色彩、内容、时间、地点等分类，常用分类方式见表5-8。

表5-8　图片常用分类方式

分类方式	说明
主题分类	根据图片的主题或内容进行分类，如人像、风景、建筑、动物等
	人像：包括个人肖像、人群照片、人物表情等
	风景：包括自然风光、城市景观、乡村田园等
	建筑：包括建筑物、城市街道、古迹等
	动物：包括野生动物、宠物、鸟类等
色彩分类	根据图片的主要色彩进行分类，比如黑白照片、彩色照片、冷色调照片、暖色调照片等
	黑白照片：使用黑白色调，强调光影和纹理
	彩色照片：保留原始彩色信息，展现丰富的色彩表现
	冷色调照片：偏向蓝色、绿色和紫色调，营造冷静、寒冷的氛围
	暖色调照片：偏向红色、橙色和黄色调，营造温暖、舒适的氛围
情感分类	根据图片所传达的情感或情绪进行分类，如快乐、悲伤、宁静等
	快乐：表达欢乐、愉悦、幸福等积极的情感
	悲伤：表达悲伤、伤感、失落等消极的情感
	宁静：表达宁静、平静、安详等平和的情感

（3）了解素材的获取方法并获取素材。

① 自己拍摄：使用相机或手机自己拍摄照片和录制视频。这样可以创造独特的素材，并满足个性化的需求；

② 在线图库：访问在线图库网站，如 Unsplash、Pixabay、Pexels 等，下载免费的高质量图片素材。这些网站提供了各种主题和风格的图片，适用于不同的项目和需求；

③ 版权免费图片：搜索并使用版权免费的图片资源，如公共领域的艺术作品、政府机构的图库等。这些素材可以在商业和非商业项目中免费使用；

④ 版权付费图片：购买商业授权的图片素材。例如，通过 Shutterstock、Getty Images、Adobe Stock 等付费图库获取高质量的图片。这些图库提供了丰富的主题和风格的图片，适用于商业项目和专业需求；

⑤ 社交媒体平台：在社交媒体平台上搜索和收集合适的素材。许多摄影师和创作者在 Instagram、Pinterest 等网站上分享自己的作品，在这些网站中可以找到独特和有趣的素材；

⑥ 设计资源网站：访问设计资源网站，如 Dribbble、Behance 等，浏览并下载其他设计师共享的素材。这些网站上有各种类型的设计作品，包括插图、矢量图、模板等；

⑦ 插画和手绘：聘请插画师或艺术家创作定制的插画和手绘作品，以获得独特的、符合特定需求的素材。

注：无论选择哪种方式，都要注意合法使用和遵守版权规定。

（4）指导成员建立图片素材库。

建立一个图片素材库，需要确定目标和用途，选择合适的存储方式，整理素材并添加标注和关键词，制订文件命名规范，使用图片管理软件管理元数据，并定期维护和更新素材库。这样可以高效地组织和管理你的图片资源。

常规情况下，只需要新建文件夹并将命名分类好的图片放入对应文件夹即可。但摄影达人拍摄的图片非常多，仅靠文件夹进行分类管理不便于快速查找素材。图片素材库的管理可使用 Adobe Bridge（BR）软件。

① 导入文件夹：Adobe Bridge 基础操作界面如图 5-3 所示，左上方为文件夹管理窗口，可以直接拖拽文件夹添加至此处。上方为菜单栏，可以根据不同的方式对图片进行分类设置，右下方可以看到当前选中图片的基本信息。已添加的文件夹中所有图片将在中部区域展示。

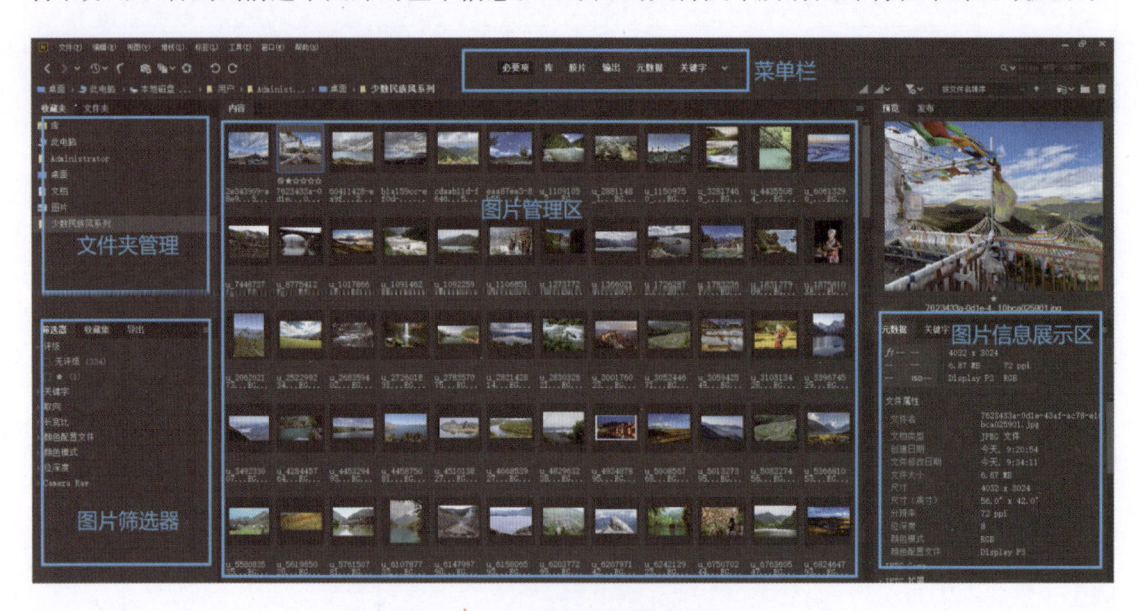

图 5-3　Adobe Bridge 基础操作界面

② 图片分类关键字分组设置：点击界面上方菜单栏的"关键字"按钮，左下方图片筛选

器将切换成关键字。根据前面确定的图片分类规则进行关键字设置。关键字可以自由添加分组、增加子级及重命名等，如图5-4所示。

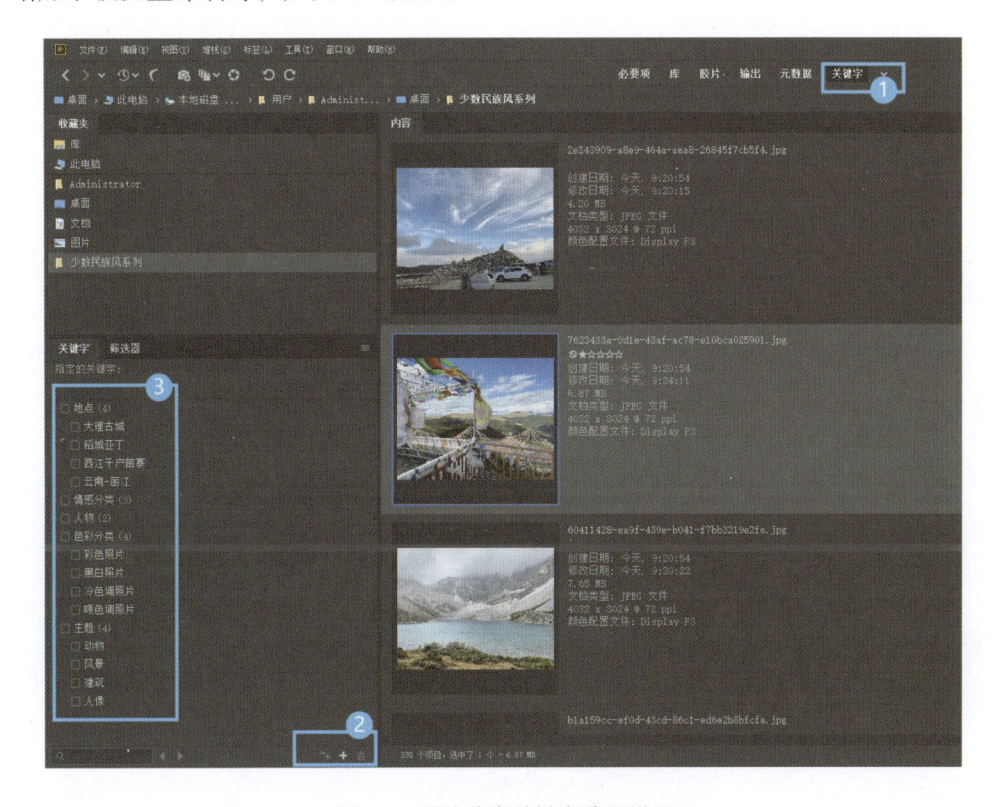

图5-4 图片分类关键字分组设置

③ 图片关联关键字：选中图片，在关键字窗口勾选合适的关键字，图片信息区就会展示出所设置的关键字，如图5-5所示。关联过程中如果发现不符合遴选规则的图片，可以直接删除。注：一张图片可关联多个关键字，只要是符合分类的都可以勾选上，相当于给图片打了多个标签，这样后续查找图片会更方便。

图5-5 图片关联关键字设置

④ 使用筛选器：完成关键字关联后，切换至筛选器面板，可以使用关键字快速筛选图片，如勾选"暖色调"关键字，内容区只会出现关联了"暖色调"的照片，如图 5-6 所示。

图 5-6　使用筛选器

建设图片素材库非常耗时，又需要长期维护，但对于有大量图片素材的创作者，特别是摄影类目创作者，是有必要的。使用 BR 工具整理图片素材库，方便后续不同场景快速选取合适图片，有效提高工作效率。BR 只是图片分类管理工具之一，大家可以根据需求自主选择工具。

任务思考

本任务综合应用账号定位和视觉风格的知识，策划图片拍摄方案，又制订图片遴选标准，指导团队成员选片，并建立图片素材库。创作者还需要思考如何与团队高效沟通，以确保素材库的有效利用。

此外，同学们还可以应用本任务给出的思路，确定其他类型资源（如视频、文档、音频等）的资源库管理方式，满足团队高效率、高质量的内容产出需求。

课后练习

请通过有效收集、整理和管理图片素材，建立你自己的图片素材库，支持你的账号视觉优化和内容创作。

（1）需求分析：根据账号定位和目标受众，明确视觉素材需求，比如风格、主题、情感等；

（2）素材搜集与筛选：有计划地搜集符合需求的图片素材；
（3）素材整理与分类：使用文件夹、标签或分类工具，将收集到的素材进行整理和分类；
（4）素材库建设：在适当的平台上建立素材库，可以是云存储服务、专业的数字媒体库等，确保结构清晰、易于浏览和搜索；
（5）素材标注和元数据添加：包括拍摄地点、主题、适用场景等。

任务 5.2　制订账号视觉优化方案

任务描述

抖音达人 @ 小苏舞蹈日常喜欢拍舞蹈视频，但作品数据不理想，他想对账号的视觉风格进行优化调整，以提高账号的关注度和用户互动体验，请与他一起完成以下任务。
（1）了解视觉风格类型；
（2）了解视觉风格设计的特点；
（3）根据数据和趋势预测，制订账号视觉优化方案。

任务实施

1. 了解视觉风格类型

不同的视觉风格类型通过色彩、构图等，传递不同的情感和氛围，吸引不同类型的受众。选择合适的视觉风格对账号的定位和作品传播效果非常重要。常见的视觉风格类型及其特点，见表5-9。

表 5-9　常见的视觉风格类型及其特点

风格类型	特点	适用场景
明亮清新	色彩明亮鲜艳，简洁清爽，充满活力和活泼感	时尚、美妆、健康生活、亲子、户外旅行等
复古怀旧	色调偏暖，使用老旧滤镜，呈现怀旧复古感	时尚、咖啡馆、手工艺、古典音乐等
现代简约	极简设计，色彩简洁，注重排版和空间利用	科技、设计、建筑、室内装饰等
浪漫唯美	色调柔和温暖，氛围浪漫梦幻，充满诗意	婚纱摄影、情侣、旅游、文学艺术创作等
炫酷潮流	大胆用色，图像处理炫目，突显时尚前卫感	街拍时尚、音乐、艺术、年轻人的个人品牌等
自然清新	强调自然元素，色彩柔和，充满自然气息	自然风光、绿植、有机食品、户外运动等
摄影记录	突出摄影的真实感和记录性，不加过多修饰	纪实摄影、新闻报道、人文纪录片等
极简黑白	以黑白灰为主色调，简约而高雅	时尚摄影、建筑、艺术创作等

每种视觉风格都有独特的特点和表现方式，适用于不同的场景。账号 @ 小苏舞蹈日常属于音乐艺术类账号，视觉风格可以优先考虑炫酷潮流。

2. 了解视觉风格设计的特点

视觉风格通过字体、颜色、构图等要素及其组合形成，先了解这些设计要素的特点及适用场景。

（1）字体：不同的字体类型本身的特点决定了其适用的场景，常见的字体类型、特点和适用场景，见表 5-10。

表 5-10 常见的字体类型、特点和适用场景

字体类型	特点	适用场景
宋体	笔画稳健、端庄大方、线条清晰	正式文件、书籍、公告、报纸等
黑体	笔画粗细明显、线条粗犷有力	标题、广告标语、海报、品牌 LOGO 等
楷体	字形优美，仿手写风格，温暖个性	节日贺卡、书法作品、个人博客等
仿宋	古典书法风格，典雅古朴	古风插画、历史类海报、传统文化宣传等
英文手写字体	模仿英文手写的风格，个性化和温馨	个人博客、手写字母明信片、DIY 制品等
幼圆体	字形简洁圆润，适合儿童场景	儿童读物、幼儿教育、儿童游戏界面等
毛笔字体	模仿毛笔书法的风格，具有中国传统气息	书法作品、传统文化展览、艺术创作等
英文艺术字体	具有装饰性和艺术感，适用于特殊场合	活动海报、音乐会宣传、艺术展览等

（2）颜色：不同的颜色有其常见的配色类型，从而形成不同的色彩特点，适用于不同应用场景，主色及其常见配色类型、特点和适用场景见表 5-11。

表 5-11 主色及其常见配色类型、特点和适用场景

主色	配色类型	特点	适用场景
红色	单一色调	热情、活力、引人注目	节日活动、促销广告、紧急通知等
绿色	对比色调	生机、健康、自然	生态环保、健康食品、户外活动等
蓝色	三色调	冷静、稳重、可靠	金融、科技、企业标识等
黄色	类似色调	活力、阳光、积极	快餐、旅游、节日庆典等
橙色	互补色调	热情、创意、温暖	艺术展览、旅游推广、节日庆典等
紫色	类比色调	神秘、高贵、浪漫	化妆品、高端餐饮、文学艺术展览等
粉色	渐变色调	温柔、甜美、浪漫	女性品牌、婚庆庆典、少女用品等
黑白	黑白配色	简约、高雅、经典	时尚设计、艺术创作、高端品牌等

（3）构图：常见的构图类型、特点和适用场景，见表 5-12。

表 5-12 常见的构图类型、特点和适用场景

构图类型	特点	使用场景
左右构图	将画面分为左右两部分，简洁对称	广告海报、宣传册、横幅广告等
左右中构图	将画面分为左右两部分，重点位于中间	横幅广告、宣传海报、户外广告牌等

续表

构图类型	特点	使用场景
三角构图	通过三个物体或元素构成三角形,具有稳定感	照片组合、商品陈列、人物摄影等
对角线构图	画面中的元素或线条构成对角线,具有动感	运动照片、人物摄影、抽象艺术等
黄金分割构图	画面被分割成黄金分割比例,美感和和谐感强烈	艺术照片、画作、人物摄影等
中心构图	主要元素位于画面中央,简洁明了	产品展示、海报设计、人物摄影等
逆光构图	通过逆光效果突出主体,形成背光的效果	人像摄影、自然风景摄影、黄昏景色等
分层构图	将画面分为前景、中景和远景,增加层次感	风景摄影、旅游照片、街道摄影等

每个视觉作品都是上述各种设计元素的组合,视觉作品本身也可以分为多种类型或主题。设计师需了解各种视觉设计主题的特点,以及如何匹配合适的设计元素。

3．视觉作品主题分类及特点

（1）自然风景主题海报,如图 5-7 所示。

视觉风格特点：明亮清新、色彩鲜艳、自然纯净,强调自然景观和户外元素。

字体：常用的字体类型为楷体、仿宋等,字体常采用简洁的黑色或暖色调,不影响图片主体。

色彩：以蓝色、绿色等自然色调为主,增加自然氛围。

构图：强调景深感和广角视角,以表现开阔的自然景观。

（2）城市街景主题海报,如图 5-8 所示。

视觉风格特点：现代简约、繁华忙碌、高楼大厦,强调都市生活和建筑元素。

字体：常用的字体类型为微软雅黑、黑体等,字体常采用简洁的白色或深灰色调,突出文字清晰度。

色彩：以灰色、蓝色、红色等现代都市色调为主,强调城市的繁忙感和时尚氛围。

构图：强调线条的垂直和水平,突出城市建筑的高度和密集感。

图 5-7　自然风景主题海报

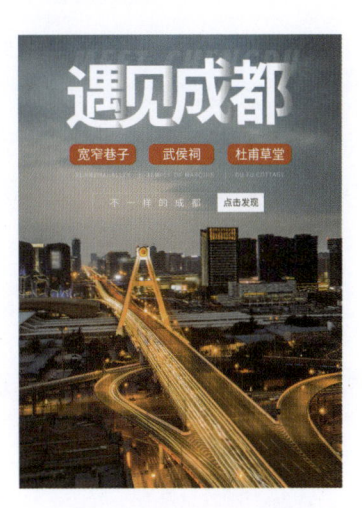

图 5-8　城市街景主题海报

（3）文化艺术主题海报，如图5-9所示。

视觉风格特点：艺术性、创意性、精致感，强调艺术品、手工艺和文化符号。

字体：常用的字体类型根据艺术风格选择，可采用仿宋、手写字体等，以体现艺术感。

色彩：取决于艺术品的风格，可以运用丰富多彩的色调，或采用简约高雅的黑白配色。

构图：突出作品的细节和纹理，以展现艺术品的独特之处。

（4）时尚美妆主题海报，如图5-10所示。

视觉风格特点：时尚感、美丽感、活力感，强调时尚产品和美妆元素。

字体：常用简约时尚的英文手写字体或现代感强烈的字体，字体色彩可多样化。

色彩：通常运用明亮鲜艳的色彩，比如粉色、红色、橙色等，以突出美妆产品的吸引力。

构图：强调产品展示，注重细节和质感，突出美妆产品的效果和品质。

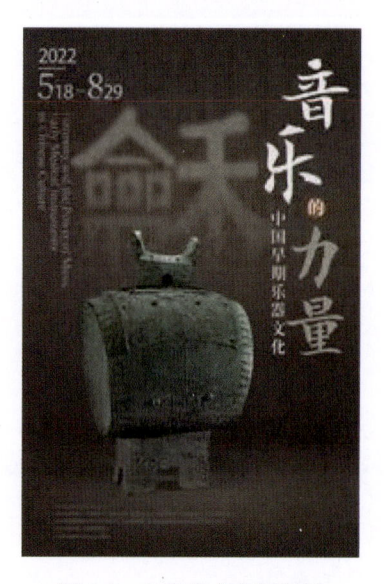

图5-9 文化艺术主题海报　　图5-10 时尚美妆主题海报

（5）潮流时尚主题海报，如图5-11所示。

视觉风格特点：强调时尚、前卫和个性化，善于捕捉新潮事物和流行元素，以独特的视觉效果引领潮流。

字体：常用具有时尚感的英文手写字体或现代感强烈的字体，甚至使用独特的自创字体，以彰显独特性和前卫感。

色彩：选择大胆丰富，常见的有霓虹色、亮黄、电光蓝等，以及搭配色块、渐变等色彩处理方式，突出时尚动感。

构图：常用大胆布局和视觉冲击，强调元素的跳跃感和重叠效果，营造现代时尚感和活力。

图 5-11　潮流时尚主题海报

3. 根据账号数据和趋势预测，制订视觉优化方案

账号定位和粉丝画像是视觉优化方案的依据。

（1）登录抖音创作者中心，查看账号数据。数据总览中的核心数据趋势可以评估视觉优化是否有效。如核心数据上升，则说明视觉优化有效果。热门素材也可以为作品的视觉风格优化提供参考。作品的核心数据，点赞量、分享量、评论量、粉丝增加量等，可以判断哪些作品的视觉风格更符合粉丝喜好。

（2）查看账号粉丝画像。粉丝画像相对作品和账号核心数据，对视觉优化有更直接的参考价值，因为性别、年龄和地域文化都有明确的视觉偏好。

① 账号 @ 小苏舞蹈日常的粉丝性别分布，如图 5-12 所示，女性比例稍高。视觉风格可以中性，适当加入一些符合女性喜好的风格，以便吸引更多女性受众。男女常见视觉喜好见表 5-13。

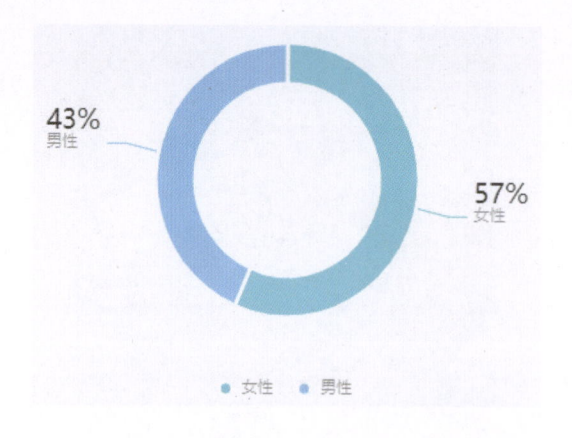

图 5-12　账号 @小苏舞蹈日常的粉丝画像——性别分布

表 5-13　男女常见视觉喜好

视觉喜好	男　性	女　性
色彩偏好	饱和度高、明亮、深沉的颜色，比如蓝色、绿色、红色、黑色等	亮丽、温暖、柔和的颜色，比如粉色、紫色、粉蓝色等
图案偏好	简洁的几何图案抽象设计，比如直线、方块、圆形等	曲线、花纹和细节丰富的图案，比如花朵、蝴蝶、心形等
字体喜好	简洁、直接的字体，比如无衬线字体、角度较直的字体等	圆润、优雅的字体，比如手写字体、带有装饰性笔画的字体等
图片主题	科技、汽车、体育等实用和功能性的主题	时尚、美妆、美食、家居、文化艺术等有感情和情绪性的主题
图片构图	直接、简洁、大胆的构图，注重主题的突出和视觉冲击	细腻、优美、有层次感的构图，注重情感和细节的表达

② 该账号粉丝年龄分布如图 5-13 所示，以 1—23 岁和 31—40 岁为主要群体，故在视觉风格设计上，针对 1—23 岁受众，以潮流炫酷为主，追求时尚和个性化的设计元素。同时，考虑增加一些回忆怀旧的主题，以迎合 31—40 岁受众的兴趣。不同年龄段的视觉风格偏好见表 5-14。

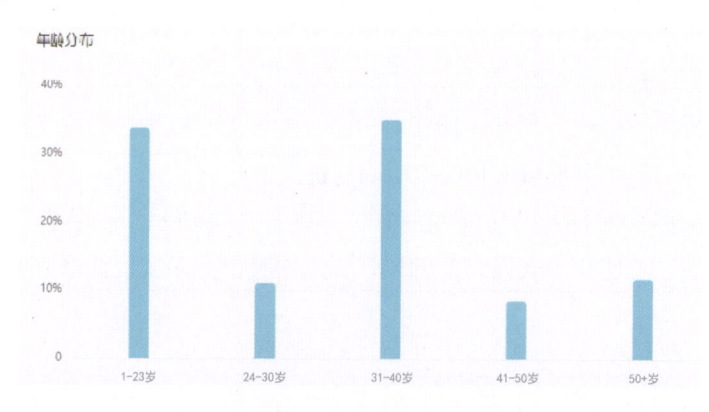

图 5-13　粉丝画像——年龄分布

项目五 / 图片拍摄与处理

表 5-14　不同年龄段的视觉风格偏好

年龄段	视觉风格喜好
1—23 岁	潮流炫酷、现代简约、个性化设计
24—30 岁	复古怀旧、文化艺术、经典风格
31—40 岁	回忆怀旧、复古元素、时尚个性
41—50 岁	简约大气、稳重庄重、实用功能
50+ 岁	朴实自然、传统风格、温馨舒适

③ 粉丝地域分布。如图 5-14 所示，广东省粉丝最多，其后的是江苏、湖南、山东。因此，视觉风格设计上，可以多添加华南文化元素，适度加入一些华东、华中地区文化元素。不同地域文化特点及元素见表 5-15。

地区	占比
广东	28.72%
江苏	8.57%
湖南	7.35%
山东	6.09%

图 5-14　粉丝画像——地域分布

表 5-15　不同地域文化特点及元素

地域	文化特点与元素
华南地区（如广东、福建）	珠江三角洲地区经济发达，珠海、深圳等城市代表着现代化与创新，岭南文化、闽南文化、客家文化等多元交融，舞龙舞狮、南音、海鲜美食等传统元素
华东地区（如江苏、浙江）	经济活跃，杭州、苏州等城市融合历史与现代，江南水乡风情、苏州园林、富有文化底蕴，龙舟赛、吴剧、西湖风景等文化特色
华中地区（如湖南、湖北）	文化博大精深，张家界、武汉等城市融合了自然美景与现代城市，湖南的花鼓戏、湖北的楚文化、汉江风光等独具特色
华北地区（如北京、山西）	历史文化底蕴深厚，北京作为首都拥有丰富的宫殿和文化遗产，山西有悠久的晋商文化，京剧、山西刀削面等文化元素
西南地区（如四川、云南）	自然风光壮丽，成都、昆明等城市以美食和民族文化闻名，川剧、滇剧、蜀绣、云南石林等地方特色
西北地区（如陕西、甘肃）	历史文化悠久，西安、敦煌等城市拥有丰富的历史和文化遗产，陕北民歌、丝绸之路文化、敦煌壁画等独具魅力

续表

地域	文化特点与元素
东北地区（如辽宁、吉林）	工业发达，沈阳、长春等城市有着悠久的历史文化，东北二人转、满族文化、冰雪文化等地方特色
西藏地区	雪域高原自然美景，藏传佛教文化、唐卡艺术、格萨尔文化等独特风情

注：每个地区都有丰富多彩的文化，表中仅给出常见文化元素，还有很多值得探索和挖掘的文化元素，有时融入地域的文化特色和元素，可以为作品增添独特的魅力。

（3）视觉优化方案。结合上述账号数据及粉丝画像，制订视觉优化方案。优化方案仅供参考，大家需要结合自己账号实际情况进行分析，从而制订视觉优化方案，见表5-16。

表5-16 视觉优化方案

视觉优化方案	
账号内容主题	街舞
目标受众	女性约占60%，男性占40%，以1—23岁年龄段及31—40岁年龄段为主
地域分布	主要集中在广东、江苏、湖南
粉丝兴趣	随拍、抖音、时尚、穿搭为主
视觉风格类型及特点	
潮流炫酷	结合现代元素和流行趋势，强调时尚和个性化设计，吸引年轻受众的目光
回忆怀旧	运用复古元素和怀旧色彩，勾起31—40岁年龄段的青春回忆和情感共鸣
华南元素	融入岭南文化、江南水乡风情等文化元素，满足广东、江苏、湖南地区受众的偏好
大胆构图	采用直接、简洁、大胆的构图手法，突出街舞动感和视觉冲击
亮丽色彩	选用饱和度高、明亮的颜色，增强作品的视觉吸引力
运用账号数据和趋势预测	
观察热门内容和趋势	结合粉丝兴趣及常搜词，分析抖音和时尚领域的热门内容和流行趋势，运用流行元素和时尚色彩，将街舞元素与时尚穿搭相结合，打造具有个性化、潮流感的视觉内容
账号和作品核心数据	为视觉风格选择提供参考，更多是为优化后的效果提供判据

除作品视觉风格优化外，视觉优化方案还应包括账号头像头图、个人简介、视频封面、海报、直播间装修、橱窗头图等一切视觉元素，从而构成账号视觉风格。

完成视觉优化后，需要持续观察账号数据变化，如果有所提升，则说明优化方向可能是正确的。还需要在数据表现上反复确认，甚至进行直接调研才能判断优化是否成功。而风格又不能一成不变，所以视觉优化与运营一样，要长期观察粉丝需求，持续优化以追求更好的效果。

任务思考

在本任务中，我们在了解视觉风格类型的基础上，制订了账号视觉优化方案。视觉优化的主要依据是账号数据和粉丝画像，粉丝的性别、年龄、地域分布，以及粉丝兴趣、粉丝常搜词等对视觉优化有直接影响，而账号数据可以用于判定优化效果，优化的内容包括视频作品、账号主页、直播间等各种触点。视觉优化不能一蹴而就，需要长期观察粉丝，持续追求更好的效果。

课后练习

请根据本任务所学知识，分析自己抖音账号数据，参考上述视觉优化方案表，制订自己账号的视觉优化方案。

要求如下所示。

（1）分析账号核心数据和粉丝画像；
（2）给出视觉优化方案；
（3）根据账号数据判定优化方向是否正确。

项目小结

本项目学习了视觉风格、拍摄方案策划、图片遴选标准、视觉素材库构建方法、视觉优化方案制定等，视觉风格应符合账号定位，账号的视觉形象要统一，良好的视觉效果是吸引粉丝、打造 IP 的需要。

项目六

视频拍摄与剪辑

▍学习目标

- 能根据内容制作需求,策划视频拍摄与剪辑方案。
- 能根据视频拍摄与剪辑方案,统筹拍摄与剪辑工作,灵活安排拍摄与剪辑人员,有效控制成本。
- 能构建和管理视频素材库,对视频成品进行审核,有效控制质量。
- 能依据互动反馈和数据分析,与团队成员共同优化拍摄方案。

任务 6.1　短视频策划与项目管理

任务描述

达人@六斗米在抖音运营账号"@学拍视频剪辑",近期接到一份短视频广告商单,客户提供了任务书,要求做一条旅游 VLOG(视频网络日志),要有真人出镜,时长要短一点,还给了他一些关于泰山故事的选题。请和@六斗米团队一起完成以下任务。

(1)解读任务书,策划短视频主题,撰写拍摄脚本;

(2)执行素材拍摄,明确剪辑要点,推动视频审核;

(3)使用项目进度表保障交付质量,核算和优化项目成本。

任务实施

甲方提供的任务书要求如下。

(1)拍摄自然文化类短视频或旅行 VLOG;

(2)视频采用开场白+景观科普+风光展示的模式(比如一分钟带你了解泰山的云海玉盘);

(3)真人讲解景观景点,增加亲和力。

细节沟通要点如下。

(1)可以参考账号"@房琪 kiki"的有关作品;

(2)主题自拟;

(3)横屏拍摄,分辨率:1920×1080,文件格式:MP4;

(4)2023 年 3 月 10 日前交付。

1. 策划短视频拍摄主题

(1)调研达人@房琪 kiki 的作品。在抖音搜索"房琪 kiki",查看高赞作品"原来张万森和林北星看的那片荧光海,真的存在。"通过该视频我们知道:①视频作品关联了热门影视剧《一闪一闪亮晶晶》;②作品的故事性很强。

查看评论区,找高赞评论。

① 房琪第一眼真的很像林北星。提示:如果拍摄泰山故事,演员能找到和热门影视剧的主角长相相似的会有较好的互动数据。

② 蓝眼泪。提示:泰山故事的片头也可以用热门评论。

③ 张万森是一个很胆小的人,但他对林北星的爱却很勇敢。提示:如果泰山 VLOG 能与热门影视剧关联,会有较好的互动数据。

④ 张万森,你看见了吗?提示:高赞评论可以用于字幕。

综上，与热门影视剧关联的主题，对视频数据贡献很大，特别是增加了评论互动，触发平台推送自然流量。于是，六斗米团队决定用一个感人的故事来做泰山旅游VLOG。

（2）考虑甲方提供的素材。甲方提供的相关故事如下。

①《槐树反哺》：传说原来这里只有一棵古槐树；后来，它长出的侧根成了另一棵小树。古槐母亲年迈之际，小槐树竟然选择把自身的养料输送给了它，使它重获新生。

②《岱宗夫人衣》：传说泰山上有一个叫岱宗的女子，她纺织出了一件精美的衣物，天帝非常喜欢，将她升为仙后。

③《洪洞窟》：相传泰山洪洞窟是伏羲和女娲创造人类时留下的遗迹，具有神秘的力量。

经过团队讨论，最终选择了《槐树反哺》的故事作为作品主题。

2. 根据拍摄主题，撰写拍摄脚本

（1）根据选定主题，写出拍摄大纲，见表6-1。

表6-1　拍摄大纲

大纲	画面内容	台词	备注
引题	模特在泰山多个景点写意出镜，牌坊、斗母宫，其间，模特轻抚铃铛	领略秀美的风光，是你出发的唯一目的吗？此刻，冬春交替的泰山，虽然少了一丝绿意盎然的景象和潺潺流水的声响，却依然游人如织，因为，泰山吸引人的，从来不只有风光	注意现场环境音的添加
点题	拍模特独白	大家都听过乌鸦反哺的故事，但你见过反哺的槐树吗？	节奏转变
叙事，讲述主题故事	模特在古槐树下写意画面，模特参观斗母宫，镜头拍斗母宫空镜，模特驻足古槐树旁。镜头展示古槐树细节	穿越流光溢彩的斗母宫，走出西门。传说，原来这里只有一棵古槐树；后来，它长出了侧根，它的侧根成了另一棵小树。古槐母亲年迈之际，小槐树竟然选择把自身的养料输送给了它，使它重获新生。世间万物皆有灵性，此刻，我站在它的面前，内心依旧充满感动，我在这里许下心愿，愿母亲寿比"泰山槐"	模特不要全程露脸口播，注意添加空镜头
号召行动	拍模特独白	这就是槐树尽孝的故事。大家有机会，一定要来感受一下这自然奇观，领略泰山的魅力	

（2）在此基础上整理泰山VLOG的分镜头脚本，见表6-2。

表6-2　泰山VLOG的分镜头脚本

镜号	时长	景别	拍摄手法	画面内容	台词
1	3s	中景	稳定器跟随拍摄	模特走在斗母宫台阶上回头微笑	领略秀美的风光
2	2s	中景	斜侧面利用滑轨拍摄上台阶	模特走在斗母宫台阶上侧面	是你出发的唯一目的吗？
3	1s	特写	手持拍摄	脚步（脚步声音效）	此刻（现场环境音）
4	4s	近景	三脚架滑轨拍摄	模特正面行走在路上的近景，大光圈拍摄	冬春交替的泰山，少了一丝绿意盎然的景象
5	2s	中景	三脚架滑轨拍摄	模特正面行走在路上	和潺潺流水的声响

续表

镜号	时长	景别	拍摄手法	画面内容	台词
6	2s	中景	手持拍摄	拍摄模特斜侧面上楼梯	却依然游人如织
7	4s	中景	三脚架滑轨拍摄	模特正面往前走的画面，模特特写，铃铛的特写（铃铛音效）	因为，泰山吸引人的，从来不只有风光
8	2s	近景	三脚架滑轨拍摄	模特轻抚铃铛	
9	4s	近景	手持拍摄	模特说话；模特边说话边看向槐树	大家都听过乌鸦反哺的故事，但你见过反哺的槐树吗
10	2s	中景	稳定器拍摄	模特走在台阶上的画面	
11	2s	特写	稳定器拍摄	斗母宫牌匾	穿越流光溢彩的斗母宫
12	1s	中景	三脚架滑轨拍摄	模特走在西门	走出西门
13	1s	中景	三脚架滑轨拍摄	模特走在西门	传说
14	7s	近景	稳定器环绕拍摄	房顶上的鸽子（鸟扇动翅膀音效）；古槐树全景	原来这里只有一棵古槐树，后来，它长出了侧根，它的侧根成了另一棵小树
15	3s	中景	三脚架滑轨拍摄	卧龙槐介绍牌	古槐母亲年迈之际
16	4s	特写	三脚架滑轨拍摄	透过槐树围栏拍摄模特看槐树，小槐树特写	小槐树竟然选择把自身的养料输送给了它
17	2s	特写	手持拍摄	槐树侧根	使它重获新生
18	2s	特写	手持拍摄	槐树，逐渐放大跟进	世间万物皆有灵性
19	2s	特写	手持拍摄	槐树	此刻，我站在它的面前
20	2s	特写	三脚架滑轨摇机拍摄	槐树	内心依旧充满感动
21	5s	特写	三脚架滑轨拍摄	槐树，模特脸部	我在这里许下心愿，愿母亲寿比"泰山槐"
22	3s	全景	稳定器拍摄	模特走在槐树旁边，边走边说	这就是槐树尽孝的故事
23	6s	中景	三脚架滑轨拍摄	模特看向槐树	大家有机会，一定要来感受一下这个自然奇观，领略泰山的魅力

补充说明：①镜号3注意现场环境音的添加，②镜号6、9、17、18、19用的是呼吸感镜头（镜头自然、稳定地律动），这种手持拍摄镜头可以让画面看起来更自然；③镜号11～23模特说话的时候，注意不要全程口播，应适当添加空镜头。

3. 素材拍摄

（1）拍摄进度表。根据脚本，按进度表执行素材拍摄，见表6-3。

表6-3 素材拍摄进度表

序号	时间安排	拍摄场景
1	2月10日 7:00～14:00	进山口开始沿着登山路线拍摄，天外村—龙潭水库—白龙池—黑龙潭

续表

序号	时间安排	拍摄场景
2	2月10日 14:00～18:00	竹林寺—黄溪河水库—扇子崖
3	2月11日 7:00～12:00	傲徕峰—中天门
4	2月11日 14:00～18:00	索道—南天门—碧霞祠—玉皇顶

（2）人员安排。

① 导演1名（主机位）；

② 摄影2名（副机位 航拍 收音 打光）；

③ 助理1名（补妆 发型 服装 细节）；

④ 演员1名（身着素雅 爬山鞋子 衣服2套）；

⑤ 项目执行负责人1人。

（3）设备。

① 松下gh5、gh5s镜头组：70～200 100mm 微距 50定焦；

② 三脚架、稳定器、云台；

③ 航拍：大疆御2；

④ 收音：博雅小蜜蜂；

⑤ 补光：灯棒、反光板。

（4）注意事项。

① 天气：提前2～3天看好拍摄当天的天气，由于都是户外拍摄，避开雨雪天气。如果是阴天，一定记得带补光灯；

② 时间：冬天可以安排在8～10点拍摄。如果是夏天，上午9～10点户外阳光比较强烈，不利于拍摄，尤其是带模特的拍摄，应尽量早；

③ 路线：提前做攻略，规划好路线，避免因为路线不熟浪费时间；

④ 道具：提前准备道具，比如油纸伞、服装、登山杖、背包等。

4. 剪辑要点

将拍摄完的素材按给定的要点进行剪辑，注意如下事项。

（1）在进行镜头组接时，一定要注意镜头之间的逻辑关系，不同场景的镜头不要来回穿插，容易让观众混乱；

（2）模特口播镜头不应太多，适当的穿插空镜头，让整体片段过渡更加自然。

具体剪辑要点如下。

（1）镜号3处模特出现时，先出现脚步声和模特走路的脚步近景，再出现模特的脸，这样可以给观众一种神秘感，比较容易吸引观众注意力。

（2）"同画面不同角度"的画面组接方法，如图6-1所示。这种组接方法增加了视频的变化和沉浸感，利于控制节奏。

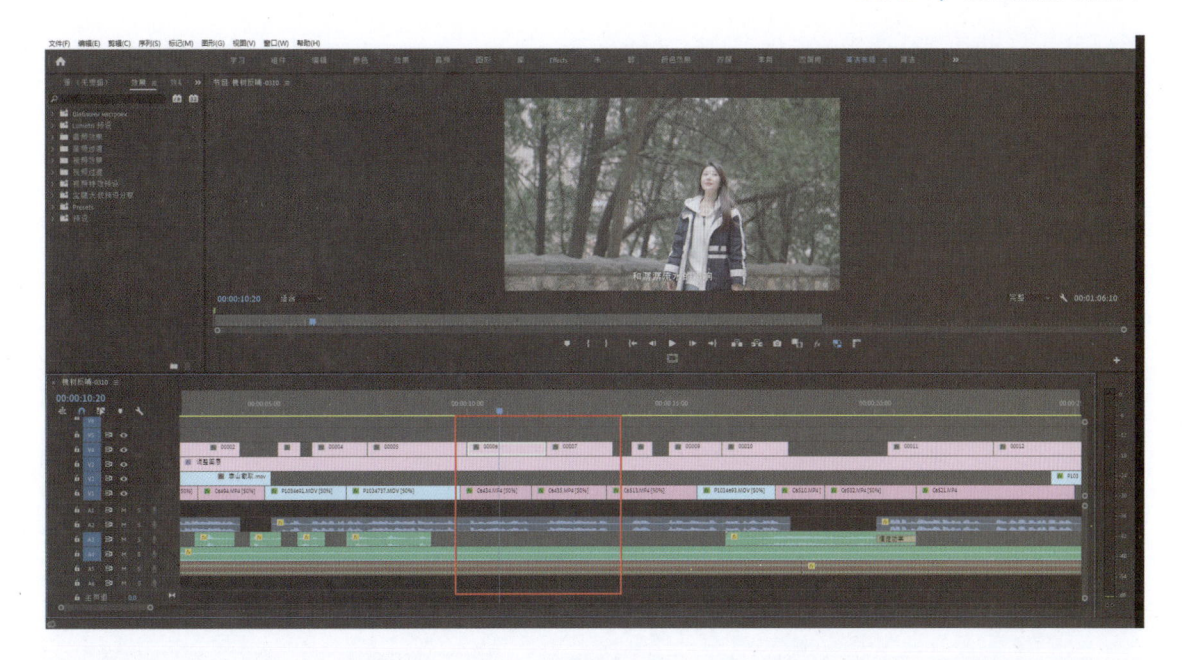

（a）中景正面

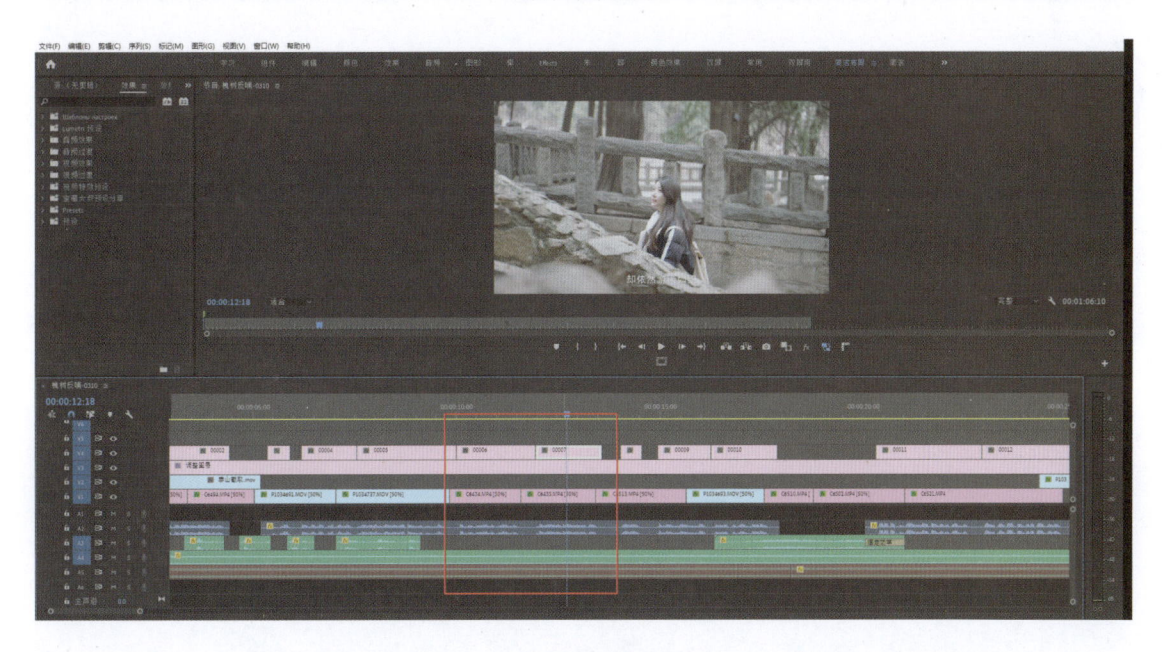

（b）中景侧面

图 6-1 "同画面不同角度"的画面组接方法

（3）"同角度不同景别"的画面组接方法，如图 6-2 所示。这种组接方法也给视频增加了变化，有一种"下面听我说"的感觉。为什么要接连使用"同画面不同角度"和"同角度不同景别"的剪辑手法呢？因为这些片段还没有讲述主题故事，台词和画面的匹配度不高，不需要集中展示主题画面，多角度、多景别的切换有利于展示丰富多彩的画面（风景），为进入主题、调动观众情绪准备做了足够的铺垫。

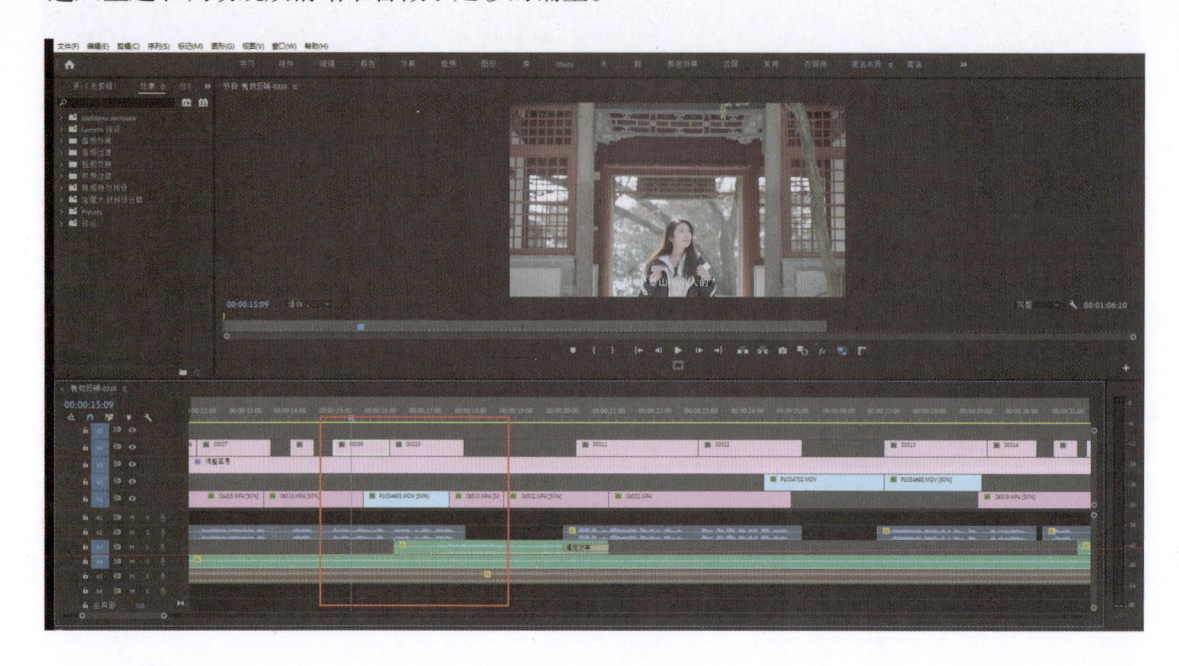

（a）正面中景

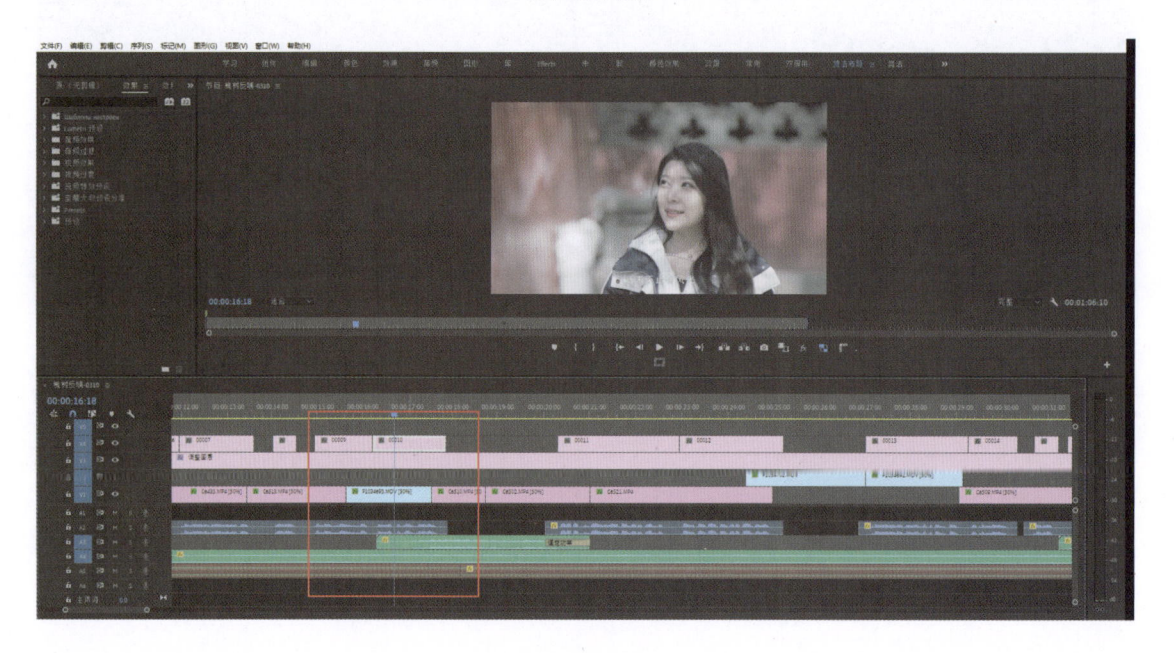

（b）正面近景

图 6-2　"同角度不同景别"的画面组接方法

（4）J-cut 剪辑法，如图 6-3 所示。在镜号 7～8 位置，模特轻抚铃铛前，要先听到铃铛的声音，再出现铃铛的画面，达到"未见其人，先闻其声"的效果，这就是 J-cut 剪辑法。这样剪辑，可以让观众提前有代入感，使画面衔接更流畅。

图 6-3　J-cut 剪辑法

（5）承接转场，如图 6-4 所示。在镜号 9 处，模特说："但你见过反哺的槐树吗？"镜头同步跟随其目光，画面显示长了侧根的槐树特写，即用画面回答了模特的问话，这就是承接转场。这种无特效转场经常在影视作品中出现，自然语言与镜头语言完美融合（声画融合），促使观众感统（视觉和听觉）协调，避免观众注意力涣散，有利于为观众营造沉浸氛围。

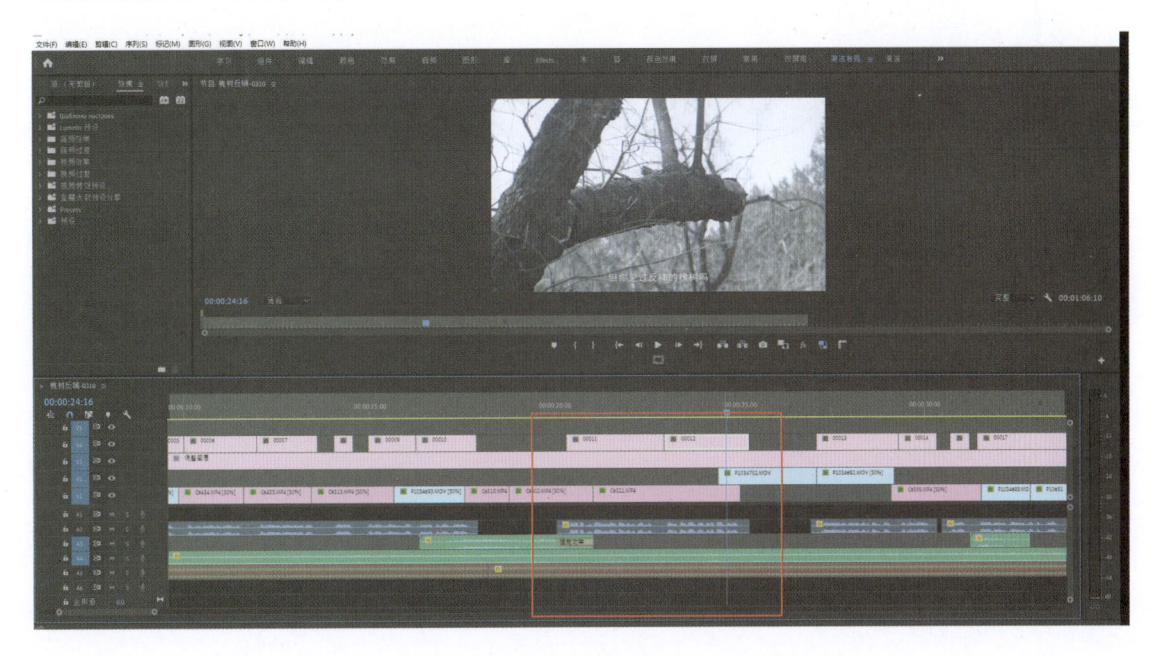

图 6-4　承接转场

（6）声画同步剪辑法，如图 6-5 所示。比如模特说："穿越流光溢彩的斗母宫"时，匹配的画面就是斗母宫牌匾的镜头等。与声画不同步（画面仅仅是声音的背景时）相比，这种手法能持续吸引观众注意力，更适合讲述故事。

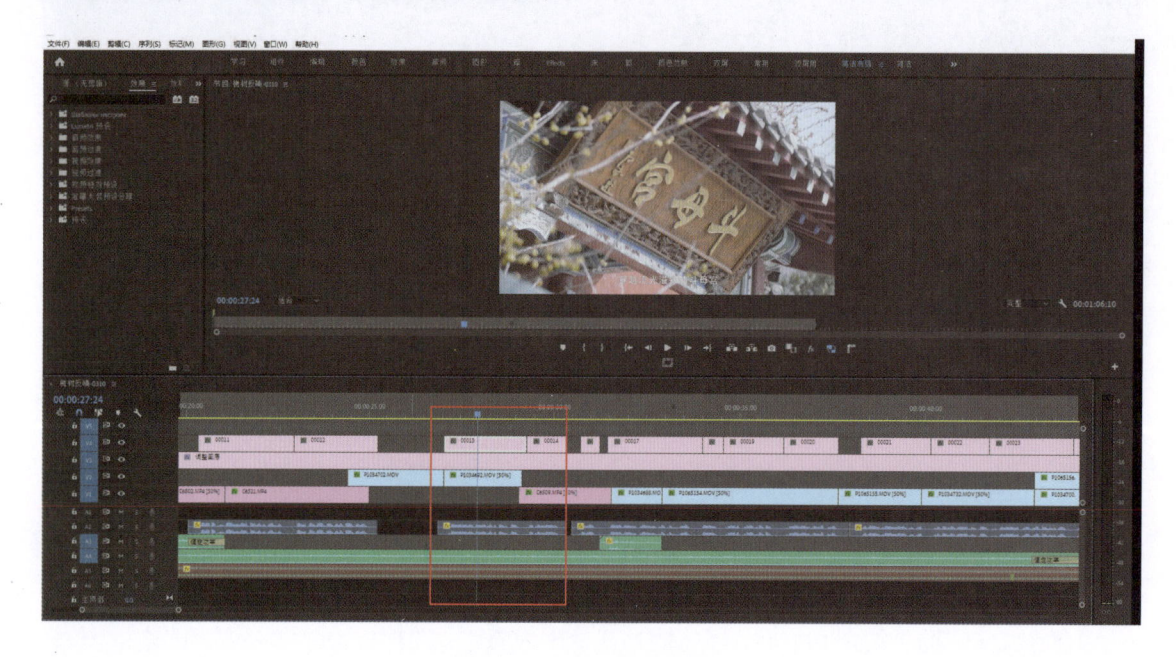

图 6-5　声画同步剪辑法

剪辑完成之后，添加上字幕和背景音乐，并给视频调色，检查无误后即可导出。

5. 视频审核

由指定人员执行视频审核工作，见表 6-4。

表 6-4　视频审核执行表

序号	时间安排	审核人员	具体内容
1	2月14日 9:00～18:00	刘××、陈××、孟××	内部审核，确保字幕、音效、音乐无误，画面无跳帧、漏帧等
2	2月15日 9:00～18:00	郭××、杨××	确认达成甲方诉求，定稿输出成片

6. 其他项目管理

视频创作项目需要考虑方方面面，以保障项目交付质量，如人员安排、时间安排、场地选择、设备准备，以及天气因素等。

（1）人员安排（职责）。

导演：负责统筹全局，指导拍摄过程，并协调各个环节。

摄影师：负责拍摄视频素材，并根据要求进行拍摄和操作摄像设备。

摄影师助理：协助拍摄，负责录制视频中需要的声音，并确保音频质量达到要求。

剪辑师：负责视频素材后期处理，包括剪辑、特效、调色、字幕等。

其他辅助人员：如化妆师、道具师等，根据需要进行安排。

（2）时间安排。

在确定项目交付日期后，根据所需素材的数量和复杂度，合理安排拍摄和剪辑时间。

在拍摄前，可以列出详细的项目进度表，高效利用有限时间，确保拍摄和后期制作的时间充分。

（3）场地选择。

根据视频内容和甲方要求，选择适合的拍摄场地。

如果需要搭建特殊场景或使用特殊设备，需提前准备或预约。

（4）设备准备。

根据拍摄需求，准备合适的摄像设备、音频设备和灯光设备。

确保设备的正常运作，电池电量充足，储存卡完好无损，避免出现技术故障。

（5）天气因素。

对于户外拍摄，天气是一个重要的考虑因素。在选择拍摄日期和场地时，应提前2~3天看好天气预报，避免恶劣天气影响拍摄进度和质量。天公不作美时，可以考虑调整拍摄计划、使用适当的设备和道具，或者采取其他措施来应对。

7．成本及优化方案

为做好成本控制，项目组详细记录了相关费用，见表6-5。

表6-5　项目成本明细表

序号	费用项	单位	数量	单价	合计	费用说明
一、人员劳务费						
1	策划师	天	1	1500	1500	脚本策划
2	导演	天	1	3000	3000	现场导演
3	拍摄	天	2	2000	4000	拍摄人员
4	拍摄助理	天	1	600	600	负责协助拍摄老师
5	演员	天	1	800	800	专业演员应按4000~10000元/天计价
6	项目执行负责人	天	1	500	500	负责整个项目的沟通协调
7	剪辑老师	天	1	1000	1000	负责此视频剪辑的老师
8	配音	字	100	1	100	在配音圈找配音师，按20~200元/百字计价
9	剪辑包装特效师	天	1	4000	4000	此视频不含特效，这部分费用可省去
10	服化道	天	1	1500	1500	负责演员的服装、化妆和道具
11	音乐版权	元			2000	音乐版权等相关费用
12	素材费	元			1000	需要购买的无法拍摄的其他素材
小计					20000	

续表

序号	费用项	单位	数量	单价	合计	费用说明
二、器材费用						
13	微单	天	1	2000	2000	拍摄所用的主力设备
14	镜头组	天	1	1000	1000	拍摄所用到的镜头组
15	航拍	天	1	2000	2000	航拍镜头
16	小蜜蜂收音	天	1	1000	1000	收录人物说话的声音
17	摄影辅助器材	天	1	1000	1000	三脚架、滑轨、云台、稳定器
18	灯光组	天	1	1000	1000	补光灯
小计					8000	
三、差旅费						
19	驾车	公里	1	200	200	按照公里数实际核算
20	索道上行	次	5	100	500	上山的索道
21	索道下行	次	5	100	500	下山的索道
22	住宿费	人	5	200	1000	本地,这里可以省去
23	员工餐	人	5	30	150	拍摄期间员工餐饮费用
小计		元			2350	
四、场地租赁						
24	门票	人	5	150	750	拍摄人员泰山景区凭票进入
合计		元			31100	

省下的都是利润,项目执行中,要尽可能节约成本,具体措施如下。

(1)拍摄时间优化。精确计划拍摄日程,减少拍摄时间冗余。提前看好天气,避免因为天气原因延误拍摄,增加拍摄时间。合理安排拍摄顺序,以最小化场景更换和移动的次数,提高效率。可以先根据地点远近安排场景拍摄,不一定按脚本顺序拍摄。

(2)演员费用优化。若角色对外貌没有特殊要求,可以考虑亲友、长期合作演员或实习生,该项目中的演员用的就是团队成员身边的朋友,并尽量缩短演员的出勤时间。

(3)其他费用优化。

① 评估并取消不必要的费用,确保每项费用都是项目所必需的。

② 寻找廉价或免费的场地,或者与其他项目共享场地,节约场地租赁费用。

③ 在后期制作方面,合理使用软件工具以提高效率,减少人力成本。在音频方面,推荐在配音圈寻找合适的配音师。如果配音要求不高,可以选择剪辑软件中免费的机器配音。尽量使用免费或便宜的音频编辑软件。动画制作可以寻找优惠的供应商或者使用开源的动画制作工具,降低成本。字幕制作可以利用字幕智能生成工具或者价格便宜的外包服务。该项目使用的是剪映的自动添加字幕功能,比之前人工添加效率更高,省时省力。

通过以上优化方案,可以在保证作品质量的前提下,尽可能地降低成本。

任务思考

本项任务涉及的技能点很多，主要包括以下。

① 理解甲方诉求，明确交付标准；
② 通过对标分析，确定拍摄主题；
③ 撰写脚本，包括文字脚本和分镜头脚本，脚本对商单项目非常重要。
④ 拟订剪辑要点，从镜头切换、转场、声音等方面对脚本进行必要的补充，让剪辑人员剪辑出的作品能充分体现策划意志。
⑤ 制定详细拍摄进度表，保障项目顺利执行。
⑥ 细化项目管理事项，包括人员、时间、场地、设备，以及天气因素等。
⑦ 成本控制，从人员、差旅、设备、场租等各方面，列出成本项，并有针对性地控制成本。

回顾整个"泰山旅游 VLOG"的视频创作过程，以下三点非常关键。

（1）短视频主题策划。应从多方面来获取灵感和选题，包括：
① 甲方诉求。随时用手机录音，后面可以反复听，务必深入理解甲方的诉求；
② 对标作品及其评论。对标作品能快速给创作者灵感，很多评论也比较有意思，可以启发创作者灵感；
③ 网上调研和会议研讨。大量搜索作品主题相关资料，并集中整理，然后召集创作团队会议研讨、共创。有效的团队共创或许是视频创作企业的关键突破口，那些实现从个人主创过渡到团队共创的企业，通常能做大、做强。

（2）策划拍摄与剪辑要点。拍摄要点在分镜头脚本中得以体现，剪辑要点可以附在分镜头脚本之后，这些都是视频创作不可或缺的部分。作品要注意"气口"问题，不能让演员从头说到尾，要在适当的地方留"气口"，即说一会儿话停一会儿，观众才能有喘息的时间，这对视频时长较长的作品尤为重要。

（3）项目管理。质量、进度和成本是项目管理的"金三角"，但往往不可兼得，需要细致周密的协同管理贯穿项目执行的全过程。策划、执行、人员、设备、场地……方方面面都得照顾。特别是出外景时，差旅、天气、路线都要提前规划，切忌走哪算哪儿。

课后练习

请根据本项任务所学技能，拍摄一条"旅行 VLOG"的短视频，要求如下。
（1）策划短视频主题；
（2）撰写脚本及剪辑要点；
（3）执行拍摄，鼓励在拍摄中有限创新；
（4）完成后期制作并审核产出作品。

在上述过程中，使用项目进度表统筹管理项目进度，利用脚本和审核保障作品质量，记录所有花费并尽量优化成本。项目结束后，与学习小组同学分享项目管理的心得。

任务6.2 成片审核与素材管理

> 📋 **任务描述**

达人@六斗米在抖音运营账号"@学拍视频剪辑",公司近期完成了"泰山旅游VLOG"广告商单短视频的拍摄与剪辑工作,现要对成片进行审核,并归档保存。请完成以下任务。
(1)视频成品审核;
(2)视频素材与作品管理。

> 📋 **任务实施**

本项任务要求对成片进行发前审核,确保视频主题、画面、声音等无误并符合要求,在此基础上,简单拓展通过审核实现项目质量管理的方法,之后对视频素材及作品进行归类整理。

1. 作品审核与处理

专业的视频团队一般会设置专门人员通过审核把控作品质量,成片审核内容包括如下。
(1)选题定位。确认视频的主题和目标受众群体。视频的标题应能准确传达主题,符合受众群体画像。
(2)内容创意。对视频的创意进行评估,包括故事情节、角色塑造、视觉效果等。确保视频的创意与选题定位相符,并具有吸引力和独特性。
(3)文案质量。检查视频的文字描述、对白、字幕等文案内容。确保文案准确、通顺、易懂,符合视频内容的语言风格和传播目的。过程性文案(如脚本)也需要审核。
(4)拍摄和剪辑质量。包括如下。
① 检查画面稳定性:确保画面没有异常晃动或抖动现象;
② 检查曝光:确认视频没有过曝或欠曝的情况;
③ 检查对焦:确认视频焦点清晰,没有模糊或失焦的情况;
④ 镜头切换评估:确认镜头切换流畅、自然,能够有效地传达故事或信息;
⑤ 音效评估:检查音效的质量和清晰度,确保音频清晰且符合视频内容需要;
⑥ 特效评估:审查转场、颜色校正等特效,确保它们增强了视频效果;
⑦ 检查视频的整体表现:观察视频风格、情感表达等整体效果,确保视频整体表现符合预期。
(5)合规性。确认视频内容符合相关法律法规、行业规范和平台规则(具体参考抖音规则中心),遵守社会道德和伦理准则,拒绝制作和传播任何违法、暴力、歧视或侵犯他人权益的视频。

经过以上审核,审片人一般要给出明确的审核意见,包括优点、不足和改进建议。创作团队应根据审核意见进行整改，包括后期制作修改、补拍、重拍，直至重新策划等。当然，为了避免到成片审核时才发现重大疏漏，团队一般会在创作的各个环节插入审核流程。这样不仅可以有效降低重拍或重新策划的风险，还能尽量减少补拍的概率，使得成片审核的改进意见基本能通过后期制作完成。

2. 审核管理

视频创作团队成熟的标志之一是有明确的审核管理办法。在审核实施方面，一般应设立审核责任人，负责监督和执行审核流程和标准。成片审核的流程及重点见表6-6。

表6-6 成片审核流程及重点

序号	审核名称	审核方法	审核重点
1	初审	拉片，即制作完成后，在后期制作软件或播放器中通过拉动时间轴审核作品	初步评估作品整体效果，特别是拍摄、剪辑等技术方面。成片审核中的第3和第4项是这轮评审的重点
2	复审	初审整改完成后，在播放器中播放作品进行全面审核	全面审核作品质量，重点关注成片审核中的第1和第2项，兼顾第3～第5项
3	终审（发前检查）	复审整改完成后，在作品发布前，执行清单审查	全面检查作品质量，重点关注成片审核中的第5项

审核流程中，每轮审核均需反馈书面意见，并在下轮送审前，由创作团队根据意见整改。

3. 拍摄素材管理

作为一家专业的影视公司，应重视素材和成片管理的标准化。

（1）素材整理：对所有的视频、音频、图片和文案进行整理和分类。每个项目都有一个独立的文件夹，其中包含各种素材分类的子文件夹。这样可以方便快速地找到需要的素材。

（2）命名规范：为了避免混淆和提高搜索效率，给每个素材文件起一个清晰的名称。命名通常包括项目名称、日期和素材类型等信息。命名规范如图6-6所示，用项目名称创建文件夹，素材文件夹以拍摄日期+机器型号进行命名，例如，"0305 A7S3"表示3月5日A7S3相机拍摄的素材。

名称	修改日期
0305 A7S3	2023/9/4 16:52
0305 gh5	2023/9/4 16:53
0305 s1h	2023/9/4 16:53

图6-6 命名规范

（3）存储备份：为了保证素材的安全，需要定期进行素材的备份，一般备份两套，一套在本地外部硬盘，一套在云端存储器，以防止素材丢失或损坏。

（4）建档：建立素材管理电子文档，目的是快速检索，见表6-7。

表6-7 素材管理电子文档

硬盘编号	项目编码	项目名称	负责人	拍摄日期	拍摄人员	剪辑人员
46号盘	0641	遇见金山	孟××、陈××	4.27+4.28	孟××、陈××	刘××
46号盘	0642	松园小区	陈××	4.29+4.30	陈××、安××	朱××
46号盘	0643	物探家园	孟××	5.5+5.6+5.10	孟××、杨××	宋××
46号盘	0644	无花果语	陈××	5.6	陈××、安××	朱××
46号盘	0645	星火英雄路文旅宣传片	陈××	5.11+5.18	陈××、安××、沈××	刘××
46号盘	0646	肥城施密特	孟××	5.11+5.12	孟××、杨××	卢××
46号盘	0647	上高街道华新社区	孟××	5.13+5.14+5.15	孟××、杨××	李××
46号盘	0648	常州雅轩外贸服饰	孟××、陈××	5.29+5.30	孟××、陈××	卢××

任务思考

本项任务主要介绍一家专业视频创作公司的作品审核工作流程，这些经验更适用于初创企业。素材和作品管理对素材、项目、经验沉淀非常有帮助，在竞争日益激烈的短视频创作行业，创新能力固然决定企业发展的高度，但在低端市场的竞争中，拼的是快速满足用户的能力。沉淀的好处是很多小项目甚至不需要拍摄，在素材库里调用已有资源就可以通过后期制作满足用户需求，响应速度非常快。

有三点需要补充说明。

（1）审片人的主观感受很关键，既要有审美能力，还得了解行业情况，并且自身有丰富的创作经验，最好是"专家级"的创作者。切勿让外行做内行的事。

（2）审片人要有正确的价值观，绝不能有踩红线、打擦边球的侥幸心理。确保视频内容的安全合规，这不是做不做得好的问题，而是存亡问题。特别是一些未明文规定，但不符合社会主义价值观的内容，即模糊的边界，可能侥幸通过了平台的内容审核，但传播的后果是致命的。这些只有通过审片人正确的价值观来解决。

（3）审核管理流程很重要，切勿流于形式。百密一疏，任何人都会有疏漏，这是建立审核流程的原因，让不同的人参与审片，才能保障少出问题。不能因为按审核流程走了却依然出问题而质疑审核流程，最终让审核流程流于形式，还要背降低效率的"黑锅"。如果出现问题，应该想的是幸亏有审核流程，否则不知道要出多大问题，并集中精力优化流程，提升每个参与审核人员的能力。

课后练习

请参考本项任务，与自己团队成员一起，拟订作品质量保障体系和素材管理机制，要求如下。

（1）尝试提炼通用的质量标准，如设置台词文字差错率合格范围；
（2）建立简洁有效的成片审核流程，若能拓展到项目管理全流程更好；
（3）共创内容生产过程中各环节的审核方法，最好能给出审核的标准化操作流程（SOP）；
（4）设计审核用工具表格，并配置表格填写说明、流转说明，清晰界定签字权限；
（5）共创素材和成片管理机制，包括分类策略、命名规则、汇总记录表等，并将已拥有的素材和成片盘点后的素材按新制度进行管理。

任务 6.3　数据反馈优化拍摄方案

任务描述

达人 @ 六斗米在抖音运营账号"@ 学拍视频剪辑"，分享短视频拍摄与剪辑知识类视频，他刚完成了一部作品，发到抖音上，准备通过观察视频数据变化和互动反馈，对视频进行复盘，优化拍摄方案。请大家和 @ 六斗米团队一块完成以下任务。
（1）分析视频数据；
（2）分析视频互动反馈；
（3）优化拍剪方案。

任务实施

在抖音上发布作品后，进行复盘非常重要。复盘可以帮助自己了解作品表现，发现潜在问题，从而提升视频创作能力。

《我和我的支部——乡村警事》拍摄大纲视频截图如图 6-7 所示，这是一条知识类短视频截图，该视频的目的是把视频拍摄大纲分享给视频创作者，交流拍摄与剪辑技巧，同时吸引想学习视频拍摄与剪辑的潜在观众，即该视频的目标是"涨粉"。

图 6-7　《我和我的支部——乡村警事》拍摄大纲视频截图

1. 依据数据分析视频

（1）打开抖音 App，点击右上角"三横线"→"抖音创作者中心"→"账号数据"→"详情"→"作品数据"按钮，找到本次发布的视频，点击进入该条视频的数据详情页，如图 6-8 所示。

（2）本条视频的播放量为 6234，完播率为 3.54%。与该账号下的同类视频相比，如图 6-9 所示，完播率偏低。

图 6-8　作品数据详情

图 6-9　同类型作品数据

（3）本条视频的 2s 跳出率为 57.74%，5s 完播率为 26.12%，结合视频跳出时段分析，如图 6-10 所示，说明在视频开头的前 5s 内，没有能吸引住观众的内容。结合视频跳出时长分析，如图 6-11 所示，说明在视频的内容设计上有待改进。

（4）继续查看视频作品数据的互动分析，如图 6-12 所示，本条视频的点赞量为 82，点赞率为 1.32%，基本正常，但评论量仅为 3，评论率太低，说明本条视频没有引导话题，造成观众评论的意愿相对较低。

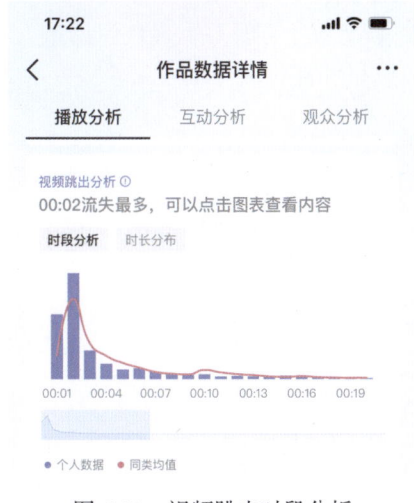

项目六 / 视频拍摄与剪辑

图 6-10　视频跳出时段分析 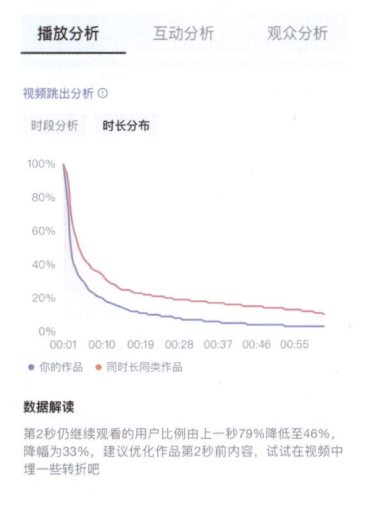　　　图 6-11　视频跳出时长分析 　　　图 6-12　视频作品数据的
　　　　　　　　　　　　　　　　　　　　　　　　　　　　　　　　　　　　　　　 互动分析

2. 依据互动反馈分析视频

除了复盘数据，还可以从评论区了解观众反馈，也可以向委托拍摄的甲方获取意见和建议。

（1）本条视频的评论如图 6-13 所示，虽然评论少，但可以看出都是有效评论，一个在咨询教学，两个在称赞视频内容。这几乎可以认定，其中一个为意向用户，其余两个为潜在用户。这说明视频比较精准地覆盖了目标用户，应由客服转给运营进行接触。

图 6-13　视频的评论

（2）本条视频是在一份视频商单基础上的再创作，交付商单视频时，已经与甲方充分沟通，甲方提出了许多想法，其中最重要的反馈：视频创作灵感源于真实事件，但呈现形式上旁白过多，减弱了观众的代入感，如果能改成剧情类形式呈现，由演员再现真实人物和事件，可能更接地气。该反馈是基于上述商单视频的，不属于本项任务讨论的视频优化内容，

119

但因本项任务中示范的视频是基于视频商单的二创作品，所以甲方反馈也有参考价值。

综上，观众评论和甲方反馈对本项任务视频创作优化有一定参考价值，但观众评论量太少，这种参考价值不能充分利用，还是要想办法增加视频播放量和评论数。

3. 分析视频问题

根据作品数据、互动数据，及各种渠道收集的反馈，达人@六斗米与同事进一步分析了本条视频的问题及可能的原因，见表6-8。

表6-8 视频数据复盘分析表

数据类别	问 题	原因分析
作品数据	完播率低	视频时长过长，内容价值不够或流量推送不准
	2s跳出率高和5s完播率低	视频前5s不够吸引人；痛点不够，视频不优质，观众不爱看
	对比同类型视频，播放、点赞少	视频本身质量不如《我们的大河》
互动数据	评论数略低	视频的话题性不够

《我和我的支部——乡村警事》拍摄大纲视频的播放量低于《我们的大河》《心之所向》拍摄大纲视频，除了表6-8给出的可能的原因，还可以从内容创意、视频时长、转场效果、制作难度等方面找原因。

4. 优化视频作品

根据视频的问题，有针对性地给出优化措施，见表6-9。

表6-9 视频数据优化措施

数据类别	问 题	优化措施
作品数据	完播率低	优化文字脚本，加快剪辑节奏，缩短作品时长
	2s跳出率高和5s完播率低	优化前5s内容，在第2s处抛出话题；尝试使用转场特效，增强冲击力，并关联平台热点话题
	播放量少	优化标题，突出目标观众需求，比如"揭秘人物故事类拍摄大纲，让你的影片更接地气"；优化脚本
互动数据	点赞少	解说商单视频的拍摄"技巧"
	评论少	用小号在评论区引导评论，比如"最近在拍这类视频，这个拍摄大纲真是我的救星，不用再为不知道拍啥而苦恼了，实用！"

评论少不利于复盘优化，所以要增加评论量，增加评论量的重点是让视频内容有话题性，那么如何增加话题性呢？这里给出一种参考方案。

本项任务的作品可以将甲方的反馈呈现在视频内容中，如商单作品拍摄完成后，将甲方反馈："旁白过多，减弱了代入感，如果能改成剧情类呈现形式，由演员再现真实人物和事件，可能更接地气。"加入到视频中，来构建一个甲乙双方的冲突场景，这样可以大幅提升本条视频的代入感，并引出一个讨论话题："如果你是甲方，你会选择现在的呈现形式，还是会拍一部'剧情片'？"甲方的意见值得参考，但剧情片的拍摄成本更高，所以这个问题有一定话题性。我们可以在评论区适当加以引导，有可能增加互动，进而获得平台推流。

任务思考

视频作品发布后会有各项反馈数据，在《自媒体运营》（初级）中，已经说明了各项互动数据的意义：点赞是观众对视频作品的认可，评论对应的是观众参与性，收藏的背后是实用性，转发有帮助转发者代言的意义（传播性）。在此基础上，完播率进一步说明作品吸引力（有用有趣），5s完播率对作品开头部分的质量提出了更高要求，这一数据也帮助平台判断流量推送是否准确。后台的每项数据都有一定的意义，有些数据对运营有帮助，有些数据对视频内容创作有帮助；有时是单独一项数据就能告诉我们一些信息，有时则需要综合看多项数据，才能做出正确的判断。

除了关注自己的视频作品数据，也要持续关注同行业、同类型账号，通过分析其高数据作品发现自己的不足，以便持续改善。

另外，还要尽可能从各种渠道了解作品反馈，包括粉丝、团队成员、用户方代表甚至同行朋友等提出的意见。一方面是拓展反馈渠道，另一方面也可以印证数据分析的结论。总之，数据分析和各渠道的反馈信息，都是为了改进作品，提升创作者的创作能力。

课后练习

请通过跟踪某一短视频作品的数据变化和互动反馈，对视频进行复盘并优化拍摄与剪辑方案。要求如下。

（1）查询并解读已发布作品的数据，找到数据反映出来的问题，分析对应的原因；

（2）采取与对标视频作品进行比较、听取他人意见、详细阅读评论区反馈等多种方法，收集相关意见和建议，找到"共同的"或"重要的"意见和建议；

（3）在以上两步的基础上，优化视频拍摄与剪辑方案，重新拍摄与剪辑相同主题的视频作品并发布，验证优化方案的效果。

项 目 小 结

本项目包括三项任务，第一项任务是当接到甲方的短视频制作需求时，根据甲方的任务要求，对视频进行主题策划、撰写拍摄脚本、执行拍摄方案、明确剪辑要点、推动视频审核、根据项目进度表保障交付质量，并根据项目组详细记录的相关费用对项目进行整体核算，优化项目成本。第二项任务是通过对成片进行发前审核，实现项目质量管理，对视频素材及作品进行归类整理。第三项任务是作品在平台发布后，通过观察视频数据变化和互动反馈，对视频进行复盘并优化拍摄与剪辑方案。

通过本章的学习和训练，希望创作者能掌握视频创作的流程和技巧。这些学习成果将为创作者未来的工作和项目配合提供有力的支持，也能使创作者在视频拍摄和剪辑的学习实践中提高效率。

项目七

口播技术

▍学习目标

- 能指导团队成员进行直播基本功训练。
- 能总结并标准化各类直播话术。
- 能总结并标准化各类互动技巧。
- 能依据互动反馈和数据分析,持续改进口播技术。

任务 7.1 带货达人基本功训练

任务描述

小 A 是以服饰类目为主的 MCN 机构的带货达人，承接"××女装官方旗舰店"的直播工作，目前已经拥有 40 多万粉丝。公司现入职一批新人，希望小 A 根据自己的成长经历，总结出一套带货达人基本功训练的体系，培训入职的新人，使她们能够像小 A 一样成为一名优秀的带货达人。请跟小 A 一起完成以下任务。

（1）快速定位自己的 IP；
（2）打造主播形象；
（3）制订基本功训练计划；
（4）总结从素人到达人的经验。

任务实施

在直播带货中，达人扮演的角色类似于专业的销售人员，在某种程度上更是一个富有感染力和掌控全场节奏的演讲者，是商品和观众之间的衔接者。要成长为职业达人，需要有明确的定位，围绕这个定位树立形象，按计划持续自我训练，特别是"修心"。本项任务以电商达人为例，说明职业达人的成长之路。

1. 达人 IP 定位

在进行达人训练之前，我们需要先对目前电商行业内的带货达人进行 IP 分类，小 A 总结了目前常见的几种 IP 类型及人设打造方式，见表 7-1。

表 7-1 目前常见的几种 IP 类型及人设打造方式

分 类	核心特征	人设打造
导购促销类	击中观众的真实需求。快速准确甚至超预期地匹配观众需求	要想打造导购促销类人设，达人必须对商品卖点和观众需求非常了解。一方面能从价格、品牌、竞品等多个角度说明商品卖点；另一方面能从观众的消费场景、心理需求等角度匹配合适的商品 这种人设的局限在于，达人所推荐的商品必须是极具性价比和专业度的，一旦推荐出错则有人设崩塌的风险
技能专家类	商品背书和观众赋能。专家身份让商品更可信，专业技能让观众更受益	要想打造技能专家类人设，达人本身必须具备硬干货、真实力。商家可以直接聘请具备相关资质证书的行业专家，也可以通过达人持续的专业知识分享来打造专家形象 这种人设的局限在于，投入成本比较高，不是可以随便打造的，同时技能专家类人往往局限于某一领域，很难跨界带货
BOSS 店长类	营造一种平等感，让观众可以直接对话老板	要想打造 BOSS 店长类人设，达人在直播间必须是非常有话语权的，观众的问题可以直接解决，免单、降价等优惠福利也可以直接给到观众 这种人设的局限在于，要么老板亲自上阵，要么充分授权给达人，否则人设很难建立起来。同时亲近感和权威感需要拿捏好，否则会对品牌本身造成伤害

续表

分类	核心特征	人设打造
网红达人类	成为观众的理想化身，进而与商品相关联，让商品成为观众理想的载体	要打造网红达人类人设，达人必须既有内容又有趣，既有专业知识又能讲故事段子，既能对商品如数家珍，又有自己独特的消费主张 这种人设的局限在于，网红达人有不可控性：一方面没办法标准化复制；另一方面具有强烈个性色彩的达人有极大流失风险

新人应根据自身专业知识、兴趣、职业、粉丝数等确定自己的定位，人设定位并非唯一性，比如，一名导购促销类达人进行直播时，可充分利用自己在该领域的专业知识，输出技能专家类达人的内容，增加观众的信任度，提高观众黏性和复购率，提升直播效果。

2. 打造达人形象

选择了适合自己的达人人设定位，那么如何找到自己的差异化特色，打造自身的达人形象呢？小 A 在此总结出了打造达人形象五步曲，见表 7-2。

表 7-2　达人形象打造五步曲

步骤	要点	分析
第一步	确定直播风格	你是活泼可爱的类型，还是深情内敛的类型？确定你的风格是打造达人形象的第一步
第二步	打造专属标志	你有你的专属口头禅或者专属动作吗？在直播过程中，根据观众反应可以打造属于你的专属标志，你的热情会感染到观众
第三步	保持一致性	无论是你的形象，还是你的直播内容，都需要保持一致。这样，你的观众就会知道他们可以期待什么
第四步	建立专属粉丝团	与你的观众互动是建立忠实粉丝群的关键。记得回答他们的问题，对他们的评论做出反应
第五步	持续学习	直播行业是不断发展的，你需要保持学习的状态，以便了解最新的趋势和技术

3. 制订基本功训练计划

作为一名达人，需要具备一定的基本素养，包括语速、镜头感、形态等，这些不能一蹴而就，而是需要持续学习、勤加练习、日积月累，小 A 将自己从一名新人到达人的过程中所做的练习总结出一套训练计划，见表 7-3 ~ 表 7-6。

表 7-3　基本功训练计划

科目	内容	频率
语言训练	见《语言训练表》	1 次 / 天
镜头感训练	见《镜头感训练表》 面对镜头录制一段 3 ~ 5 分钟的直播片段，并进行分析与改进	1 次 / 天
形态训练	见《形态训练表》	1 次 / 天

表 7-4 语言训练表

科目	训练内容
口部操训练	1. 唇：抿唇，用力发"po"音（20组）；2. 舌：饶舌（顺时针、逆时针各10次）；3. 口腔：打哈欠（张开嘴巴停留5s，3次）；4. 嘴：抬头，噘嘴亲天花板
发音与气息训练	出东门，过大桥，大桥底下一树枣儿，拿着竿子去打枣儿，青的多红的少。一个枣儿、两个枣儿、三个枣儿……十个枣儿，九个枣儿，八个枣儿……一个枣儿
平翘舌训练	山前有四十四棵死涩柿子树，山后有四十四只石狮子。山前的四十四棵死涩柿子树，涩死了山后的四十四只石狮子。山后的四十四只石狮子，咬死了山前的四十四棵死涩柿子树。不知是山前的四十四棵死涩柿子树，涩死了山后的四十四只石狮子，还是山后的四十四只石狮子，咬死了山前的四十四棵死涩柿子树
四声训练	学好声韵辨四声，阴阳上去要分明，部位方法须找准，开齐合撮属口形。双唇班抱必百波，抵舌当地斗点钉，舌根高狗工耕故，舌面机结教坚精，翘舌主争真志照，平舌资责早在增。擦音发翻飞分复，送气查柴产彻称。合口忽午枯胡鼓，开口河坡哥安争。嘴撮虚学寻徐剧，齐齿衣优摇业英。抵颚恩音烟弯稳，穿鼻昂迎中拥生。咬紧字头归字尾，不难达到纯和清

表 7-5 镜头感训练表

科目	训练内容
对象感	达人必须设想和感觉到对象的存在和对象的反应，必须从感觉上意识到观众的心理、要求、愿望、情绪等，并以此调动自己的思想感情。思想感情的调动不仅要从量的方面，比如，性别、年龄、职业、人数等进行，还要从质的方面，比如，环境、气氛、心理、素养等把握
表演感	在这种"假定"情况下工作的镜头感，要借助表演来获得。假设达人是活泼欢快的人设时，我们必须让我们的神态和语言也欢快起来；当达人人设是某领域专家时，我们也必须让我们的面部表情及语言、语气也跟着端庄起来
新鲜感	达人无论对商品，还是对自我，都要有"喜新厌旧"的意识，更要在镜头前有表现的欲望。因此，达人在每一次面对镜头的时候，都应该去寻找新鲜感，还原第一次讲解该商品的状态
面部表情	达人面对镜头时的眼神要求真切、自然。有些达人的眼光，过于热情、亲密；或过于冷漠呆滞；或眼大无神，目光分散；或东张西望，不善注视等，都与他们缺乏用眼睛传递信息的技巧有关。这种技巧的获得，首先要对眼睛传情表意的作用有正确的理性认识，其次要有意识地做适当的练习，当然，最重要的是和直播间的风格协调一致。可以通过面对镜子展现面部表情，感受镜子里面自己的表情是否与自己想表达的情绪一致

表 7-6 形态训练表

科目	标准	训练方法
站姿	抬头挺胸，下颌略沉，双肩打开，目视前方。整体形态看上去轻松又舒展，会让人感觉非常舒适	靠墙站立法：身体背靠着墙，让后脑勺、肩胛骨、臀部、脚后跟都与墙面有接触点，然后体会身体各部位的感觉。可以每天练习，比如每天靠墙站立20分钟，或者分时段练习
坐姿	双肩放松呈自然下垂，头部方正，避免头部左右晃动，腰部、腿部呈自然弧度，不要抖腿	按标准静坐20分钟，每天对镜练习

此外，还有商品专业知识是达人要花费很多时间学习的。绝大多数达人都会销售多种商品，其所在直播间的商品专业知识都要学习，且不能停留在熟记水平。在竞争激烈的直播电商行业，达人已经按类目深度细分了，做茶叶类目的达人不要轻易改换到瓷器类目，尽管瓷器与茶叶有着这么近的联系，原因就是行业对达人商品专业知识和经验的要求越来越高。达人应掌握的商品专业知识见表7-7。

表 7-7　商品专业知识表

科　目	训练内容
专业术语	词汇越专业，技能专家类人设越立得住，搭配对商品的了解，可迅速建立观众信任度
细节认知	对已上架的商品或即将上架的商品了如指掌，每一款均掌握到细节（价格、款式、做工等），在扣号（一种直播达人通过让观众发送数字来与观众互动的方式）与上新环节都不乱阵脚，能大概率承接流量
产品规格	观众报出自身数据，达人能迅速报出推荐尺码，观众体验好，提升观众下单概率
竞品情况	对比竞品质量、价格，比如，发售价、平台价、溢价率等

4. 高情商造就优秀达人

直播电商行业风起云涌，市场竞争压力越来越大，达人们之间的竞争也不再局限于比拼卖货能力，而是逐渐变成一种"格局""修养"的全面竞争。归根结底，高情商才能造就优秀达人。如何才能"高情商"，这是非常复杂的课题，这里仅简单介绍达人的情绪管理。

很多达人长时间保持高强度的工作状态，难免会积累各种各样的情绪。而这些情绪无论好坏，如果不去处理，它就会累积、转化，并常常在意想不到的时候爆发。因此情绪管理并不能一味地压抑，更需要疏导与化解。毫不夸张地说，情绪管理的能力直接影响一场直播的效果。如何调整、利用好情绪是每个达人的情商必修课。小 A 的经验主要有以下三点。

（1）怀着感恩心态处理质疑，切不可持对抗、逆反心理。有权威研究证实，质疑商品的人购买概率远大于一言不发的人。所以当有人质疑时，要怀有感恩之心，一方面是因为增加了他购买的概率；另一方面他的质疑为我们改善商品提供了方向。"偏听则暗，兼听则明"，受到质疑时，不妨虚心向质疑你的观众提问，确认关键信息的准确性，弄明白他到底想表达什么，以及为什么要说这些。可以以"是否对直播目标有益"为判断准则，如果确认对方的质疑是有益的，那么不要犹豫，马上采取行动改善才是重要的，这也是所谓的"格局"。

（2）重视并提供完美"情绪服务"。随着社会发展，人们越来越看重服务，尤其是"情绪服务"。所谓"情绪服务"，就是达人与观众耐心地交流，使之满意，甚至达到一种"愉悦"的情绪状态。当达人能做到这一点时，销售技巧、直播间内容、商品性价比等成功直播间的致胜法宝都会被弱化，"情绪服务"能带来更多粉丝，使粉丝黏性更强。相应的，你对观众耐心细致，观众也会对你的直播内容更耐心，形成良性互动。要记住"人、货、场"排在首位的永远是人，以人为本，让"情绪服务"最大化，这就是所谓的"修养"。

（3）通过自我交流和与他人交流疏导情绪。"格局"和"修养"讲多了，你会发现，情绪也在慢慢积累。很多达人喜欢隐藏自己内心真实的想法，有时甚至习惯自己欺骗自己，而反问能让你自己的内心问题无从隐藏，正面积极地去解决情绪问题。只有清楚地知道自己情绪的起源，才能更快速地解决负面情绪。其实很多时候，情绪的出现是无理由的，经不起推敲和反问。所以无论是什么原因导致产生了不好的情绪，不妨试着问自己：为什么会有这样的情绪？因为哪件事情你产生了情绪？这件事能解决吗？有什么解决方式？你最在意的点是什么？如果把这件事情放到明天或者一周后看还重要吗？然后试着把这件事情对你信任的人转述一次，多数情况下，它会让你淡然一笑。

任务思考

小 A 总结了自己成为优秀带货达人的相关经验，包括目前常见的达人 IP 定位类型、主播形象打造五部曲、主播基本功训练计划，并认定高情商是从素人到达人跃升的关键。

课后练习

请想成为优秀达人的你尝试明确自己的 IP 定位，并完成以下任务。

（1）完整录制一场带货直播视频，以日期为文件名，保存在你的电脑中；

（2）根据本任务总结的训练方法进行训练并坚持直播，一周后再录制一场完整的直播视频，并与一周前的视频进行对比，找到两个视频的差别，写出已改善的地方和需要改善的地方；

（3）根据基本功训练计划，结合自身需求形成个性化的训练计划，并执行一周，再录制一场直播视频；

（4）重复以上步骤，4 周后用最后一场直播的视频与第一场直播视频进行对比，重新确定需要改善的地方和训练计划；

（5）2 个月（8 周）后，针对上述训练撰写书面总结并分享给团队成员。

任务 7.2　服饰类目直播间话术的标准化总结

任务描述

小 A 是以服饰类目为主的 MCM 机构的带货达人，负责"××女装官方旗舰店"等抖音账号直播间的直播与运营工作。由于达人流动性较大，小 A 需要培训新人。经过一段时间的沉淀，她对服饰类直播话术有了较全面、深刻的理解。她准备总结出一套服饰类目标准直播话术，提供给新人学习，使她们更快进入工作状态。请完成以下任务。

（1）分析数据，了解"××女装官方旗舰店"抖音账号的粉丝画像；

（2）对"××女装"直播销售的商品进行汇总分类，整理各类商品的标准话术；

（3）整理各种类型的互动话术。

任务实施

人与人之间沟通的桥梁就是话语，所以"话术"的作用不仅仅是售卖商品，好的话术可以拉近达人与观众的距离，使观众产生信任感。通过对直播观看人群及商品的分析，我们可以更加有针对性地使用话术，从而创造高转化率。

兴趣电商的本质是商品与观众的撮合，内容是桥梁。短视频是无人值守的电商撮合的桥梁，而直播由达人即时生产"内容"，充当促销员撮合交易。接下来，请以服饰类目直播间为例，尝试将直播话术（内容）进行标准化总结，目标是提升"商品""观众"的撮合效率和效果。

1. 账号直播观看人群分析

不同年龄段、性别的观众，观看直播时关注的重点不同，所以要对账号的观看人群进行分析，针对该人群的痛点进行话术总结。

登录"蝉妈妈"官网，搜索"××女装官方旗舰店"，依次点击"粉丝分析"→"直播观众"按钮。"××女装官方旗舰店"直播间观众分析如图7-1所示。

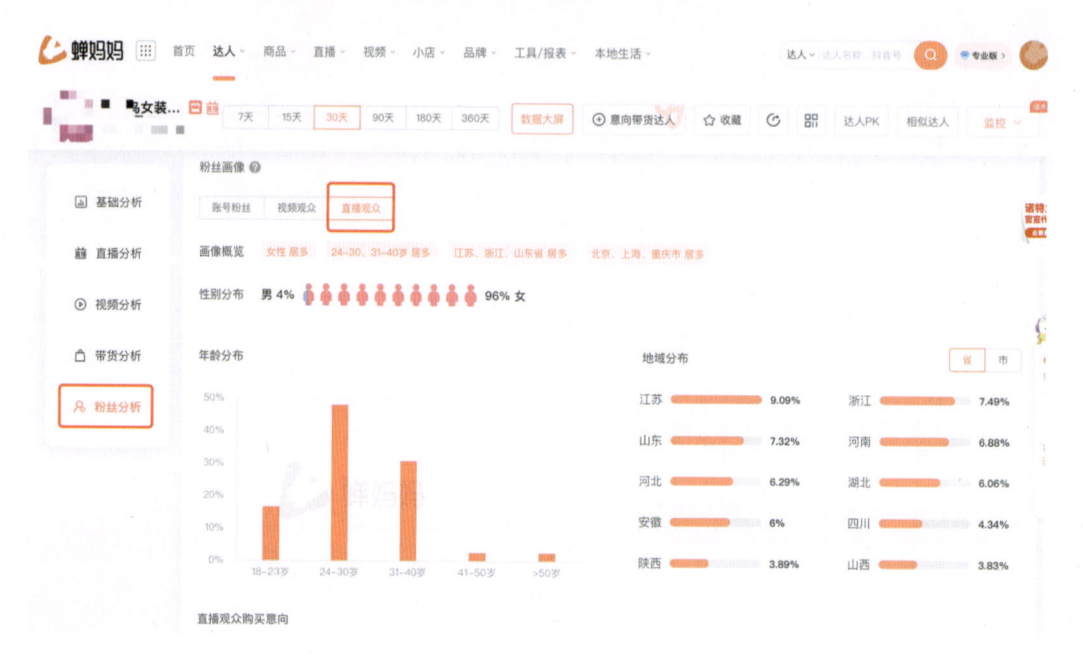

图7-1　"××女装官方旗舰店"直播间观众分析

由图可知，该账号直播观看人群以24～30岁的年轻女性为主。影响该类人群消费的因素详解及话术重点见表7-8。

表7-8　影响年轻女性消费的因素详解及话术重点

影响因素	因素详解	话术重点
情感因素	年轻女性对商品外观、形状，特别是其中表现的情感因素十分重视，往往在情感因素作用下产生购买动机，易产生冲动消费	多用场景词和形容词，可以让观众产生联想和想象。同时，达人也需要有带入感，才能引发共鸣
实用和细节	年轻女性心思细腻、追求完美，因此购买商品时比男性更注重细节	重点进行细节描述，可结合动作或实验等（比如"三防"面料泼水实验）
便利且个性	新的方便商品会诱使年轻女性首先尝试，富于创造性的事物更使她们充满热情，以此显示自己独特的个性	达人需要解决"为什么买""为什么现在买""为什么在我直播间买"三大问题。通过竞品分析、旁证效应等逻辑给观众购买的理由和动力
优质和服务	当代年轻女性独立性渐强，对商品及服务品质的要求逐渐升高，通常会花费更多的时间进行比较	通过礼品、赠品、折扣、增值服务等引导下单
时代风潮	当下的流行因素极易引领购物风潮，年轻女性通常具有较强的从众心理	通过高频的原价与现价对比、活动期限、名额紧张、时效有限等话术反复提醒观众下单。（如恭喜某某做了明智的选择，库存只剩下……）

2. 商品分类及对应话术总结

影响商品定位的因素有：库存、品质、利润率、客单价、折扣力度、市场反响等。小 A 根据经验将服饰类目直播商品定位划分为 6 类，见表 7-9。

表 7-9　服饰类目直播商品定位分类

产品定位	必备条件	附加条件	商品定义
主推品	新品或品牌主推商品，品质好，库存量多	市场反响好，利润率高	1. 较其他商品具有差异点、利润率高、市场反响好等优势的商品 2. 新品上市，需要增大关注力度的商品（通常是整场直播的主要利润来源）
福利品（引流品）	库存多，优惠力度高，利润率低	/	1. 往往知名度高，原价相对同类品较高，但在直播间内会给出一定折扣或赠品 2. 库存较多，作为直播间内设置的福利，以清库存为主（常配合直播间玩法设置，如整点抽奖等），可以增加观众停留时长，直播间互动率及销量
爆品	品质好，市场反响好	库存少，利润率高	商品辨识度高，在市面上具有一定热度，通常是明星同款或有品牌/资质背书
基础品	/	新品（非品牌主推），品质一般，市场反响一般	一般是与其他品类商品相搭配的商品，比如，新品（除主推品外）上市。基础品更类似于为了让观众在一场直播中获得完整体验的补充商品，在整场直播商品中占比 20%～30%
组合品	优惠力度高	库存多，利润率低	1. 可以单独出售，也可以捆绑出售。比如，"亲子装""情侣装""套装"等 2. 可以设置"满减优惠""买二送一""第二件半价"等优惠活动。目的都是为了增加销量、减少库存
高端品	品质好，客单价高	市场反响好，利润率高	品质较好、客单价相对于直播间其他商品较高，是品牌调性的象征，可以突出主推品的价格优势。这类商品在整场直播商品中占比 10%～20%，比如：李宁走秀款

确定直播商品分类后，小 A 根据各品牌直播及优秀达人直播案例，完成了不同定位商品的标准话术框架及案例，见表 7-10～表 7-20。

表 7-10　服饰类目主推品标准话术框架

话术大纲	时长比例	说　明
场景营造	5%	结合商品特点，模拟商品使用场景，让观众"对号入座"，激发观众购买需求
竞品对比	15%	列举市面上竞品进行对比，凸显商品优势
卖点介绍	30%	阐述商品的材质和卖点，并现场向镜头展示，分享上身体验效果和细节特点（配合动作）
营销搭配	20%	通过多种搭配的方式，实现"一衣多穿"的效果，增强商品的实用性，激发观众购买欲望
福利优惠	15%	进行强互动，通过福利放送、折扣预告、爆款新品预告等手段，引导观众下单
卖点重复	15%	在商品链接上架之后，等待购买期间，多次重复重要卖点，并说明自家直播间优势，增强商品对观众的"洗脑性"，促使观众下决心购买

表 7-11　服饰类目主推品标准话术案例

话术大纲	话术案例（Tee 某新品卫衣）
场景营造	这个卫衣是我们家刚到的新款。数量也不多，两个颜色，你们喜欢什么颜色扣什么颜色，我们去给你们调库存。你看它颜色配得多好看，米色和大红色撞色非常喜庆。过年嘛，就一定要穿点红色
竞品对比	它整个衣身全是刺绣，而且这个款式是偏宽松一些的，不怎么挑身材。像有些衣服它整体全是刺绣、印花，你会觉得复杂。但这个你就会觉得很可爱、很减龄
卖点介绍	衣服的领子是偏高一点的，材质是线圈棉的，不勒不紧，很好穿。里面给你们看一下，是薄薄的磨毛绒，可以穿三个季节。冬天的话刚好可以搭配我这个大衣。下面(卷边)是一个松紧螺纹棉的收边。有两个颜色，一个米色，一个黑色
营销搭配	这个是我们的黑色，喜欢的扣颜色，满 100 个人开团，赶紧扣颜色。这件衣服就在 1 号链接，想要的抓紧时间。黑色更显瘦一些，但我个人会更喜欢米色，米色的话比较干净、青春、有活力。这个黑色给你们搭这个外套，深色外面搭一个浅色的外套更好看。你们看下外套里面的包边，全都有我们家的 LOGO，做得很精致
福利优惠	新款线上没有折扣，满 100 个人开拼团价。没有点关注的朋友点点关注。我穿的是 M 码，样衣也都是 M 码，想要这件衣服的朋友报一下尺码……吊牌价 798 元，今天开团价，拼手速
卖点重复	还有一个黑色哦，价格已经改了。助播：这个是加绒的，薄绒，宽松版型，不挑身材

表 7-12　服饰类目福利品标准话术框架

话术大纲	时长比例	说　明
商品概述	10%	概述商品基本信息、库存、适用场景、适合人群等
卖点介绍	20%	阐述商品的材质或技术上的卖点，让观众有种"用得上，值得买"的感觉
场景营造	30%	达人或模特展示商品不同搭配的上身效果，介绍适用场景及适合人群，让观众对号入座，激发观众购买需求
福利优惠	40%	最后通过放送折扣、优惠券等福利，并结合库存量不足等方式不停刺激观众，让观众产生"真的很实惠，不买是不是亏了"的心理感受，并成功下单

表 7-13　服饰类目福利品标准话术案例

话术大纲	话术案例（COACH 风衣）
商品概述	过年的新衣服给你们准备好了。我好早好早好早好早就选了这一件，所有女生都喜欢的这件红宝石色来咯。助播：它不是那种俗气的红，这个红真的很显高级。我订这款衣服订了很久很久，虽然老板一直在备货，但真的是只备了 1200 件，只有 1200 件。
卖点介绍	这款风衣的版型非常经典且优雅，而且有修身的腰带。它的剪裁本来就是修身，然后再加腰带时昇非常显身。腰带可以前扣也可以后扣，前扣更干练，后扣卫衫穿会显得更潇洒。助播：风衣的颜色是特别惹眼的宝石红色，从它的设计、版型和颜色都带给大家优雅和有质感的感觉。这款衣服你可以穿很多年，它不会过时的。助播：这一款是我们奥特莱斯官方的一款，确保正品。你们可能在奥特莱斯买会比直播间买贵一点点，我们今天的价格真是太划算了，天猫店铺价 3280 元，佳琪直播间只要 2380 元
场景营造	阿秋（模特）穿着会比较的干练，有女老板的风格。她搭了一条小丝巾在里面，头发也扎起来了，还搭了一双平头靴，很帅气对不对？而且阿秋不是特别高挑的，穿上也会显得很高挑。你也可以不搭丝巾，把围巾搭到外面也可以。那我们来再看一下，正琪（模特）穿就比较偏时髦。刚刚那种穿着是优雅风，这个穿着就是比较的日常酷飒风。她里面穿了一个衬衣，就比较偏职场那种风格。我觉得这件衣服比较适合有一点点阅历的女生和优雅的女生。小姑娘们这件衣服我不推荐给你，小姑娘要穿什么，要穿带点绒绒的，带一点可爱元素的衣服
福利优惠	天猫店铺价 3280 元，佳琪直播间价格 2380 元，记得领 900 元优惠券，3、2、1，上链接（重复）

表 7-14　服饰类目爆品标准话术框架

话术大纲	时长比例	说　　明
商品引入	5%	向观众强调此商品在市面上的火爆程度，从一开始就引导观众，让他们不要错过此款式
卖点介绍	50%	1. 展示商品独特卖点的同时，继续穿插"库存量""火爆程度"等能够刺激观众购买的内容 2. 若商品知名度高，观众已经非常了解，前往直播间只是为了抢货。如：空军一号。这种情况下，对于商品特点部分的介绍可以相应减少 3. 若品牌知名度高，商品知名度相对低，或者商品品质、市场反响好，想要打造爆款，则可以在商品特点介绍部分加大篇幅
引导下单	45%	依据商品自身活动情况，引导观众下单，过程中可以穿插库存量变动的话术，营造出紧张的氛围，加快观众成单速度

表 7-15　服饰类目爆品标准话术案例

话术大纲	话术案例（波司登羽绒服）
商品引入	波司登羽绒服，杨幂同款，抢不到怎么办？不要担心，先拼手速
卖点介绍	这款羽绒服的颜色是特别的一个颜色，像灰色海岸线，上面是白色下面是灰色，这个面料是波司登特别定制的。羽绒服第一看克重，但克重只是比较基础的；第二看蓬松度，这款蓬松度是 600+，一些比较贵的羽绒被，它的蓬松度也是 600+。这款羽绒服的特色在于帽子有两层，这样的帽子很有型，从后面看，版型很好，而且帽子一戴，头上相当于有了双层保暖。而且这款羽绒服的版型是修身的，不臃肿，你们想要羽绒服显瘦就买这件。它的版型做到极致，胳膊这个地方是顺的，所以女生穿很显瘦，又有慵懒的感觉又显瘦。颜色有白色跟荧光黄的一个撞色，然后还有红色。红色数量很少，只有 1000 件，这种红是蓝调红，不会俗气。还有个经典黑，来我给大家报一下尺码
引导下单	我们今晚波司登的爆款，杨幂同款的羽绒服，领一张 60 元和 220 元的券到手一共 1119 元。倒计时开始，先领券，准备、5、4、3、2、1，上链接，赶快去领券。（助播：来打开链接，这里打开往下滑详情页，点击薇娅图片领取优惠券，领完券到手价格 1119 元）。这款之前卖 1399 元，今天活动价 1119 元，库存不能加，所有的库存都在这里了。黑色很好看，很显瘦，海岸线灰色全卖光了，现在只有黑色的，红色的尺码也不齐了，大家赶紧拼手速

表 7-16　服饰类目基础品标准话术框架

话术大纲	时长比例	说　　明
卖点介绍	50%	达人或模特对镜头展示商品上身效果、细节、材质、适用场景等基础信息，解决适用人群的常见痛点
引导下单	50%	基础品一般优惠力度不大，所以建议以店铺优势、品牌背书、售后服务等来消除观众的疑虑，从而推动观众购买，比如，运费险、七天无理由退换货等

表 7-17　服饰类目基础品标准话术案例

话术大纲	话术案例（YINER 连衣裙）
卖点介绍	裙子的两边是有这种小褶皱感的，因为这条裙子是纯色的，做了这种小褶皱配上印花，让裙子整体不单调，又比较简约 裙子的领口是小 V 领，正好修饰锁骨，拉伸脖颈线条，但是也不会太低。也可以戴个小锁骨链来搭配，都非常漂亮 裙长大约是 102 厘米，袖子是六分袖，而且袖口做了一个泡泡袖的设计，给上臂留下藏肉的空间 这个裙子前面的排褶其实是藏肉的，那种立起来的褶皱会显小肚子，我们特地做了这种压平设计的排褶，会在视觉上面抚平大家肚子上的小肉肉 而且这个颜色很显白，给大家报一下尺码
引导下单	（助播报尺码） 喜欢的姐妹就去拍好不好，我们给大家包了运费险 想买的宝贝快飘 1（在评论区打出"1"），我给大家开价（为商品报出价格），到手价 536 元 我们家是国内的一线女装大牌，是做高档女装的，绝对不会贱卖，你们买回去的都是高品质的裙子，跟你们在某宝上面买到的是完全不一样的 助播：在我们 14 号链接。48 小时现货秒发，不满意可以退货，库存只剩下 22 件了，喜欢的宝贝快去下单

表 7-18　服饰类目组合品标准话术框架

话术大纲	时长比例	说　明
组合主推品卖点介绍	20%	首先从材质、上身效果、细节等方面讲述套装内更加热销的商品,并现场向镜头展示套装整体效果,为后续组合介绍做铺垫
组合优惠福利	25%	点出组合主推品直接购买的价格,让那些不想买套装的观众也能够入手主推品
组合卖点介绍	20%	阐述组合搭配品的材质及卖点,并现场向镜头展示,分享上身体验效果和细节特点
引导下单	35%	说明购买整套商品的优惠和福利,与单独购买做对比,促使观众整套购买

表 7-19　服饰类目组合品标准话术案例

话术大纲	话术案例（太平鸟 & 红双喜联名卫衣套装）
组合主推品卖点介绍	今天最值得入的衣服来了,购买一套有福利。先上上衣,这是红双喜的品牌,有三个颜色,阿毛（模特）身上的是白色,还有黑色跟灰紫色,都非常好看。它前面全部是渐变反光条设计,有两个小人在打乒乓球的图案。我们联名的是红双喜的运动品牌,主打休闲风,有没有宝贝喜欢这种风格的,这一套衣服卖得非常非常好,是我们现场专柜的货。露露（模特）身上的是黑色。助播：自留款哦
组合优惠福利	这是非常藏肉的一个卫衣,专柜卖 599 元,所有扣了 1 的女生到手价 299 元。我推荐米色,露露推荐黑色,因为黑色很显瘦。单上衣 299 元,来准备好了,5、4、3、2、1,改价 299 元。黄皮的宝贝选白色,这套是设计师款,配套的卫裤也很休闲。你们先买上衣,相信阿毛先入手上衣,上衣 299 元。来卫衣套装准备好,上裤子了。专柜 429 元的裤子,今天所有扣 1 的宝贝到手价 219 元
组合卖点介绍	卫衣套装男生也能穿,女生也能穿。卫裤很好搭,而且很显瘦。卫裤前面有一个这样的竖条纹,这边是刺绣红双喜,和卫衣搭配一整套非常方便和休闲
引导下单	来宝贝们,有没有要拍整套的,专柜整套 518 元对不对,今天进直播间的宝宝,一套是 459 元本来这个价格你就只能买一件上衣,但是今天 459 元你能买一套,拼手速的时候到了

表 7-20　服饰类目高端品标准话术

话术大纲	时长比例	说　明	话术案例（太平鸟小丸子开衫）
商品介绍	40%	强调商品特点或品牌背书,讲述商品的品质,让观众接受相对较高的商品价格	所有要小丸子开衫的宝贝听清楚了,这是我们太平鸟限量的一款开衫,只有我们直播间有,别的地方都买不到,你们可以去网上随便搜。门店价格 1699 元,不打折,衣服上所有的小丸子都是定制的,非常潮流,推荐你们买这个蓝色
延伸介绍	20%	增加品牌背书、场景营造、与自家平价品质量对比等内容,增强观众下单决心	太平鸟这个品牌我就不多说了,多年的老品牌,品质口碑都是没得说的
引导下单	40%	观众了解商品品质后,达人通过福利放送、折扣等方式不停刺激观众,同时不断强调商品的特点。让观众产生"真的很实惠,不买是不是亏了"的心理感受,让观众成功下单	门店 1699 元不打折,但我们所有要这件衣服的宝贝,只有在毛毛直播间才能买到这件衣服,1699 元的小丸子开衫,今天减 400 元,到手价 1299 元,衣服上所有的纽扣全部都是我们小丸子定制的,喜欢的小仙女们可以直接入

3. 互动类型及标准话术

考虑到服饰类目属于非标品,退货率高,小 A 认为有必要提示达人多与观众互动,故专

项目七／口播技术

门整理了互动类型及标准话术示例,见表7-21。小A认为互动的作用包括:让数据有热度、让交流有温度、测试观众精准度、测款、把握直播节奏、刺激观众停留、为成交做铺垫等。

表7-21 互动类型及标准话术示例

互动类型	互动名称	话术示例
开场互动	新粉互动	直播间里有没有新来的宝宝?有的话扣个1,我今天也是新号开播,给新粉开个福袋
	福利互动	一号链接是我们直播间超高性价比的商品,想要的宝宝打"想要",我看一下多少人想要,就给大家上多少库存
	选择互动	一号链接和二号链接都是王炸商品,大家想先听我介绍哪一个
	点对点互动	欢迎××进入直播间,今天是新号开播,进直播间的宝贝都可以享受超高福利
讲解互动	商品互动	直播间的宝贝拿不准尺码的,可以把你们的身高、体重扣在公屏上,我给你们确定尺码
	福利互动	今天一号链接开价199元,我还能再给大家发10元粉丝券,到手价就是189元,还没有加入粉丝团的赶紧加入粉丝团哦
	节奏互动	一号链接的上衣搭配二号链接的裤子真是绝了。有没有宝贝想听我介绍二号链接的裤子?有的话把"二号"扣在公屏上
促单互动	售后互动	直播间的宝贝,想不想要运费险?收到货后不满意免费寄还给我。想要的宝贝公屏扣"运费险",我给大家送
	已拍互动	已拍的宝贝记得告诉我,后台给你安排优先发货
	反馈互动	有没有老粉之前买过咱们直播间的商品,告诉我咱家质量怎么样(团队配合)

任务思考

小A通过对"××女装官方旗舰店"直播间观众的人群分析,从影响该品类消费者心理的因素出发,归纳了直播话术重点。根据商品定位分类,通过达人直播话术拆解,归纳了对应商品的标准话术。该思路适用于大部分品类,但要注意各品类细节上的差异。

课后练习

请对食品类目的商品进行定位分类,并总结出对应的标准话术。

任务7.3 服饰类目直播复盘与话术优化

任务描述

小A是以服饰类目为主的MCN机构的带货达人,负责"××女装官方旗舰店"等账号的电商直播工作,通过应用服饰类目直播标准话术,感觉电商直播效果有所改善,整体效率也有所提升,请跟小A一起完成以下任务。
(1)总结复盘的作用及要点;
(2)利用复盘改进话术。

📋 任务实施

很多人刚开始做直播带货，效益不好，但一直坚持复盘，不放过每一个问题，不断迭代优化，慢慢取得一些收益，最终实现从量变到质变的飞跃。本项任务从达人视角出发，通过直播复盘改进话术，提高转化率。好内容是提高转化率的撒手锏，是直播带货的核心竞争力。

1. 复盘的作用及要点

很多达人说了下一期的直播预告或者"再见"之后，就直接下班了。在小A管理的直播间中，复盘是每天直播后必须要做的事情，"每一次完播都是为了下一次更好地开播"。

（1）复盘的作用。

① 数据分析。对直播前设定目标的完成情况进行分析，找到完成情况较好与不足的地方。注意数据汇总的维度要与设定的目标保持一致。

② 改进问题。数据只是表象，更重要的是发现数据下所隐藏的问题，查缺补漏，制订相应的优化策略，助力下一次的直播。

③ 量化目标。根据直播复盘所得出的数据和问题，制定下一次直播的目标，包括具体的数据要提升至什么水平，哪些改进的措施必须实施等。新直播间在数据方面缺乏历史参考，可以根据同行数据，结合自身需求与团队情况，设定初始目标。

（2）直播团队各岗位复盘的重点。

除了从数据中发现问题，还要重视复盘工作过程。每场直播背后都有一个团队在支持，复盘工作也不仅仅是达人要做的事，而是整个团队一起必做的事。

表7-22 直播团队复盘重点

角色	复盘重点
主播	直播中的话术问题、商品卖点、场控配合情况等
场控	直播间场景搭建、直播中实时目标关注、直播热度变化、突发事件预警等
助播	商品上下架、关注直播间设备、确认发货、与主播配合等
运营	预热和引流视频的准备和发布、巨量千川的投放问题
选品	选品是否合理，引流款、利润款、福利款等商品结构是否合理，过款流程是否顺畅等
客服	活动福利说明、回复速度、客服预案是否完善等

2. 利用复盘改进话术

小A通过对公司某达人账号的后台数据进行分析，整理出改进直播话术的四步曲。

（1）整体回顾，抓取直播关键数据。

初步复盘直播整体情况，单场直播人气数据如图7-2所示，用单场直播人气数据判断直播间的流量规模，以及观众进入直播间后，直播间承接流量的能力，包括拉新、留存、互动等方面。

人气数据

平均观众停留时间 **2分55秒** 超过 **82.74%** 的播主

观看人次/观看人数	人数峰值	平均在线	弹幕总数
1164.2w/774.8w	25.7w	14.1w	11.47w
新增粉丝 20.9w	转粉率 2.69%	本场点赞 2889.1w	弹幕人数 8.9w

图 7-2　单场直播人气数据

① 平均观众停留时间反应直播间的留存能力。一般来说，平均观众停留时长超过 1 分钟较为优秀。若停留时长较短，达人可增加留人话术；

② 弹幕总数反应直播间的观众互动情况，是影响直播间人气的关键之一，达人可通过使用互动技巧增加与观众之间的互动，从而增加弹幕数量；

③ 新增粉丝与转粉率反映直播间的拉新能力。在直播推荐打开的情况下，转粉率达到 5% 较为优秀。单场直播转化新粉比例小于 3% 时，说明观众没有被直播内容吸引，达人可通过转粉话术、优惠福利等方式提醒观众加入粉丝团。

（2）分时查看，把握人、货、场关键节点。

一场直播的数据是动态变化的，不同的商品上架、福利活动、话术引导等都会影响直播表现。通过对比查看不同时段的人气、带货和涨粉数据，精细化复盘直播表现是否符合预期。

不同时段发放福袋对直播人气的影响如图 7-3 所示，达人开播时发放了两个福袋，直播间的进场人数提升明显。而后续福袋发放却未有明显的人气提升，应考虑福袋设置是否有吸引力，达人可多增加引导话术。

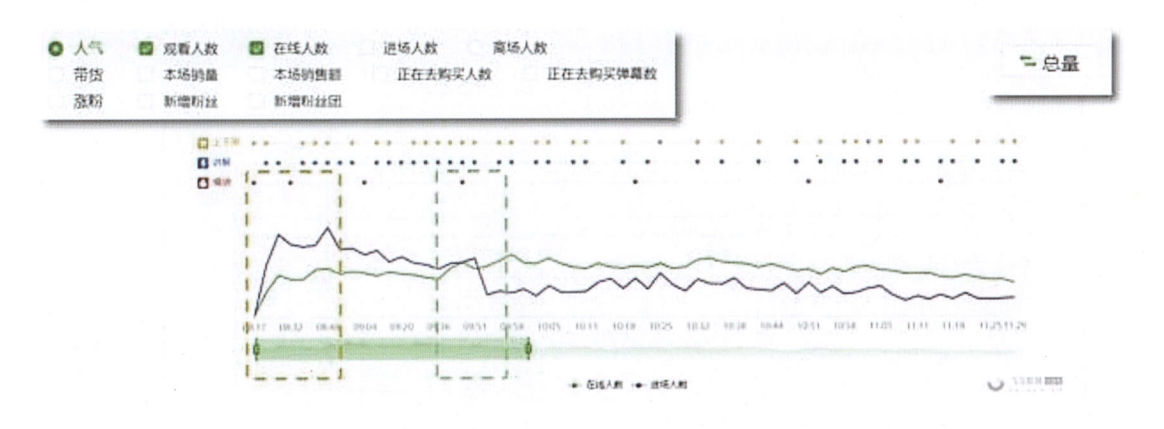

图 7-3　不同时段发放福袋对直播人气的影响

转粉引导话术对转粉数据的影响如图 7-4 所示，直播前期有三个粉丝量和加入粉丝团人数的增加波峰，说明转粉引导的话术有效。直播中后期没有显著涨粉效果，可考虑增加转化粉丝的话术或活动引导。

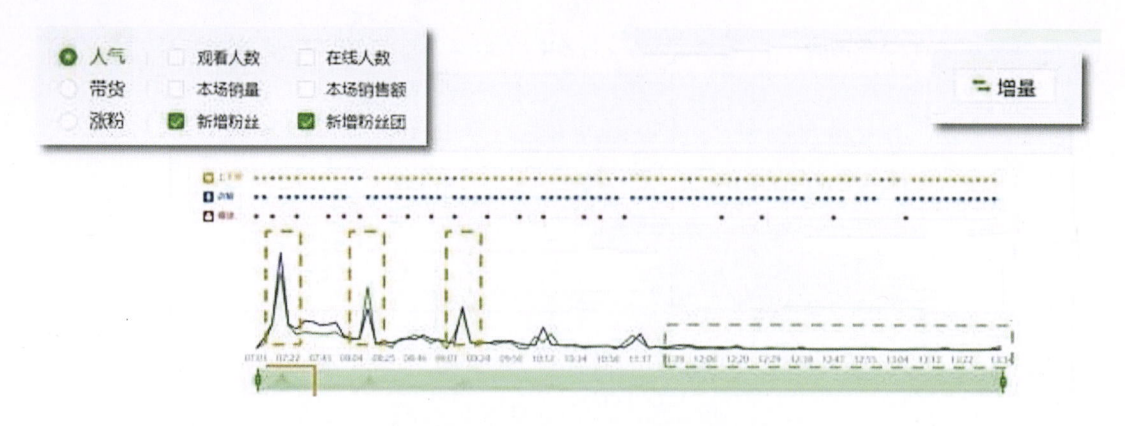

图 7-4　转粉引导话术对转粉数据的影响

（3）商品复盘，优化产品话术脚本。

影响商品销量的因素很多，如商品的价格、与直播间观众的匹配程度、讲解话术、销售时段等。因此，深入了解每一件商品"为什么卖得好"或"为什么卖得不好"，有利于后续的销量提升。

在单品的带货数据中，我们可以看到商品在不同时段、不同讲解状态下的销量变化。如图 7-5 所示，是两场单品带货直播的销量数据。达人应关注两种话术及讲解状态的差异。

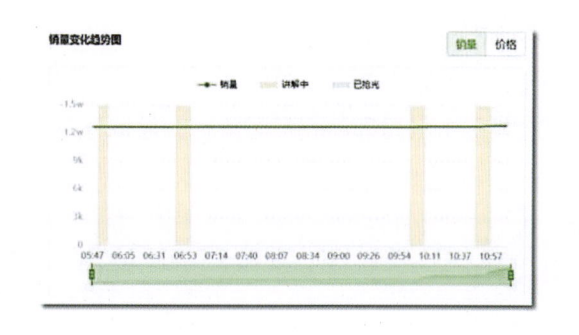

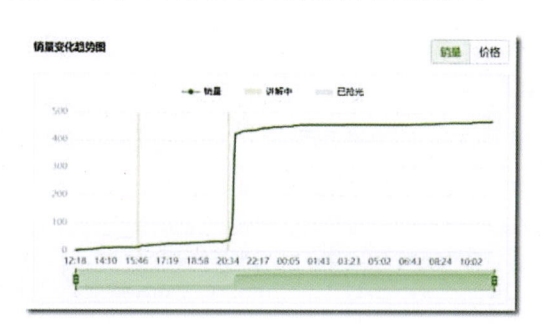

图 7-5　两场单品带货直播的销量数据

（4）互动分析，挖掘潜在观众需求。

直播观众的互动数据主要有三个功能。

一是观察观众互动活跃的阶段，判断互动设置是否有效；

二是通过弹幕词（评论），了解观众爱聊什么，哪些问题比较集中，下一次直播时可以提前准备；

三是在弹幕中发现观众的潜在购物需求，后续选品可以参考。

如图 7-6 所示是一场直播的观众互动趋势图，可以看到整场直播弹幕和点赞数的变化情况，其中明显有一时段的点赞数量直线上升，可见这一时段引导点赞的话术或活动十分有效，在后续互动瓶颈的时段，可以再次尝试使用，增加互动气氛。

观众互动趋势图

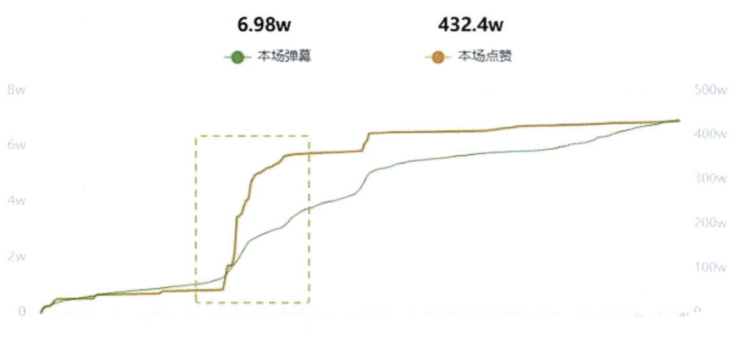

6.98w　　　　432.4w
● 本场弹幕　　● 本场点赞

图 7-6　一场直播的观众互动趋势图

任务思考

小 A 根据某达人的直播后台数据，从整体回顾、分时查看、商品复盘和互动分析四个方面进行了复盘，对直播话术优化有指导意义。

直播中的"人、货、场"缺一不可，相互关联。每一场直播的数据确实能反应该场直播的情况，但相同的数据变化可能是由不同的因素造成的。例如，"平均停留时长"与达人留人话术相关，也可能与直播间搭建、货品组合相关，如果某场直播的观众平均停留时长降低了，到底是达人话术出问题了，还是直播间搭建或货品组合出问题了？这需要细致地分析归因，只有找到真正的原因，才能有效解决问题。除了认真细致地分析，有时还需要足够的经验支持。甚至很多时候即使有经验也无法精确定位问题。此时，就需要设计实验方案，通过多次直播找到真实原因。

课后练习

请分析最近一场带货直播数据，与团队成员一起进行直播复盘，要求如下。
（1）解读数据，找到数据下隐藏的有用信息，对本场直播数据进行评价；
（2）团队各角色总结自己在本场直播中的表现；
（3）采用四步法对该场直播进行复盘总结，尝试优化直播话术。

项 目 小 结

本项目包括三项任务，通过带货主播基本功训练，希望读者能更快从素人变为达人；通过对服饰类目直播间进行标准话术总结，可以使直播效果更稳定、直播内容创作效率更高，希望读者能掌握方法、举一反三，拓展到其他类目；通过直播复盘有效改进直播话术，这是每场直播结果后，直播团队必做的工作。

通过这三项任务的学习，希望达人制订出合适的训练计划，刻苦训练基本功，坚持归纳总结标准话术，勤复盘持续优化，同时，善于从优秀的达人身上汲取经验。

项目八

短视频运营

学习目标

- 能制订矩阵账号短视频运营年度目标并分解，撰写运营方案。
- 能统筹账号内容风格，指导完成短视频日常上新、分发，促进矩阵号间的联动。
- 能利用小号转发、与垂类头部账号互动、热门话题关联等方法，最大化作品价值。
- 能总结爆款视频打造经验，把握节奏，定期产出爆款视频。
- 能对运营数据进行跟踪和全面分析，优化视频运营方案。

任务 8.1　低度酒饮品矩阵账号运营方案设计

任务描述

某预调鸡尾酒品牌 X 澳（RIO）成功打造了爆款"微醺"系列。但是低度酒饮品市场竞争激烈，X 澳该公司打算在现有的线下零售、线上电商渠道以外，通过抖音的矩阵账号运营，接触更多年轻消费人群，实现全域营销。小欧是 X 澳该公司运营部门新入职的运营专员，主管让小欧结合品牌现有抖音账号的情况，出一份抖音年度运营方案，请跟小欧一起完成运营方案设计的全过程。

任务实施

2022 年，我国低度潮饮酒饮品市场规模预测达到 338 亿元，约为啤酒市场预测规模的 60%，行业尚处于成长阶段。市面上也出现了类似"X 见""X 起"这样由传统酒企孵化成长的新兴品牌。市场虽大，竞争也激烈，要想杀出重围，需要深度洞察目标观众，不断推出符合观众需求的新品类。因此，小欧在制订运营方案之前，决定先梳理相关信息，再制订相关策略和计划，步骤如下。

（1）梳理观众和商品定位；
（2）制订矩阵账号内容策略；
（3）制订直播间销售策略；
（4）设定及拆解年度目标；
（5）制订年度实施计划。

1. 梳理观众和商品定位

（1）观众画像。根据天猫新品创新中心（TMIC）与凯度发布的《2022 年低度潮饮趋势报告》（以下简称《报告》），低度酒市场主流客群为女性（占比 67%），年龄分布主要集中在 18～34 岁，城市分布主要在一二线城市，多数已育有孩子，决策时大部分对价格和折扣敏感度较高，如果有价格优惠政策会受到一定影响，《报告》所反映的低度酒主要观众画像如图 8-1 所示。

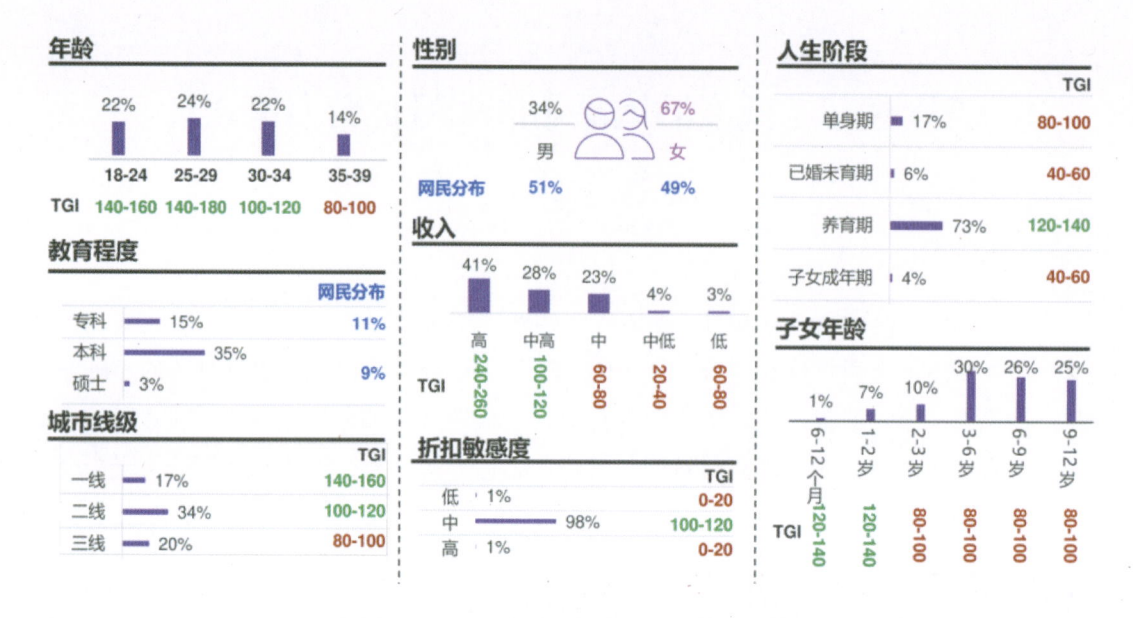

图 8-1 《报告》所反映的低度酒主要观众画像

《报告》显示的观众购买目的和偏好如图 8-2 所示。社交和独酌是观众主要消费目的；口味、口感和酒精度数是影响观众购买的主要因素，

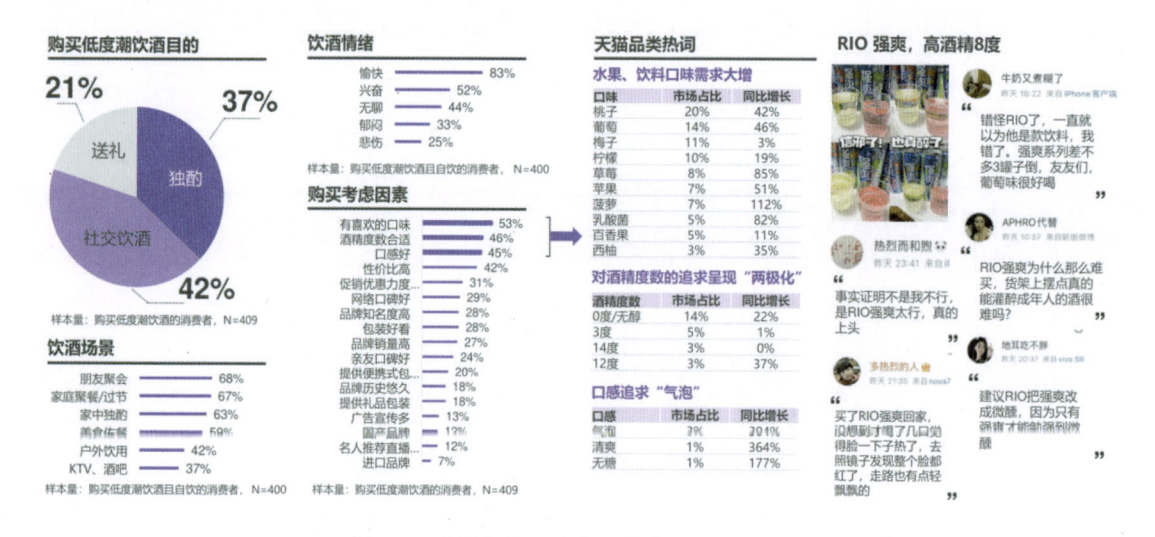

图 8-2 《报告》显示的观众购买目的和偏好

同时他们热爱美食和烹饪，对生活方式、生活品质有较高的要求，对咖啡、茶饮这些软性饮品的需求也明显高于总体，《报告》显示的观众标签和其他偏好如图 8-3 所示。

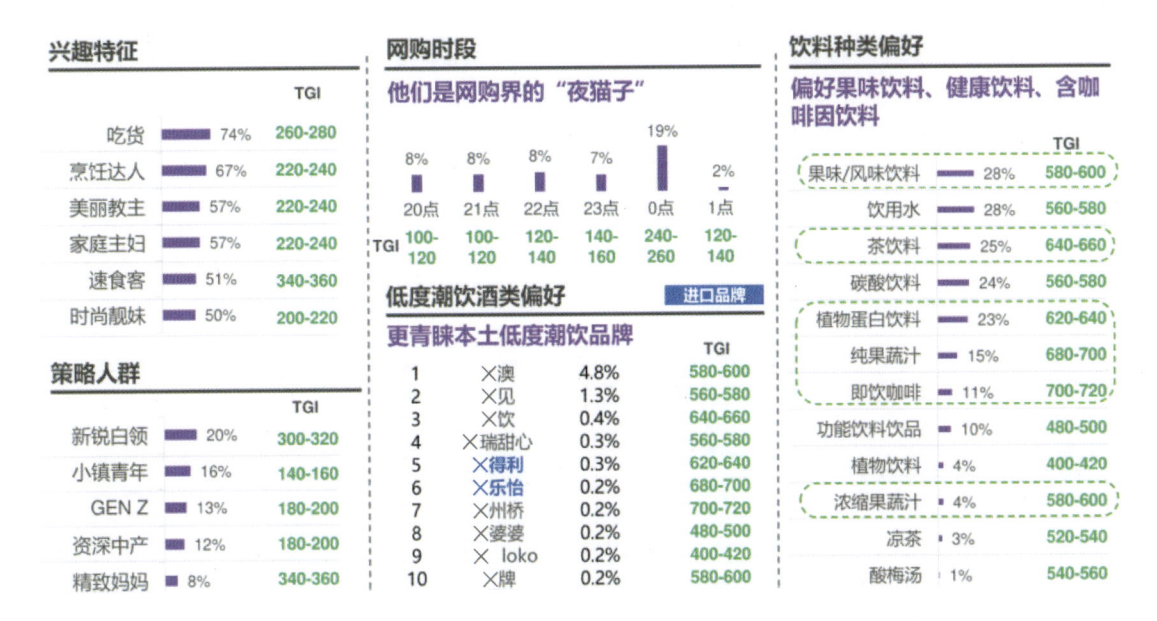

图 8-3 《报告》显示的观众标签和其他偏好

从过往的销售数据反映出，X澳的商品消费人群主要集中在经济较为发达的地区，如浙江、上海、江苏、广东等地，华东和华南地区增速明显。

（2）商品定位。随着饮酒市场的不断发展，消费者对低度酒饮品在口味上的需求出现了进一步的丰富和分化，同时出现"饮料酒精化"和"酒精饮料化"的特点，两者中间的壁垒逐渐模糊。《报告》反映出的低度酒消费热度趋势如图 8-4 所示。

图 8-4 《报告》反映出的低度酒消费热度趋势

在 X 澳现在的商品线里，根据消费人群年龄、性别等特点，定位个人独饮、聚会、餐饮、夜场等不同消费场景，已经开发了不同的商品，如 3° 微醺、5° 清爽、8° 强爽等形成"微醺—经典—清爽—强爽"商品体系，X 澳旗下主推商品体系（部分）如图 8-5 所示。

系列名	微醺系列	经典系列	清爽系列	轻享系列	本榨系列	强爽系列
人群	18~21岁初饮小女生	18~25岁年轻人	18~29岁酒和饮料并饮的小镇青年	25~35岁一二线都市轻熟女	28~38岁中产品位尝鲜家	18~25岁的年轻男性

图 8-5 X澳旗下主推商品体系（部分）

在商品区分度上。

① 经典主打聚会场景；

② 微醺定位个人独饮，定位女性群体；

③ 强爽定位重油重辣餐饮消费，定位男性群体；

④ 清爽气泡感更强，主做下沉市场；

⑤ 轻享主打低糖，包装精美，定位轻熟龄女性群体；

⑥ 本榨突出果汁含量和原风味，强调口感，定位中产尝鲜群体。

（3）综合分析。经过梳理和总结，小欧对主要目标观众群体作出了自己的评估：生活在一二线城市，18～34岁的女性。与传统的男性不同的是，X澳产品的消费场景更倾向于聚会、户外、家庭等，女性对商品的颜值和口味丰富性有更高的要求，愿意尝试新鲜事物，比男性更在意购买的性价比和优惠活动。

结合以上观众特点，在商品的运营策略上，小欧觉得增量应该主要来自该品类新观众，即其中一部分来自非酒饮观众，另一部分来自已有酒饮经验但尚未尝试过X澳低度酒饮系列的观众。在现有商品线已经足够丰富，且X澳品牌的线上线下销售渠道体系已经比较完整的前提下，小欧需要在抖音上找到更容易被新观众接受、入门门槛更低的突破策略，这就需要在内容端下功夫。

2. 矩阵账号内容策略

在明确目标观众画像以后，小欧需要对现有抖音的视频和直播内容做验证和诊断。

目前在抖音上，X澳品牌主要开设了7个账号、3个官方账号、4个授权账号，X澳品牌抖音账号矩阵情况概览见表8-1，X澳在账号布局上采用的是"品牌自播＋授权代播"的矩阵形式。

表 8-1 X澳品牌抖音账号矩阵情况概览

序号	账号名称	粉丝量	性质	主要内容
1	X澳鸡尾酒	18.7万	官方号	明星代言，人物访谈，饮酒教程
2	X澳官方旗舰店	18.1万	官方号	直播引流
3	X澳酒类旗舰店	6.7万	官方号	直播引流

续表

序号	账号名称	粉丝量	性质	主要内容
4	X澳酒类旗舰店授权号	40.2万	授权号	分享生活，X澳的100种喝法
5	X澳官方旗舰店直播间	3296	授权号	直播引流
6	X澳纵答专卖店	3706	授权号	直播引流
7	X澳好物分享	15.4万	授权号	品牌广告片，直播引流

通过查看粉丝较多的几个账号，小欧发现账号的主要粉丝人群以女性为主，主要年龄分布集中在18～40岁的年龄区间段，X澳旗舰店授权号和官方旗舰店观众画像分别如图8-6和图8-7所示，与前期观众定位画像大体一致。

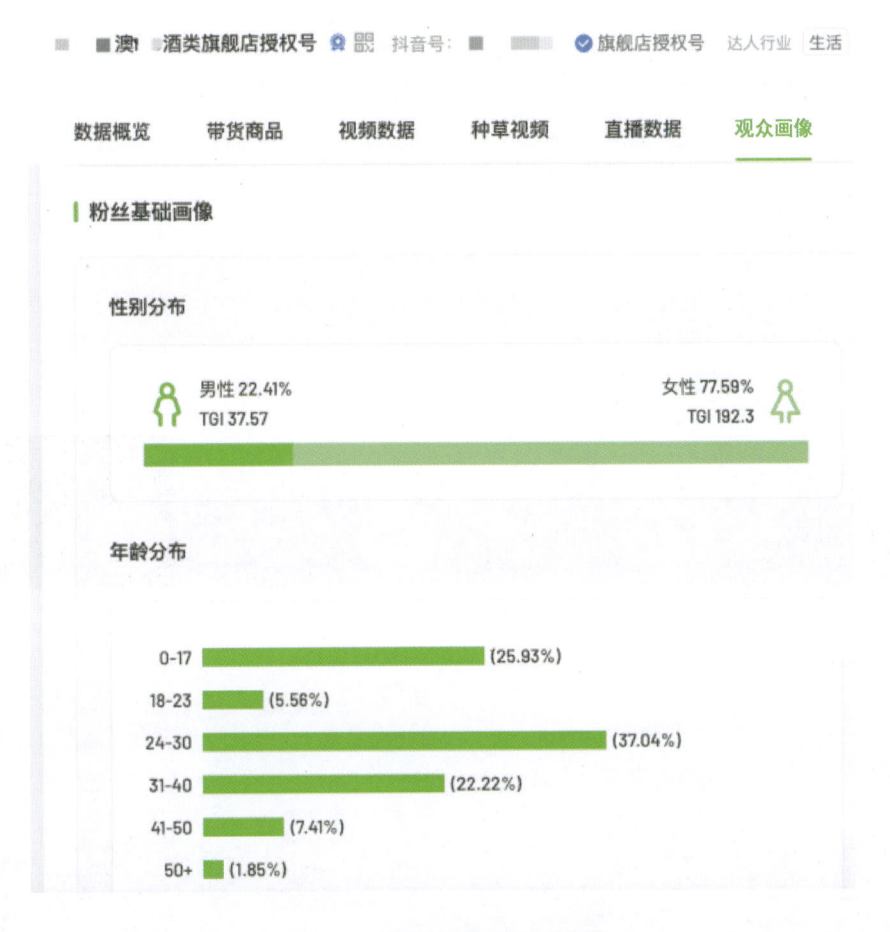

图8-6　X澳旗舰店授权号观众画像

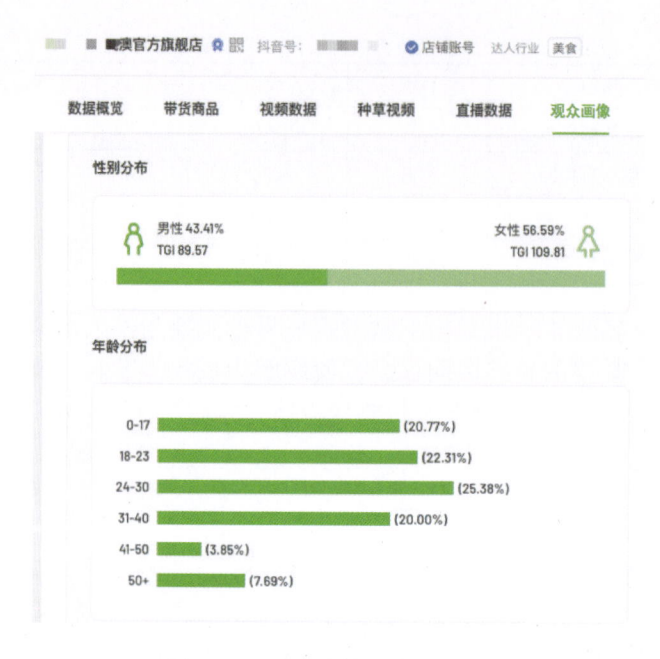

图8-7　X澳官方旗舰店观众画像

X澳品牌现有的部分矩阵账号主页设置如图8-8所示，目前主要有三种类型的内容：①品牌风格和价值观（明星代言宣传片、人物访谈）；②自制调酒教程（X澳的100种喝法）；③直播引流（强调套餐数量、福利赠品等）。

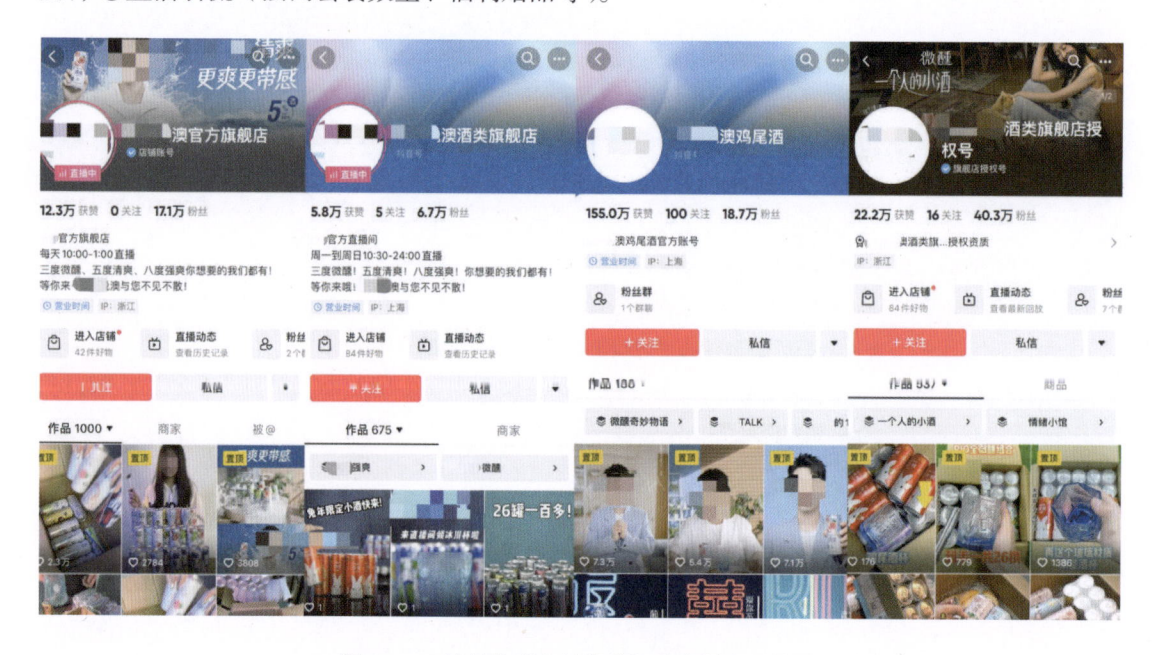

图8-8　X澳品牌现有的部分矩阵账号主页设置

总体来看，X澳矩阵账号在风格和视频内容上比较丰富，甚至有点杂乱。直播引流视频为主的账号，虽然视频个数多，发布频率高，但视频呈现高度同质化，在视频创意方面比较匮乏。品牌风格方面的视频，主要是品牌的广告宣传片，不一定适合平台的观众喜好，传播数据有限。自制调酒教程类的视频，拍摄制作水准较高，且内容具备一定的"种草"（给别人推荐好货以诱人购买的行为）属性，可以继续保持。

3．直播间销售策略

（1）商品拆解

小欧通过第三方数据平台，查看了几个直播间的销售数据情况，其中销售最好的是"@X澳官方旗舰店"的账号，平均每场直播销售额在10万～25万元左右，平均客单价为150.8元，场均转化率为1.73%，X澳官方旗舰店直播间成交数据如图8-9所示。

图8-9　X澳官方旗舰店直播间成交数据

在账号@X澳官方旗舰店直播间，每场直播上架商品15个左右，从销售数据来看，转化最好的是"微醺"和"强爽"系列的两个组合套餐，客单价都在158元左右，X澳官方旗舰店直播间主推商品销售额数据如图8-10所示。

图8-10　X澳官方旗舰店直播间主推商品销售额数据

其他直播间的销售数据相对较低,场均销售额只有 2500 元～5000 元。@X 澳酒类旗舰店授权号的销售数据如图 8-11 所示,在直播商品方面,与官方旗舰店一致,也是主推"微醺"与"强爽"系列的组合套餐,平均客单价也在 150 元左右。

图 8-11　@X 澳酒类旗舰店制授权号月销售数据

（2）直播间过品节奏

不管是官方号还是授权号,直播策略都是主打"单品爆款"循环模式,大部分时间都在循环讲解购物车里的主推商品,偶尔穿插次推品,每件商品讲解时长在 5～6 分钟。主要从鸡尾酒的不同系列、口感、饮用场景、优惠条件等方面进行讲解。同时,达人也会积极与观众互动,随机上架相关商品。

因为前期引流视频已经把商品的亮点、功能、性价比等进行了详细展示。当观众进入直播间时,达人直接介绍如何下单、选口味、选规格等即可,整体转化效果很好。

这种策略比较容易形成单品少、销量高的局面,一定程度上有助于单品深入观众内心,更快的将品牌理念传达给观众,同时弱化达人对直播的影响。这种策略比较适合早期直播团队,难度系数低,对达人的控场能力要求低,容易打造稳定的直播转化闭环。

但是如果长期如此,会导致老客复购率降低,甚至脱粉。达人人设缺失,无法利用达人吸粉,甚至会把流量压力转移到商品上,降低流量池天花板。

（3）直播间氛围

在直播间背景方面,主打微醺系列的 X 澳官方旗舰店和酒类旗舰店,整体背景以粉色、白色为主,强调女性微醺的小清新、小美好,与品牌 slogan（口号）相呼应。主推强爽系列的旗舰店授权号,直播间背景色调以蓝白为主,突出沁爽清凉的特点,主要吸引喜欢酒精含量高的酒类的男性目标观众,部分直播间画面如图 8-12 所示。

在直播间主画面上,两个直播间都是采用"主播＋堆台"模式,多种商品在前景展示,便于达人讲解和促单。部分直播间背景循环播放明星代言宣传片,用来吸引女性目标观众停留。

图 8-12　部分直播间画面

（4）问题评估

小欧觉得目前直播间总体不错，但有两个点可以优化。

第一是直播话术略显单薄。无论是偏营销还是偏展示品牌风格的直播间，X 澳的几个直播间的达人话术都比较单薄。而低度酒饮品市场竞争激烈，观众有很多选择。如果一味依靠氛围打造和优惠力度，很容易让品牌丧失价值主张，损伤品牌溢价能力，进而影响商品研发投入，滑入恶性循环的深渊。

第二是场景的多样化不足，饮酒本身体验性和沉浸性很强，而且 X 澳提倡"一个人的小酒"，在直播间场景上可以做更多设计，比如一个人独处、一个人工作、一个人看剧、一个人调酒等。

4. 年度目标设定及拆解

作为品牌矩阵账号的运营人员，小欧最关注"账号涨粉"和"提升直播销售额"。对于目前账号，涨粉最好的两个账号（@X 澳官方旗舰店和 @X 澳官方店授权号）近 30 天内的粉丝增长数量分别为 4.1 万和 0.11 万，分别如图 8-13 和图 8-14 所示，其余直播间月度增粉量基本在 100 以下，粉丝的主要来源是直播间而非视频。

图 8-13　账号 @X 澳官方旗舰店直播涨粉数据　　图 8-14　账号 @X 澳官方店授权号直播涨粉数据

结合现在的单月涨粉情况（平均每月涨粉 4.2 万左右），小欧决定将矩阵账号年度涨粉目标暂定为 60 万（平均每月涨粉 5 万）。

在直播销售额方面，因酒品销售有淡季和旺季之分，且线上销售会受到"618"、"双 11"等大促节日的影响，小欧需要结合历年销售情况，与主管沟通后再确定直播销售的目标。

5. 制订年度实施方案

为达到年度涨粉目标，小欧从内容策略、平台推广、观众互动、直播销售策略等方面，制订了年度运营实施方案，见表 8-2。

表 8-2　X 澳品牌抖音矩阵账号年度运营方案

序号	项目	实施措施	主要目的
1	内容策略	创作场景化的短视频：根据品牌的特点和目标观众（女性），制作生活化、场景化的短视频内容，包括鸡尾酒制作过程、独家秘制配方和不同人群的搭配建议等	粉丝增长
		多样化内容：丰富账号的内容形式，如情景短剧、原料产地、生产工艺等，以培养观众的信任	粉丝增长
		IP 打造：打造一个类似"汀小白"的可感知型 IP 人物形象，促进品牌和观众的互动	粉丝增长
		跨界联名：与年轻群体喜爱的其他国潮品牌进行联名活动，在短视频中突出品牌的独特价值和优势，使观众对品牌产生认同感和兴趣	粉丝增长
2	平台推广	KOL（关键意见领袖，在短视频平台中通常指拥有大量粉丝的达人）投放：通过巨量星图平台，找到与品牌目标受众同类型粉丝的达人，进行合作，提升品牌账号的曝光量和知名度	粉丝增长
		跨平台宣传：通过邀请代言人或明星做客直播间，吸引潜在观众关注品牌抖音账号和观看直播	粉丝增长 / 直播销售
		参与热门挑战和话题：跟随抖音上的热门挑战和话题，制作相关的短视频，增加账号的曝光和互动	粉丝增长

续表

序号	项目	实施措施	主要目的
3	观众互动	积极回应和互动：实时回复评论、私信和提问，与观众建立互动和关系，增强观众参与度	粉丝增长
		引导观众生成内容（UGC）：鼓励观众发布与鸡尾酒品牌相关的短视频，并设立视频发布挑战赛等活动，增加观众参与度和品牌曝光	粉丝增长
4	直播销售策略	优化直播间场景：①使用柔和的灯光或适当的背景照明，营造温馨、时尚的氛围；②准备一些互动道具，比如鸡尾酒杯、调酒器具、装饰品等，可以在直播过程中展示；③重新搭建或更换直播间场景，如户外露营地、家宴、酒馆或西餐厅等，同时选择轻松愉悦的曲风，为观众营造轻松的氛围	直播销售
		丰富套餐组合：可以根据时令推出季节限定口味，或增加老会员专属套餐，或加入秒杀盲盒福利，增加新鲜感，提升商品复购率	直播销售
		直播话术优化：通过个性化酒品推荐（如十二星座对应的酒、不同血型的人适合的酒等），增加观众的参与感和优越感，提升下单意愿	直播销售

任务思考

品牌自播已经成为常态化，打造抖音账号矩阵也是很多品牌的选择，但不同的品牌矩阵策略有所不同。不同于达人以人为核心、通过强化人设提高转化的逻辑，品牌自播更多选择不过分依赖达人，而是以商品为核心，通过优化商品策略提高转化。

达人带货更偏促销，而品牌自播是日销。品牌自播如果不想长期依赖低价促销，就需要把直播间的商品策略优化到极致。区分引流品、基础品和高端品等商品定位，并根据品牌不同的营销节点，如粉丝福利日、上新日，以及平台营销活动，适当调整货盘。

最后，品牌不应该仅仅把抖音作为销售渠道，大部分品牌的线下渠道才是基本盘。品牌应该把抖音作为一个重要的内容营销阵地去打造，通过短视频内容和观众互动，不断强化目标受众的品牌认知，使品牌深入观众内心，从而提升品牌价值，才是长久之计。

课后练习

如果你是该品牌的运营专员，最近打算策划一期能让观众自发参与的、与鸡尾酒品牌相关的短视频，并发布到抖音的固定 tag（标签）话题下的活动，你打算怎么做？

任务 8.2 头部账号跨界联动内容互动

账号 @小鱼海棠是美妆领域的头部账号，账号的简介是"励志与 999 个很帅的男生拍照"，该账号的视频内容里融合了剧情、摄影、美妆等多个元素。该账号自 2021 年 4 月更新内容以来，3 个月内涨粉约 800 万，目前抖音粉丝接近 2000 万。

不论是青涩纯真的校园风，还是青春艳丽的机车风，小鱼（账号 @小鱼海棠下达人）都能在妆后完美与之契合。小鱼一般都是淡妆出镜开场，和视频后半段妆后的效果产生明显的对比，通过这种对比给观众惊喜。

该账号的定位及运营的能力使她拥有巨大的优势，但运营是技巧，大多情况下只能锦上添花，而定位吃的是新鲜度，没有内容支撑，再好的创意也会感到无趣。要保证新鲜度，就要在每一期视频里，给观众不一样的体验感。

正值暑假期间，小鱼决定走出南京，开始一场旅拍系列的新视频，去国内的网红旅游城市，与当地城市的短视频 IP 进行联合拍摄。

任务描述

账号 @ 不齐舞团是抖音舞蹈领域和重庆本地的头部账号，其团队负责人小宇最近接到了账号 @ 小鱼海棠的合拍意向邀约，请你帮助小宇一起完成这期跨界联动内容的策划与执行，具体任务如下。

（1）可行性分析；
（2）制订内容创意；
（3）视频拍摄及制作；
（4）视频运营与数据总结。

任务实施

两个不同内容领域的头部账号进行合作，需要经过精心的前期策划，以及拍摄执行。在策划的过程中，要对双方的账号定位、粉丝画像、内容形式等进行可行性分析，确定意向后再跟进下一步执行。

1. 可行性分析

由于账号 @ 小鱼海棠和账号 @ 不齐舞团是属于不同垂直领域的头部账号，如果要进行联动，不仅仅是同框出镜或者合拍一个视频这么简单，需要从粉丝画像契合度、内容风格一致性、合作方式及目标、潜在风险预估等多个方面进行前期评估和验证，才能决定是否接受邀约。因此小宇展开了以下几个方面的信息搜集和沟通工作。

（1）粉丝画像契合度。从图 8-15 所示的账号 @ 不齐舞团的数据后台可以看到，目前的粉丝比例中，女性占比 58%，男性占比 42%，女性粉丝稍占一定优势。从年龄分布上看，大部分集中在前三柱中青年群体（40 岁及以下），其中又以 23 岁以下的用户居多，占比近 40%。

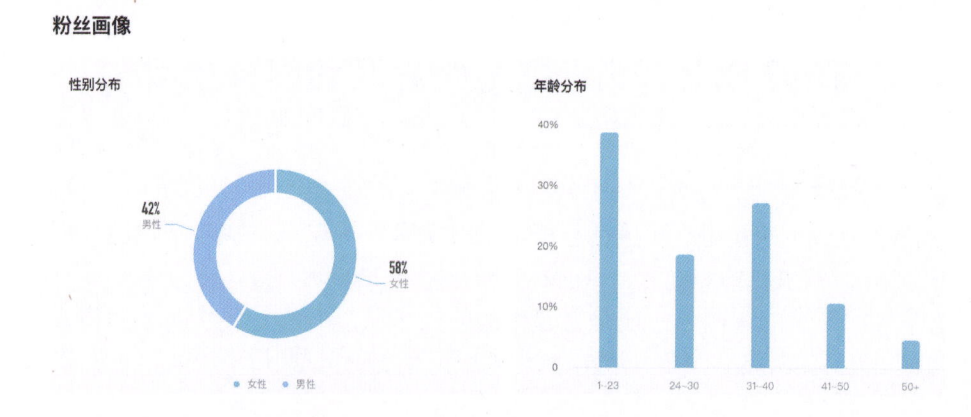

图 8-15 @ 不齐舞团粉丝画像

从巨量星图平台对账号 @ 小鱼海棠进行调研分析，粉丝画像如图 8-16 所示，小鱼的账号以女性粉丝为主，占比 79.4%，约是男性粉丝的 4 倍。粉丝年龄分布也集中在前三柱（40 岁及以下），但是分布相对均衡，其中 18 ~ 23 岁和 24 ~ 30 岁的粉丝均在 20% 左右，31 ~ 40 岁人群占比近 30%。

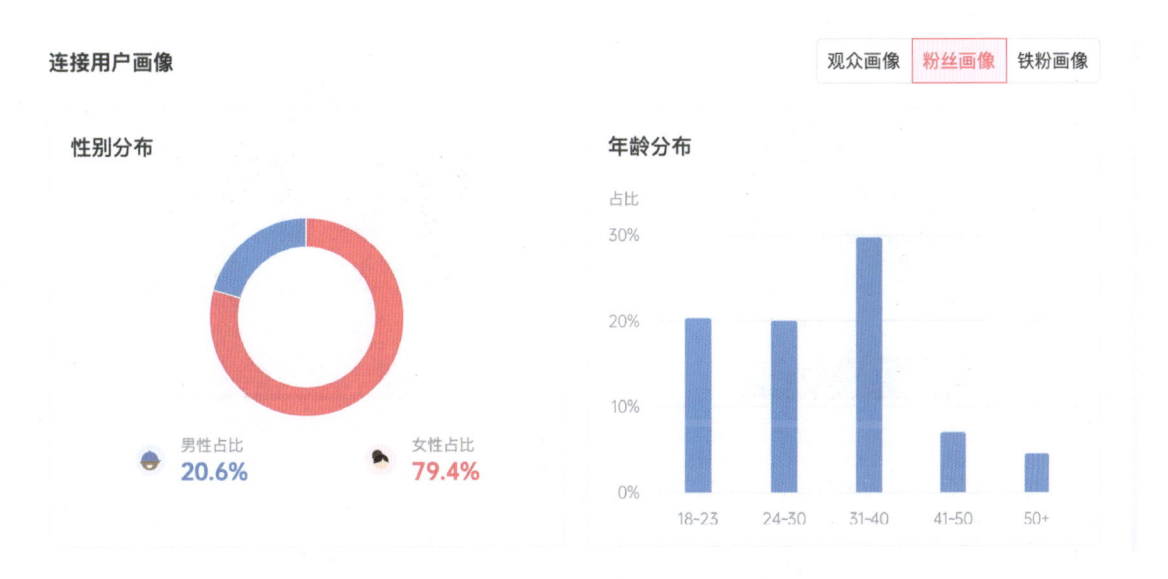

图 8-16　账号 @ 小鱼海棠的粉丝画像

通过对比可以发现，两个账号都是女性粉丝更多，且年龄分布集中在 40 岁及以下，有一定契合度。

而差异方面，小鱼的女性粉丝更多，而舞团（账号 @ 不齐舞团）的年轻受众更多，账号 @ 小鱼海棠作为美妆类的垂直账号，视频中包含的剧情、颜值帅哥、摄影大片及美妆好物等元素，的确会更吸引更多女性观众。而舞蹈才艺加颜值帅哥的元素，也更吸引对泛娱乐化内容感兴趣的大学生等群体。

两个账号在粉丝性别和年龄段上，既有一定重合度，又有一定互补性，进行联动内容的创作，可能会互相为对方的账号进行赋能，带来粉丝增涨效果。

（2）内容风格一致性。小宇查看抖音账号 @ 小鱼海棠主页近期发布的作品，因为处于暑期，大部分视频都与校园、毕业、青春等主题相关，如图 8-17 所示。而舞团近期的舞蹈作品，也大多与夏天、城市美景相关，如图 8-18 所示。

从视频选题、剪辑风格、人物服化道等方面来看，两个账号都比较偏年轻化、活泼型的风格，粉丝的互动也比较活跃，拍摄的视角也都是第一视角，在内容上的一致性良好。

图 8-17　账号 @小鱼海棠近期作品 　　　　　图 8-18　账号 @不齐舞团近期作品

（3）合作方式及目标。因为涉及到两个头部账号进行内容共创，因此在合作前需要制订明确的内容策略和创意大纲，确保视频内容在逻辑、风格和表现上与账号风格保持一致。同时，在合作前需要共同制订明确地目标，确保双方对合作预期有相同的理解。提前将目标量化，如确定具体的指标和数据，以便后续进行有效的效果评估。

对于舞团来说，因为作品以舞蹈表演为主，以往的头部联动，往往是以邀请其他账号下的达人与舞团成员进行共舞来呈现，舞团往期联动视频如下图 8-19 所示，与舞蹈达人账号 @小霸王的合作。

图 8-19　舞团往期联动视频

但舞团在与小鱼的团队沟通时发现，小鱼的视频有着固定的结构，往往是视频开始强调本期摄影主题，然后寻找合拍对象，确定合拍对象的意向后小鱼进入化妆模式，妆造完成以后出最终的摄影成片。正是因为小鱼在寻找过程中的偶然性和路人的不确定性，为视频增加了看点和趣味。如果和舞团的账号同时发布共舞的视频作品，可能会给小鱼的视频内容的随机性造成一定影响。

经过双方团队的沟通，决定还是沿用小鱼的固定视频结构，并在小鱼的账号上进行发布。而舞团的账号通过与小鱼的账号及粉丝进行评论互动的方式，进行后续运营，最大化形成合作作品的流量价值和传播效果。

在合作目标上，结合账号 @小鱼海棠近期平均数据，暂定点赞量突破 100 万，并为双方账号各自带来 10 万左右新增粉丝。

（4）潜在风险预估。与舞蹈类的账号合作，为美妆达人带来了创意上的挑战，但同时也是一个充满活力和吸引力的合作机会。在拍摄地点的选择上，为结合重庆市的网红地标性建筑，双方讨论决定将拍摄地点定在洪崖洞景区，以景区的夜景为背景，突出地域特色。

在前期偶遇环节的地点选择上，考虑到双方都是影响力比较大的账号下的达人，为拍摄过程中尽量较少受到干扰，结合舞团近期的视频拍摄计划，确定在鸿恩寺公园附近拍摄偶遇内容。

考虑到合拍作品可能引发粉丝负面的反应，双方的粉丝运营人员在粉丝群内提前做好内容预告和舆情铺垫，以应对潜在的舆论风险。

2. 制订内容创意

在前期合作方式沟通的环节，基本已经确定了整体的视频结构思路，经过小宇的简单梳理，撰写联动视频拍摄脚本大纲并与小鱼团队的摄影师进行确认，见表 8-3。

表 8-3 联动视频拍摄脚本大纲

阶 段	拍摄地点	分镜内容
视频开头	洪崖洞	小鱼出镜，介绍本期拍摄主题"去你的城市抓帅哥拍大片"，并埋下铺垫"一会儿要在这里进行照片拍摄"
路人互动	洪崖洞	在景区随机街采 3～4 组路人，询问重庆本地是否有推荐的网红博主可以进行合拍
下一步行动计划	洪崖洞	从某位舞团粉丝口中得知舞团今天的拍摄地点
偶遇过程	鸿恩寺公园	抵达公园，在现场寻找舞团成员，并沟通是否可以合拍照片
碰面花絮	鸿恩寺公园	小鱼与舞团成员进行随机话题互动，给舞团成员才艺展示的机会
最终照片拍摄	洪崖洞	回到洪崖洞，共同合拍国风主题的照片

3. 视频拍摄及制作

按照双方敲定的脚本大纲，完成了视频的拍摄，最终摄影成片和现场拍摄片段分别如图 8-20 和 8-21 所示。

图 8-20　最终摄影成片　　　　　　　　图 8-21　现场拍摄片段

4．视频运营及数据总结

视频发布后，各项数据在 24 小时内很快上升，并在发布后的第三天突破 100 万点赞，播放量超过 4000 万，如图 8-22 所示。

图 8-22　合拍视频数据

项目八 / 短视频运营

　　在账号 @ 小鱼海棠的视频评论区，小宇用舞团的账号与小鱼进行了互动，如图 8-23 所示，同时还让机构旗下另一个账号 @ 下铺阿豪爱偷吃也进行留言，引发粉丝造梗互动，如图 8-24 所示。

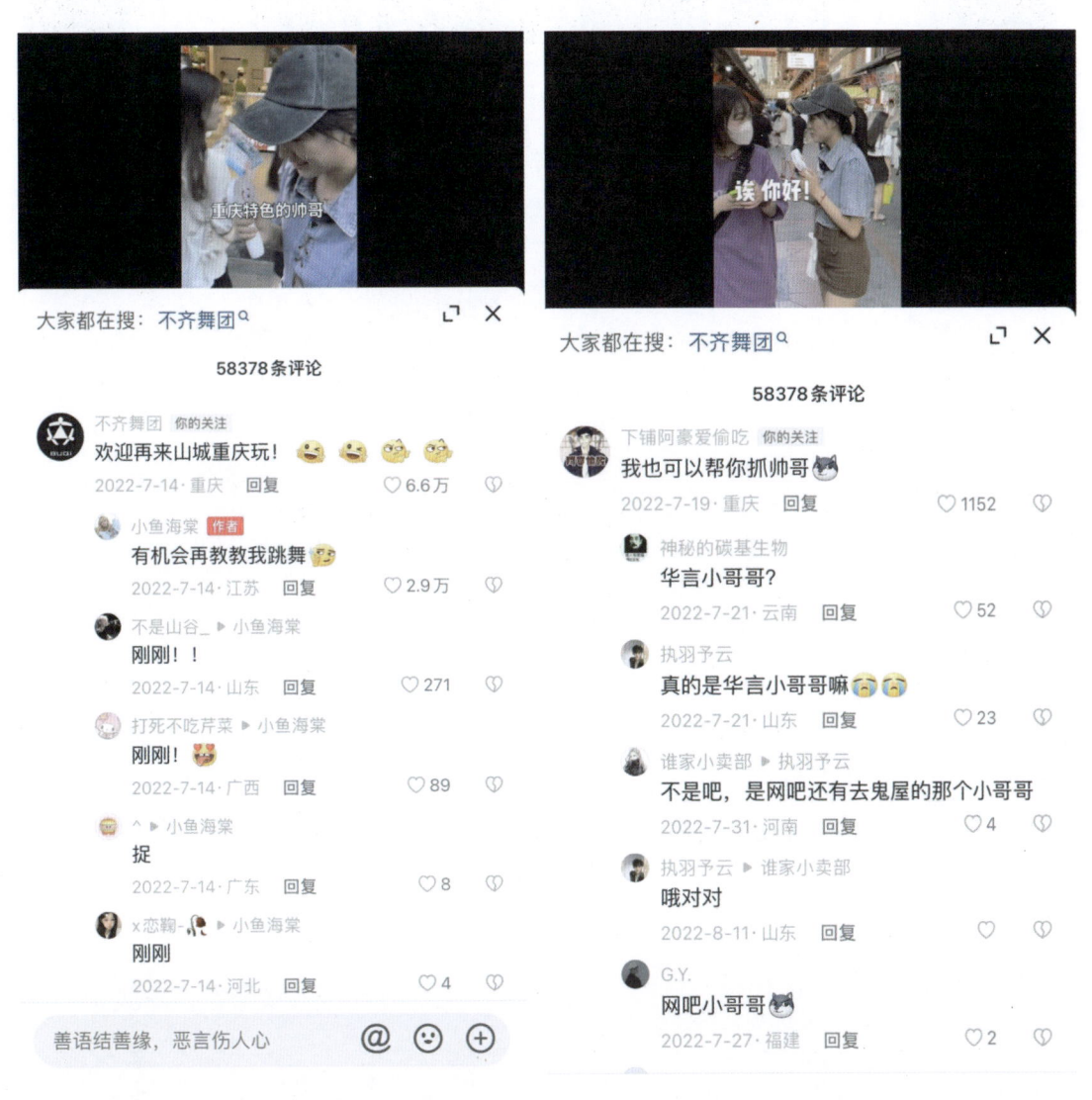

图 8-23　账号 @ 不齐舞团与账号 @ 小鱼海棠互动　　图 8-24　机构旗下其他账号在评论区进行互动

　　该条视频的高热度引发了平台的"相关搜索"，在视频主页面下方，以及评论区置顶的默认搜索关键词，都出现了"@ 不齐舞团"。在视频持续热度的 3 天时间里，小宇让舞团的成员根据小鱼的粉丝画像，接连拍摄并发布了 3 条不同风格作品，每条作品下方都能看到小鱼的粉丝评论："我是从小鱼海棠那里过来的"，如图 8-25 所示。

155

图 8-25 舞团视频下方新粉丝评论留言

通过头部账号联动视频引发热门话题互动，以及流量爆发期间舞团发布优质作品，完成了流量的承接和转化，超额完成涨粉 10 万的预期目标，联动期间舞团粉丝增长趋势如图 8-26 所示。

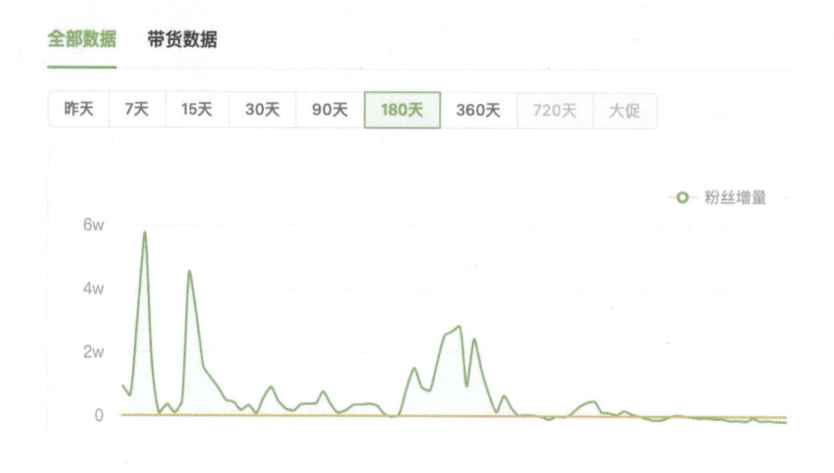

图 8-26 联动期间舞团粉丝增长趋势

任务思考

不同的短视频账号之间进行联名互动或者内容共创，如果运用的好，可以起到"1+1>2"

的效果，在获得巨大播放量的同时，还可以给双方达人带来全新的粉丝增长。但是在合作前，需要对双方的粉丝画像契合度、行业口碑、内容合作形式、效果预期等进行细致的沟通和协商，不然可能会带来负面的效果，损害达人的口碑，甚至掉粉。

在视频发布以后，还需要通过大号互动、小号转发、粉丝引导等运营手段，持续增加视频热度，放大传播声量，最大化流量的转化价值。

课后练习

经过与账号@小鱼海棠的联动，账号@不齐舞团取得了比较好的数据增长，如果你是舞团的负责人小宇，下一步你打算和哪个账号进行跨界联动，会选择怎样的内容形式呢？

任务 8.3　某美食账号爆款系列视频创作

任务描述

美食账号@下铺小涵创立于 2020 年，从账号起号阶段就树立了"宿舍场景＋深夜＋美食＋轻剧情"的账号定位，前期涨粉迅速，很快突破 50 万粉丝。但随着居家办公、生活阶段的结束，粉丝的偏好发生转移，对原有的剧情、画面内容产生了疲劳，视频数据下滑。小陈是该账号的编导，请帮助小陈策划出适合达人的爆款视频内容，完成以下任务。

（1）账号现状梳理及规划；
（2）内容调整与数据反馈；
（3）爆款因素挖掘与测试。

任务实施

想要创作出爆款视频，为账号带来涨粉，就需要了解粉丝喜好和平台热点，通过不断测试，来提炼和分析爆款可能的路径。

1. 账号现状梳理及规划

账号@下铺小涵前期的视频内容节奏相对轻快，结构主要为"第一视角＋美食展示＋试吃"，在画面上极具冲击感。但是因为是第一视角拍摄，达人较少露脸，在平台过多同质化美食试吃的冲击下，难形成独特的人设辨识度，构筑竞争壁垒。

通过查看账号@下铺小涵后台的粉丝性别分布数据，如图 8-27 所示，小陈发现，虽然美食类的内容观众范围较广，一般男女比例比较均衡，但在小涵（@下铺小涵账号下达人）的粉丝中，女性占比达 68.2%。

图 8-27　账号@小涵的粉丝性别分布数据

其次，小涵的粉丝八大人群占比如图 8-28 所示，八大人群以 Z 世代（网络流行语，通常指新时代人群）和小镇青年居多，其次是中老年（小镇中老年 + 都市银发），结合小陈日常对于小涵账号评论区观众的观察，早期视频评论互动如图 8-29 所示，经常互动的人群以低龄年轻观众为主。

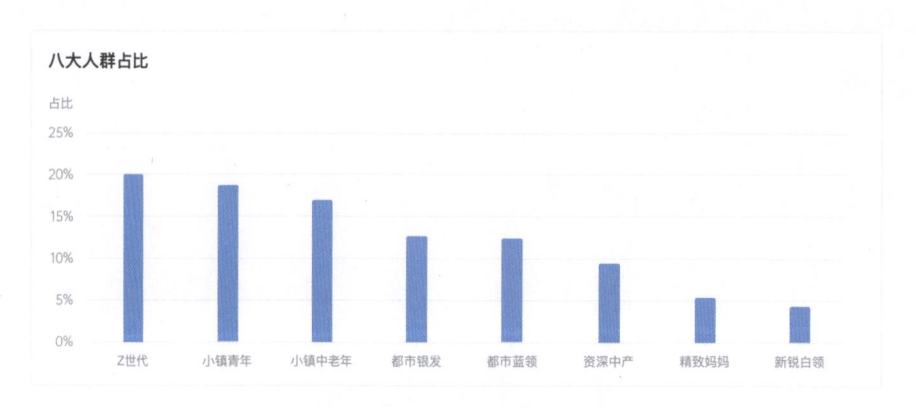

图 8-28　小涵的粉丝八大人群占比

图 8-29　早期视频评论互动

结合对粉丝画像和喜好的观察，小陈根据自己的经验得出了几点结论。

（1）视频场景上可以沿用"宿舍 + 下铺"的场景，便于形成记忆点，也与账号的名称相对应；

（2）视频继续以女性观众喜欢的方向为主，参考平台上美食赛道的对标账号；

（3）中老年人群对美食内容也感兴趣，但是在评论区互动的人较少，如果是美食制作教程类的内容，这类人群的收藏率和转发率数据可能会比较高。

通过查询，小陈锁定了两个新的对标账号 @噗噗叽叽和账号 @肥猪猪的日常。

这两个账号都是居家场景拍摄，达人都是女生，也很少露脸出镜，都是横屏拍摄美食制作的过程，画面剪辑干净利落，制作的甜点或冷饮在视觉效果上极具吸引力，无论是评论数据还是收藏转发数据都比较高。从数据平台和评论区留言观众看，这两个账号主要也是吸引女性观众，且近期视频的整体数据比较稳定。

2. 内容调整与数据反馈

通过分析这两个账号的内容及数据，小陈决定对小涵账号的内容方向进行调整，从原来的美食展示和试吃，变为以美食制作为主、美食试吃为辅，但不能完全模仿以上两个账号。

（1）受制于小涵的学生定位和宿舍下铺的场景，有些设备不适合使用，如烘烤类美食和产生大量油烟的美食不能做；

（2）室内布光场景有限，在画质和色彩上没有办法达到对标账号水平，但美食类内容又对视觉呈现有较高的要求，这就需要在选题和食材上仔细筛选。

根据调整后的方向，小涵将重心调整到了美食制作上，陆续出了几条 50 万和 100 万点赞的爆款视频，如图 8-30、图 8-31 和图 8-32 所示。

图 8-30　自制 QQ 糖提拉米苏视频　　图 8-31　自制土豆泥视频　　图 8-32　自制冰可乐视频

转型初期，小陈尝试过制作简单的甜品类视频，如制作电饭锅蛋糕、手抓饼、布丁等，数据比之前略有提升，但没有形成爆款视频。在发布用融化后的 QQ 糖与奥利奥饼干制作成提拉米苏的视频后，点赞突破 100 万，成为转型后的第一条爆款视频，但难以复制。

第二条爆款视频的创意来自国外视频网站，自制 KFC 土豆泥，过程简单易学，评论条数超过 5.3 万，该条视频下收藏量和转发量都突破新高。

第三条爆款视频的创意来自生活小妙招类的视频，是用红糖、小苏打、白醋等，利用化学反应产生二氧化碳的气泡，来制作仿真版可乐。

这些视频虽然取得了一定的数据反馈，但小陈发现，受制于宿舍场景的拍摄条件，以及小涵的第一视角模式，画面的质感和能够呈现的美食种类都太受限制。且爆款视频出现后，可复制性比较弱。例如，仿照土豆泥的视频，小涵又陆续制作了山药泥、芝士红薯等类似做法、食材的视频，但是数据反馈一般。其他夏季自制冷饮的视频，点赞在 5 万~10 万左右徘徊。小陈希望能找到比较固定的选题方向，稳定产出爆款视频。

3．爆款因素挖掘与测试

在美食制作这一主题下，小陈发现简单制作易模仿的"藕粉制作"视频从收藏和分享数据来看表现一般，但是点赞数据却高于同期其他视频的平均水平。小陈觉得也许这是一个可以复制的爆款选题方向，于是策划了"手工土豆粉制作"选题，这一次分两期发布，其中，以手工磨制土豆为主要内容的第一期视频，取得了 150 万赞的数据，如图 8-33 所示，并给账号带来超过 10 万的粉丝增长。

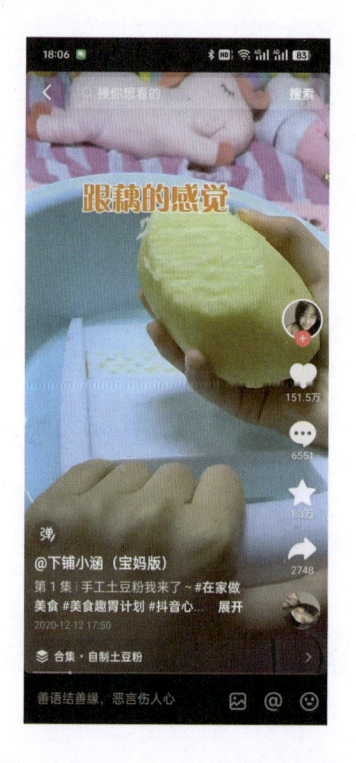

图 8-33　手工土豆粉制作视频数据

项目八／短视频运营

从藕粉、土豆粉系列视频的数据对比来看,磨制原料的视频数据均好过成品试吃的视频,且粉丝在评论区的留言主要围绕小涵磨制的过程。小陈总结出两个系列视频的共性特征。

(1)粉丝爱看小涵制作大于看小涵试吃,对小涵被迫营业的"打工人"状态有共鸣;

(2)制作过程虽然复杂耗时,但粉丝希望在一条视频里加速看完整个过程,对视频节奏要求整体加快。

自此以后,小陈陆续策划了"红薯粉""魔芋粉""甘蔗红糖""葛根粉"等多期选题,沿用前两个系列的视频框架和创意,继续放大小涵手工制作的过程,并且将时长浓缩到一期视频以内,该系列视频点赞量在 10 万～30 万之间,高于同期的其他视频数据,后续磨粉系列视频如图 8-34 所示。

图 8-34　后续磨粉系列视频

经过更多期视频的验证,小陈认定,手工磨制系列视频是适合小涵的账号的一种爆款框架模型,通过"宿舍下铺场景＋手工磨制＋长周期制作过程"的视频元素组合,让粉丝对小涵的人设印象更加深刻。因为不具备专业厨师的身份和烹饪技能,难同美食赛道的其他达人进行竞争,不能为粉丝提供更多的实用价值,但是看小涵"艰难"营业,给粉丝提供了更多情绪上的满足。

在此基础上,小陈又策划了"马蹄粉制作"系列视频,并做了两点改进。

(1)增强粉丝的参与感和养成感,在先导视频中提出,如果视频点赞达到 100 万,小涵就挑战磨 100 斤马蹄,如图 8-35 所示;

(2)增加磨制的难度,放大视觉的冲击力,从原来的每期视频 10 斤原料,放大 10 倍,让粉丝充满好奇和期待。

在粉丝的支持下，马蹄粉系列一共 6 期视频，均收获 10 万以上点赞，其中两期视频突破 100 万点赞，成为新的爆款视频，并给账号带来超过 20 万以上的新增粉丝。

图 8-35　挑战 100 万点赞视频

任务思考

从美食试吃到美食制作，账号 @下铺小涵实现了视频内容的迭代转型，从偶然的一期手工制作藕粉视频，小陈结合视频数据挖掘出了爆款视频成功的要素，并在此基础上，进行多次微调优化，实现了持续产出爆款视频的目标。

要打造账号，不仅要产出爆款视频，而且要持续产出爆款作品。除了要把握账号粉丝喜好，还要根据达人实际特点和团队实力，做好创意的落地执行，总结爆款视频的关键要素，并迅速用作品数据加以验证和优化。

课后练习

小涵的账号在不同的阶段，会进行不同的内容迭代，请根据小涵抖音账号主页最近的 15～20 期的视频，尝试总结出三点小涵目前的爆款视频内容要素。

项 目 小 结

本项目包括三项任务。第一项任务通过对低度酒饮品抖音矩阵账号运营现状的梳理，从短视频和直播内容两方面着手，进行了目标拆解和运营方案设计；第二项任务通过对两个头部账号的跨界联动合作的回顾，梳理了合作的流程、内容创意的确立，以及发布后的运营技巧；第三项任务围绕美食类账号面临涨粉瓶颈时，通过不断内容迭代，从中提炼爆款视频创作经验的过程。

通过这三项任务的学习，希望创作者能掌握矩阵账号运营的策划方法、账号联动的方式和技巧，以及账号内容迭代、创造爆款视频的方法，能胜任多账号同时运营、互相促进的短视频高级运营岗位。

项目九

直播运营

学习目标

- 能拟订矩阵直播运营年度目标并分解,撰写运营方案。
- 能带领团队按计划执行直播,确保直播流程正常推进。
- 能对直播数据进行全面复盘,推动直播效果优化。

任务 9.1　新女装品牌年度直播运营方案设计

任务描述

头部女装达人账号 @ 小小莎老师经过 1 年的直播，积累了成熟的女装供应链及电商资源，运营团队也磨合成型，同时平台也在大力发展品牌自播。在此契机下，公司希望在未来投入资源打造一个对标头部的独立女装品牌 R30，通过矩阵直播，实现更大规模的业务增长。请从运营负责人的视角，完成以下任务。

（1）进行市场分析及对标调研；
（2）合理规划年度运营目标；
（3）拆解运营目标，完成可落地的运营方案设计。

任务实施

目前，在抖音主营女装的商家多依赖直播变现，短视频变现占比很小，货架变现增长迅速，但相对直播而言，占比较小。因此，多数商家的经营计划就是直播间运营计划。这里分为三步：市场调研与分析、规划年度运营目标、落地运营方案设计。

1. 市场调研与分析

调研工作被简化为"三看"原则：看行业、看对标和看自己。
（1）看行业，即做行业市场调研，也可以说是看大盘或宏观调研。主要目标是掌握市场宏观情况，为本品牌定位和定销售额目标提供参考。

抖音 6 月女装前 1000 名直播间（单号播）销售额合计达到 73 亿元，其中，300 元以下客单价的商家数与销售额占比达 80%，夏季低客单市场需求极大，见表 9-1。

表 9-1　抖音 6 月女装前 1000 名直播间各客单价产品销售情况

客单价（元）	商家数（个）	商家数占比（%）	月销售额（元）	销售额占比（%）	商家平均月销售额（元）
<100	432	43.20	2,463,173,000	33.70	5,701,789
100～199	319	31.90	2,396,023,000	32.78	7,511,044
200～299	119	11.90	1,059,350,000	14.49	8,902,101
300～399	37	3.70	267,126,000	3.65	7,219,622
400～499	33	3.30	526,745,000	7.21	15,961,970
500～599	24	2.40	229,842,000	3.14	9,576,750
600～699	12	1.20	79,895,000	1.09	6,657,917

续表

客单价（元）	商家数（个）	商家数占比（%）	月销售额（元）	销售额占比（%）	商家平均月销售额（元）
700以上	24	2.40	286,934,000	3.93	11,955,583
合计	1000	100.00	7,309,088,000	100.00	

注：数据来自第三方平台。

6月份销售额达到500万元以上的品牌女装（含单品牌多号播的情况）有136家，销售额达到1000万元以上的品牌女装有70家左右，其中销售额达到2000万元以上的品牌女装有17家。300元以下的客单价商家占大多数，200~299元的客单价商家有25个，其平均销售额为1600万元，是高体量知名品牌集中的价格区间，见表9-2。

表9-2　500万以上品牌女装榜各客单价商品销售情况

客单价（元）	商家数（个）	商家数占比（%）	月销售额（元）	销售额占比（%）	商家平均月销售额（元）
<100	27	19.85	273,068,267	14.26	10,113,640
100~199	47	34.56	597,216,649	31.18	12,706,737
200~299	25	18.38	406,937,734	21.24	16,277,509
300~399	5	3.68	59,969,545	3.13	11,993,909
400~499	5	3.68	135,898,441	7.09	27,179,688
500~599	13	9.56	228,887,610	11.95	17,606,739
600~699	2	1.47	23,758,424	1.24	11,879,212
700以上	12	8.82	189,781,367	9.91	15,815,114
合计	136	100.00	1,915,518,037	100.00	

注：数据来自第三方平台。

从大盘来看，抖音上的女装销售流程成熟且销售氛围活跃，想象空间和竞争力较大。其中，客单价300元以下是主流。

（2）看对标，即做竞争分析。主要目标是为本品牌定位和营销策略提供参考。

根据@小小莎老师的粉丝量级，对照同粉丝量级抖音女装带货达人，初步圈定对标选择范围：前1000名直播间中200~299元客单价商家119家，其中，单号销售额500万元以上的知名品牌女装19家，包括秋水伊人、香影、伊芙丽、OCHIRLY、OneMore、ONLY等。

根据@小小莎老师用户画像分析，其用户年龄集中在25~40岁之间，偏轻熟、知性和优雅的风格。这些用户多为居住在一二线城市的"都市新中产"女性，高频场景包括通勤、办公(OL)、休闲活动等。在初步圈定的品牌中选出3家对标品牌：秋水伊人、香影、伊芙丽，抖音官方旗舰店主页如图9-1所示。对标品牌的直播数据、月度数据概览及受众画像等信息对本品牌定位具有参考价值，应该进行系统分析，分别如图9-2到图9-4所示。

项目九 / 直播运营

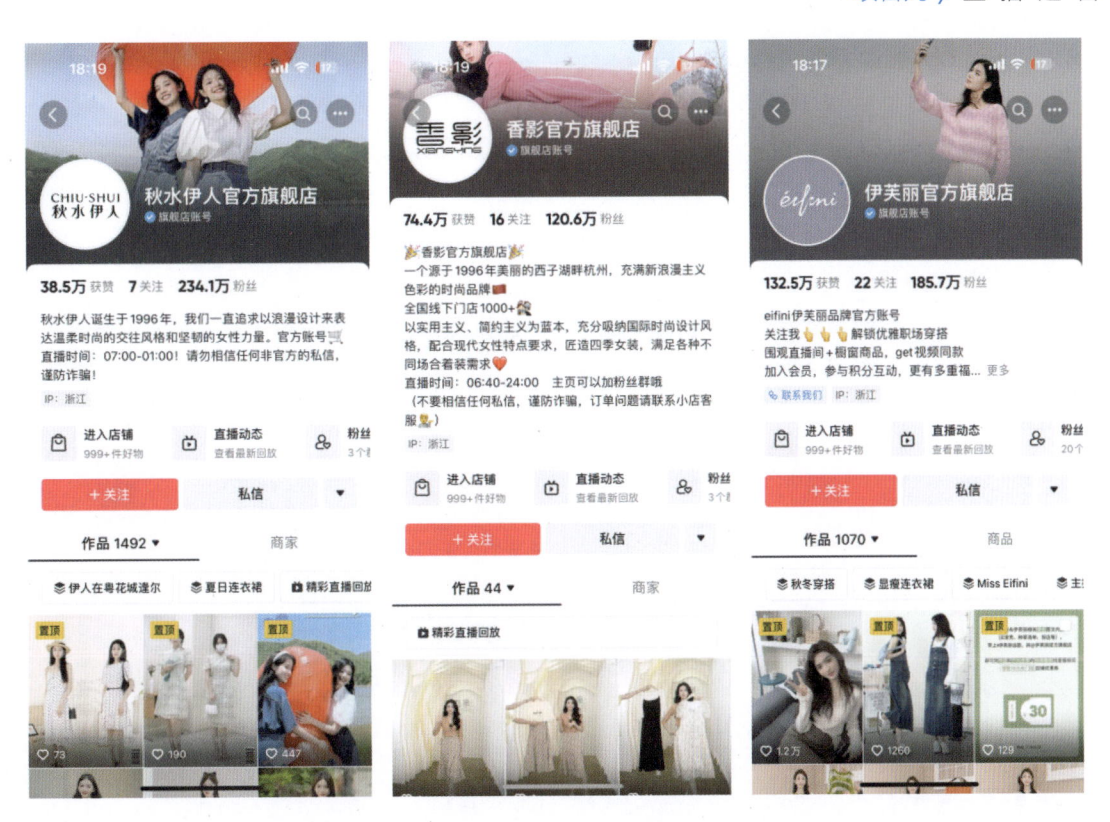

图 9-1 对标品牌的抖音官方旗舰店主页

图 9-2 "秋水伊人"抖音官方旗舰店直播数据

167

图 9-3 "香影"抖音官方旗舰店月度数据概览

图 9-4 "伊芙丽"抖音官方旗舰店受众画像

通过对标品牌的选定与分析，本品牌客单价为 200～300 元，月销售额为 500～1000 万元。

（3）看自己，主要是了解自身现状，特别是优劣势。其主要目标是完成定位，提出经营目标。

@ 小小莎老师的基本情况如下。

① 品牌定位已基本完成，《R30 品牌手册》如图 9-5 所示；

② 已注册品牌抖音账号，但账号基础较弱，粉丝数量相对较少，如图 9-6 所示；

③ 依赖达人直播，自播还不成气候，未形成常态化的品牌自播，品牌账号概览如图 9-7 所示。

R30

R30 "Right Thirty 三十而已"：

月亮与六便士R30-LADY都要，R30主张女性倾听内心，悦纳自己，卸下身体的束缚，让心灵自由行走，悠然享受慢生活，与R30-LADY而言，风景自在她心，她也就是风景。R30营造雅致视觉，为都市精英女性提供各种不同场合的着装，塑造外在美的同时，更是倡导中国式的中产阶层贵族精神，倡导精英女性在打拼事业、维护婚姻家庭、构建美好生活的同时，保持内心的淡定和从容，不随波逐流，独立而自信，不断学习和成长，从而拥有爱、给予的能力和向上的力量，并时刻保持一颗感恩的心。

图 9-5　《R30 品牌手册》关于品牌定位的描述

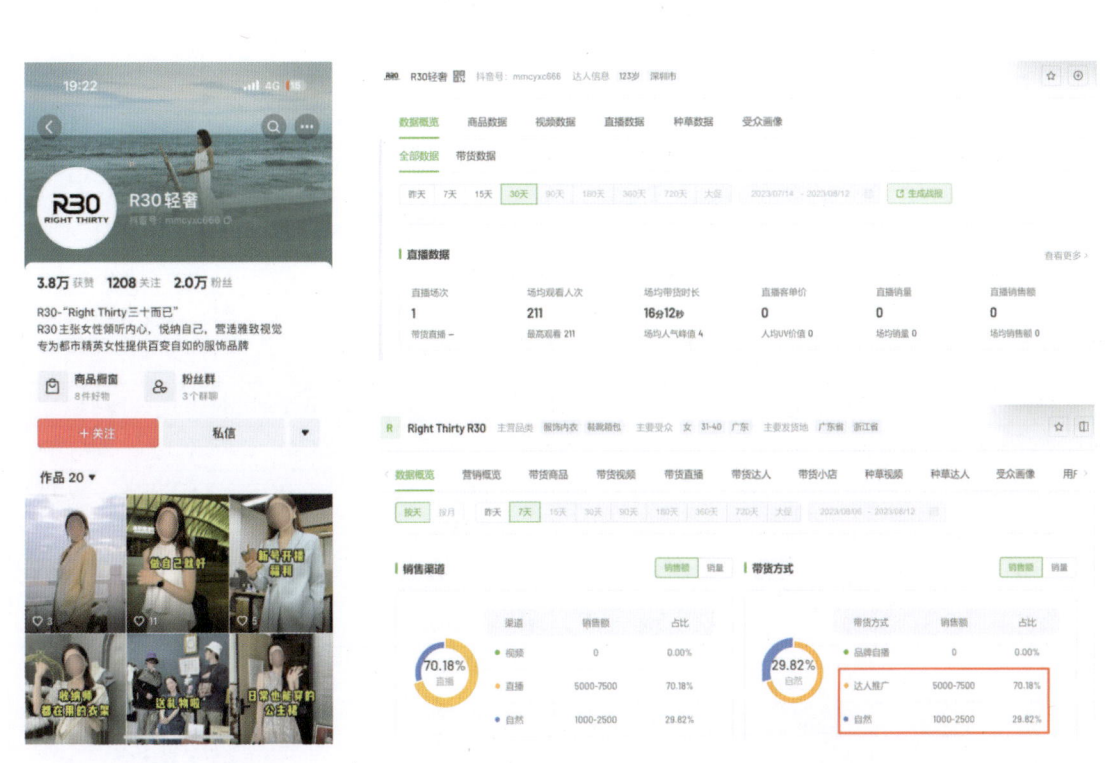

图 9-6　品牌抖音账号

图 9-7　品牌账号数据概览

进一步对品牌抖音账号进行诊断，找出以下问题。

① 首页视觉单调，部分信息不完整；

② 短视频策略单一，缺乏品牌信息立体化传达；

③ 直播间单机位镜头，缺少细节动态捕捉，观感单一；

④ 直播间流量少，未做好抖音公域流量经营；

⑤ 缺少加关注、加粉丝团等核心指标相关利益点设计。

综上，结合行业大盘，对标品牌秋水伊人、香影、伊芙丽的运营情况，以及对品牌自身的调研分析，得出以下几个关键指标，可供品牌作为运营规划的参考。

（1）客单价：200～300元价格区间比较适中；

（2）流量指标：场观＞3万，月直播场次＞100；

（3）转化指标：GMV＞500万元，整体转化率＞0.8，UV价值≈2。

2. 规划年度运营目标

根据市场调研情况，考虑到@小小莎老师的抖音账号转型时间不长，新品牌没有足够的历史数据支撑，所以团队拟订了非常简单的年度运营目标。品牌月度运营目标与营销活动见表9-3。

（1）定性目标：打造抖音头部女装品牌。

（2）定量目标：月均GMV＞1000万元，年GMV＞1亿元。

对于竞争激烈的女装行业来说，年度运营目标面临的变数众多。换季导致的不确定性要求目标必须分解到月度，并按照每月的营销主题推进年度规划。

表9-3 品牌月度运营目标与营销活动

月 度	GMV目标（万元）	客单价目标（元）	销量目标（件）	主 题 活 动
7月	10	200	500	新开播宠粉日，反季优惠
8月	100	220	4545	秋品上新，反季优惠
9月	480	250	19200	中秋佳节
10月	820	300	27333	毛衣、毛呢外套上新，国庆出游
11月	1100	400	27500	秋冬专场、冬日穿搭季、"双11"
12月	1100	450	24444	冬装特惠，"双12"
1月	900	400	22500	元旦，年货节
2月	600	300	20000	春节特惠，春装上新
3月	1200	250	48000	"三八女神节"、春夏穿搭
4月	1500	250	60000	裙装专场、夏季搭配
5月	1800	250	72000	五一出游、夏装爆款季
6月	2400	250	96000	端午节、年中大促
合计	12010		422022	

3. 落地运营方案设计

根据凯文·莱恩·凯勒的 CBBE（基于消费者的品牌价值）模型，能否成为头部品牌的关键是构建"信任力"。笔者认为，品牌"信任力"的构建主要从 4 个方面落地，即信任力 4 要素：公开透明、正规资质、口碑评价、社会附加价值，具体内容如下。

① 公开透明：货源、加工过程、仓储发货等；
② 正规资质：旗舰店 / 专营店、商品检测报告、主播专业证明等；
③ 口碑评价：用户反馈、行业奖项、名人推荐、媒体报道、售后保障等；
④ 社会附加价值：家乡 / 产业带推广、品牌理念、消费者保护等。

这些具体内容应该在直播间的人、货、场中充分呈现。

（1）"人"的高度信任力打造方案。

在直播电商中，"人"是最关键要素，具体来说，可以从 4 个方面着手：打造专业化团队、合作有高度信任力的达人、设计有高度信任力的话术、加强与用户的互动。

首先，@小小莎老师为品牌 R30 打造了一支专业化团队，组织架构如图 9-8 所示。

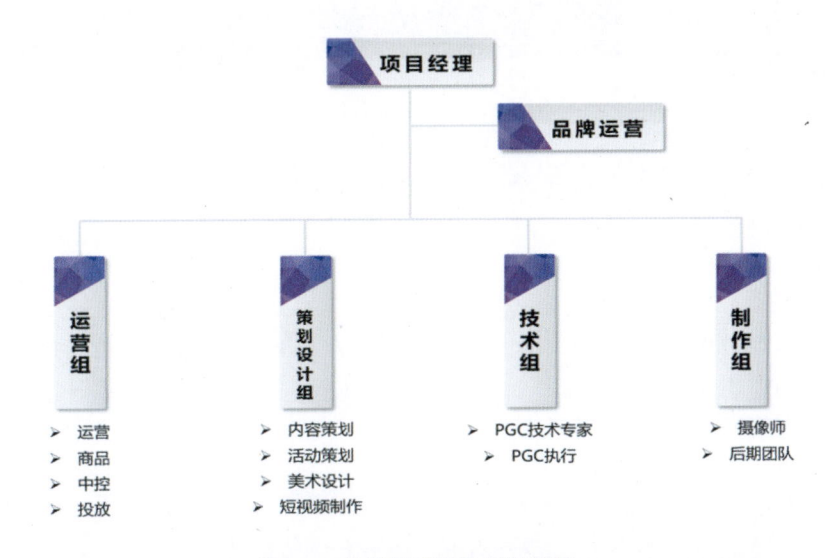

图 9-8　品牌项目团队组织架构

项目团队分为 4 个小组：运营组负责直播运营，策划设计组负责内容与物料制作，技术组负责 PGC（Professional Generated Content，专业生产内容）相关的技术支持，制作组负责摄影摄像及后期制作，与策划设计组协同工作。通过多次实战、总结并不断迭代 SOP（Standard Operating Procedure，标准作业程序），公司快速打造一支高效协同、高度信任力的专业团队。

其次，品牌达人是关键"人"，由项目经理协同品牌运营直接负责，前期与达人广泛合作。在达人人设、遴选、培训、工作等方面均提出明确要求。

① 人设：原创品牌设计师、知性优雅职场女性。
② 遴选：身高 165cm 以上、身材高挑显瘦，有气质、有审美，能体现品牌品质感。具备行业专家身份（如设计师、买手、时尚行业从业者），对服装面辅料非常熟悉，擅长穿搭。

③ 培训：定期对达人进行培训，包括：熟悉产品、话术、卖点；看行业优秀达人直播，并写下分享心得，理解流量逻辑；各种直播技巧，参与数据复盘，优化提升直播效果；熟练掌握不同的节奏玩法；学习短视频演绎拍摄等。品牌部分合作达人如图 9-9 所示。

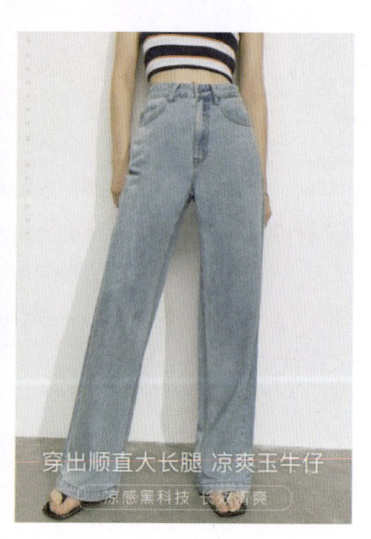

图 9-9　品牌部分合作达人

④ 工作：合作达人必须深度参与选品和仓储配送等相关工作，要保障自营账号和达人账号带货口碑的分数足够高。

再次，设计并不断迭代优化有高度信任力的直播话术，将"信任力四要素"完美融入达人的话术中。

最后，通过私域运营、定期回访、邀请用户参与产品设计与体验改进等活动，加强与用户的互动，同时产出相关内容。

（2）"货"的高度信任力打造方案。

高度信任力的商品打造主要从两个方面着手：选品和测品，即选好、测准。

为了选好货品，采用"四品"策略。

① 品类：当前品类正在热销，符合当下的季节和潮流趋势；
② 品相：产品形象好、易展示，需要确保在镜头下呈现的美观性；
③ 品控/品质：品控是重中之重，确保实际商品与样品一致，品质好；
④ 品牌：将"信任力四要素"部分加入品牌核心词及物料包装上。

为了测准商品，需执行以下策略。

① 市场规律：把握季节、气候气温、地域文化、流行趋势等规律；
② 大盘数据：分析行业热搜词和行业爆款属性；
③ 渠道热点：查询直播间热品、知名达人爆款；
④ 粉丝偏好：深度分析精准用户画像、兴趣及其需求。

（3）"场"的高度信任力打造方案。

打造高度信任力的"场"，就是要将"信任力四要素"融入场景搭建、直播间软装及商品和道具的展示中。

首先，直播场景搭建应注意以下要点。

① 重刷墙漆，贴墙纸/墙布/背景布。以纯色为主，如莫兰迪色系等低饱和度的颜色，在墙上装饰品牌 LOGO，强化用户心智；注意：灰色是最简约、安全的色彩，可以和任何色彩搭配，也是摄像头最适合的背景色，不会过度曝光，视觉舒适，有利于突出服装和产品的颜色；

② 可尝试设计第二现场，实时切换机位来展示生产、发货过程，以此体现过程公开透明；

③ 可将品牌所获得的相关资质、荣誉通过背景入镜；

④ 产业带可结合当地元素做装修，有助于增强信任力。

其次，直播间软装应注意以下要点。

① 直播间顶部信息包含多个 UI 图标，遮挡面积较大，不建议放太多重要信息。但是在 feed 流中属于直播间的第一印象区域，可以在这个区域适当地做品牌专场提示，如品牌 LOGO、品牌 VI、TVC、代言人等。

② 中部信息区域为直播间最大面积的视觉中心，也是视觉主核心位置。它是用户接收直播间信息的主要区域，也是能实现品牌信息露出、调性展现、视觉卖点最大化的区域。如商品利益点、促销信息、订单数量动态显示、达人身高及试穿尺码、当场 TOP3、第二镜头/发货现场等。

③ 底部信息区域是被直播间界面遮挡较多的区域，一般情况不推荐放过多的信息，但该区域在 feed 直投中的第一视觉里遮挡较少，同样属于重要的第一印象区域。此区域可以放品牌 LOGO、品牌 IP 烘托气氛、次要促销信息（如包邮发货）等。

最后，直播间商品和道具展示应注意以下要点。

① 配置衣架，展示直播间主推或调性商品，第一时间传达"你是卖什么"的信息，圈定人群；

② 出具商品销量、获奖报告、用户好评等卡片及道具，充分展示品牌及商品的正向口碑评价；

③ 出具商品质检报告，展示正规资质，消除用户的顾虑。

除了直播间人、货、场的高度信任力的打造，还需要重点考虑两方面：短视频内容策略和营销放大策略。

短视频内容策略主要有以下几个方面。

① 商品视频：展示、口播、穿搭；

② 场景视频：根据不同场景展示商品的上身效果，如商场、咖啡厅等；

③ 热点视频：跟拍抖音热门视频，利用热门音乐、话题与自身产品相结合；

④ 直播间切片：截取直播间高光画面。

短视频应有固定的拍摄方向，并保持人设统一。在进行短视频运营过程中，应注意以下要点。

① 标题引流。标题关联商品相关话题、行业相关话题、抖音热点话题等。

② 视频置顶。及时将热门、爆款、人设、品牌视频置顶。

营销放大策略应注意以下要点。

① 主题活动：充分利用大型节日主题、品类专场主题、反季专场等。

② 明星嘉宾：邀请明星或知名人士到直播间做客直播。
③ 头部达人：邀请符合品牌人群的头部达人专场带货。
④ 热门话题：短视频引导热门话题，最大化直播间自然流量。

任务思考

本项任务学习了运用"三看"原则，即看行业、看对标和看自己，系统地进行市场调研与分析，并在深入调研的基础上，拟订品牌年度运营目标。为了达成目标，需运用抖音直播电商经典的人、货、场运营模型设计了落地方案，以及配套的短视频内容策略和营销放大策略。

在实践过程中，一般不会撰写长篇大论的年度落地方案，而是"小步快跑、快速迭代"。因此，本项任务的落地方案仅给出了一些要点。注意，对不同体量的账号、不同定位的商家、不同的经营阶段（生命周期），都应有不同的运营策略，本项任务仅供参考。

课后练习

请参考本项任务，在抖音寻找一个 0～1 阶段的女装品牌，完成以下任务。
（1）进行市场调研，提出年度运营目标；
（2）在此基础上撰写落地运营方案。

任务 9.2　大型专场直播执行 SOP 撰写与实施

任务描述

某 MCN 机构的主营业务为旗下达人承接品牌方的专场直播，现公司进入快速发展期，急需出具一套针对抖音平台的大型专场直播、覆盖各协同团队、流程清晰且全面的执行 SOP 撰写。请你从项目负责人的视角出发，完成以下任务。
（1）抖音电商团队架构梳理；
（2）专场直播执行 SOP 撰写；
（3）直播脚本撰写。

任务实施

对于 MCN 机构来说，要想在激烈的竞争中生存下来，一方面是要招募最优秀的达人、创作者，另一方面是要启用大量的有潜质的达人、创作者，同时，持续优化沉淀直播电商相关技能（Know-how），将直播电商的技能规范化，进而标准化、明文化，形成 SOP 文档，就是沉淀能力的方法。成熟的创作者需要了解 SOP 的撰写技能。

一旦有了 SOP，就可以在直播前、中、后的三个阶段发挥作用。直播前，可以参考 SOP 进行直播策划，提升直播的可执行性；直播中，要求团队严格按照 SOP 执行，可以大幅降低疏漏和偏差，提高直播成果的稳定性，最终提升整体业绩；直播后，可以参考SOP进行系统、高效地复盘，评估团队成员在SOP基础上的创新表现。当然，在上述过程中，也要持续优化SOP。一套优秀的SOP或许是MCN机构最宝贵的财富。

1. 抖音电商团队架构梳理

搭建达人团队的有关知识，请参考项目三。为了完成本项任务，这里简单介绍一下抖音电商团队视角的参考架构。本项任务所说的MCN机构承接的是"全案"，即为品牌方提高完整的运营服务，包括内容运营、店铺运营、服务保障、广告投放和达人商务。因此，MCN机构需要配置和电商商家一样的团队，抖音电商团队的参考架构如图9-10所示。

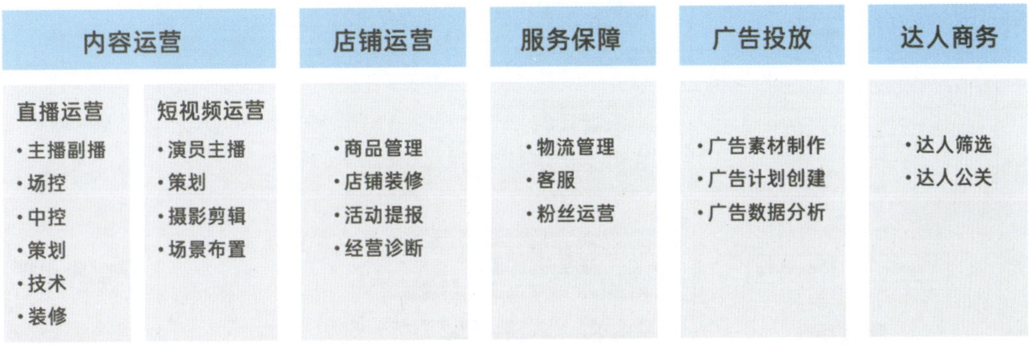

内容运营		店铺运营	服务保障	广告投放	达人商务
直播运营	短视频运营				
·主播副播	·演员主播	·商品管理	·物流管理	·广告素材制作	·达人筛选
·场控	·策划	·店铺装修	·客服	·广告计划创建	·达人公关
·中控	·摄影剪辑	·活动提报	·粉丝运营	·广告数据分析	
·策划	·场景布置	·经营诊断			
·技术					
·装修					

图9-10 抖音电商团队的参考架构

（1）明确理解"直播运营"团队和"直播电商"（抖音电商、快手电商）团队的概念。在电商团队中，"直播运营"更多聚焦于"直播"环节，其目标是确保直播顺利开展；"直播电商"需要增设店铺运营和供应链管理等团队，从这个意义上讲，"直播电商"团队＞"直播运营"团队。

（2）团队及其配合关系。本项任务展示的抖音电商团队参考架构包含6个部门：达人商务、短视频内容、直播内容、店铺运营、广告投放和服务保障。其实，MCN机构要承接这样的"全案"，需要商家的商务人员（很多机构是老板兼任）参与。当然还必须有一些职能部门，如行政、人力资源和财务等。当商务人员承接了"全案"后，主要执行的团队就是上述6个部门。达人商务负责在本机构内、外筛选合适的达人，主要依据商家（用户）的需求而定，对于独立的头部达人，还涉及复杂的公关工作。确定了主要服务人选后，要根据大型专场活动主题创作内容，并通过短视频（短视频团队）和直播（直播团队）预热、种草。同时配合店铺运营（团队）完成选品和测品工作。短视频内容产生数据后，从中遴选出优秀作品作为广告投放素材，由投放团队通过付费推广扩大流量池。当专场活动正式开始后，要进行持续引流和转化工作，最后由服务保障团队完成交付收款等服务。

（3）各团队的有效配合需要指定项目负责人。一般的项目可以由抖音电商操盘手负责，重要的项目可能涉及人员较多，需要MCN机构高层领导甚至老板从中协调。另外，各团队的岗位设置、每个岗位的人员数量需依据项目具体情况灵活配置。虽然各个MCN机构的岗位名称及岗位部门的划分方法可能存在差异，但重要的是关键职能要有人担当。

2. 撰写专场直播执行 SOP

MCN 机构撰写并优化后的专场直播执行 SOP，如图 9-11 所示。

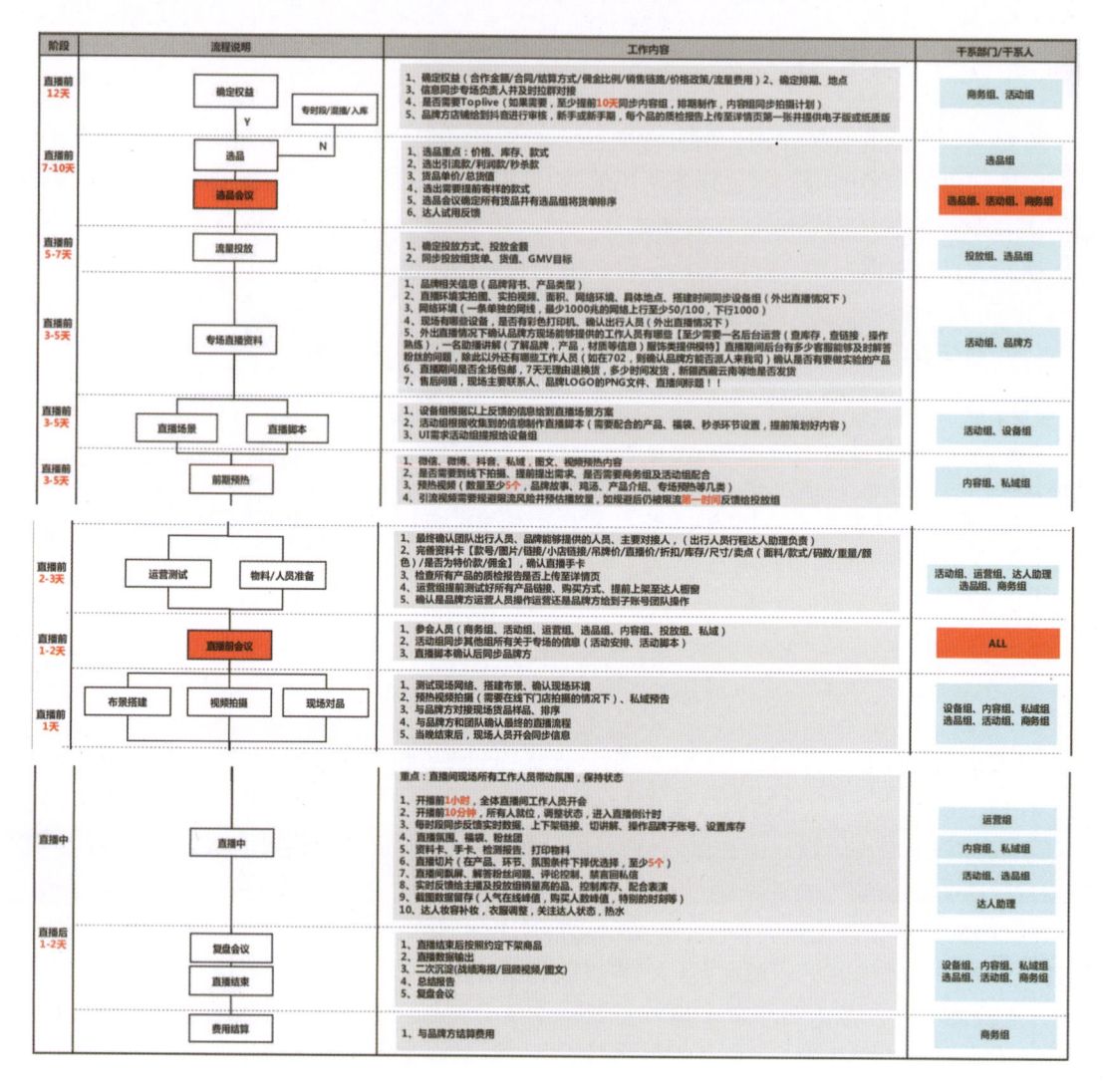

图 9-11 专场直播执行 SOP

一般建议，大型专场直播活动至少提前 12 天开始筹备，接下来对每个关键环节进行说明。

（1）确认权益。直播前 12 天由商家的商务人员负责，必要时请各团队负责人参与团体决策。具体工作内容如下。

① 确定权益。主要包括合作金额、合同、结算方式、佣金比例、销售链路、价格政策、流量费用。

② 确定排期和地点。

③ 信息同步项目负责人，并及时拉群对接。

④ 是否需要 Toplive（品牌广告 Toplive 即开屏广告，当用户打开抖音 App 时，视频前 3s 全屏沉浸式展示，点击视频下方链接按钮，可直达抖音原生态直播间）。如果需要，至少提前 10 天同步内容组，排期制作，内容组反馈拍摄计划。

⑤ 品牌方店铺提交至抖音进行审核。在新手期，每个产品的质检报告上传至详情页的第一张图位置，并提供电子版或纸质版文件。

（2）直播前 7~10 天由店铺运营团队的相关人员负责选品。一般品牌方会提供商品清单，大致圈定了 MCN 机构的选品范畴。MCN 机构在选品时，重点考虑款式、价格和库存。具体工作流程如下。

① 货盘中的各款商品定位，即确定一组产品中的引流款、秒杀款（福利款）、利润款等；
② 明确货品单价，并计算总货值；
③ 选出需要提前寄送样品的款式；
④ 排品即对货品进行排序；
⑤ 选品会议确定所有货品及其顺序；
⑥ 达人试用反馈。

在上述工作流程中，需要注意以下事项。

① 选品工作主要由选品专员和选品经理负责，一般都会先安排达人试用，然后根据试用反馈优化货盘。一些达人对货品感觉非常敏锐，因此即使选品专员和选品经理选定了货品，达人也可以一票否决。必要时还要安排测品工作，有关测品的方法，参考本书项目十二的相关内容。

② 一般会召开选品会议，邀请相关团队成员参与，包括但不限于商务团队、内容团队等。选品会议除确定货盘外，也是一个向干系人说明货盘的机会，作用相当于商品培训。

（3）物料设备准备。选品完成后，需要准备各种资料，由商务团队、内容团队和品牌方相关人员协同完成。主要包括以下几方面。

① 品牌与产品相关信息主要由品牌方提供，如品牌 LOGO（注意一定要 PNG 格式的文件）、画册，产品图片、详情等；
② 直播环境的具体地点、实拍图、实拍视频、面积、搭建时间等同步设备组（外出直播情况下）；
③ 网络及其他设备：一条单独千兆网线（上行至少 100Mbps/50Mbps，下行 1000Mbps），是否需要彩色打印机等设备，要安排专人负责设备管理，建议拟定设备清单备查。

（4）人员及其他准备。涉及本机构和品牌方人员，具体操作如下。

① 本项任务首先给出了 MCN 机构的执行团队架构，可见人员准备非常重要；
② 在项目执行期间，确认品牌方哪些工作人员能来到本机构，并安排相关行程及接待；
③ 如果专场直播需要出外景，要统计外出人员并安排相关行程。特别是需要确认品牌方工作人员有哪些，建议至少要有一名助播/产品专员（应非常了解品牌和产品）。如果有专用模特也要邀请，特别是服饰类模特；
④ 确保品牌方客服数量和能力上保障及时应对粉丝的问题；
⑤ 确认是否有要做试验的商品；
⑥ 直播期间是否全场包邮，7 天无理由退换货，多长时间可以发货，新疆、西藏、云南等地是否发货，以及售后问题联系人等细节。

（5）内容运营。部分准备工作完成后，就要安排内容生产、传播和投放计划。这部分工作可以分为三类：短视频内容（短视频团队）、直播内容（直播团队）和内容投放（投放团队）。具体工作如下。

① 短视频内容。一般在直播前7天、5天、3天、1天、半天、2小时安排预热短视频发布，短视频可以是种草、拔草、引流等各种类型（数量至少5个，涉及品牌故事、"鸡汤"、产品介绍、活动预告等）。直播前预热视频要规避被平台限流，如果采取常规措施后仍被限流，要及时与广告投放人员协商处理。直播中也要发短视频，一般在直播半小时前、开始后5分钟等节点，以及运营人员认为需要时（如流量持续增长、流量大幅下跌、流量不稳定等）发布。短视频内容可以是引流短视频、直播高光切片或阶段战报等。直播后常常会发布直播高光切片或直播战报视频，实现效益最大化。另外，短视频内容并不局限在抖音平台，可以跨平台发布，也可以在私域群中转发，目标是尽量传播触达。

② 直播内容。直播内容用"直播脚本"来呈现，后面详细说明，重点是目标、主题、话术、团队配合等。

③ 内容投放。内容投放应该贯穿整个专场直播流程，从短视频预热到直播间投放。其主要工作包括拟订广告目标（付费推广的具体目标，量化指标如ROI、流量、互动等）、明确广告预算（能花多少钱）、选择广告类型（如DOU+、巨量千川竞价广告等）、确定投放方式（巨量千川广告的视频、直播间）、广告素材遴选与制作（广告素材数量和质量有保障，尽量提前测试、预审）、创建广告计划（需与货品匹配，目标为引流的计划对应引流款产品等，一般要准备多条计划承载多种投放策略）、分析广告数据（及时分析广告数据，为下一步投放提供依据）、优化投放（根据实际需要或数据分析优化投放计划）等。

（6）播前双检。专场直播开播前1～3天要执行播前双检，主要工作流程如下。

① 执行团队测试与检查。各执行团队自行测试和检查前期准备工作，比如商务团队与品牌方确认派驻人员行程；直播运营团队测试商品链接并提前将商品加入达人橱窗，检查各种道具（如尺码表、成分表、价格表、促销KT板、提示铃铛、气氛小道具等）和手卡（或提词器），连接各种设备开机测试，测试网络速度，对照直播脚本检查直播过程，必要时彩排完整流程；店铺运营团队检查产品质检报告是否提前上传至详情页（否则可能导致商品下架）等。

② 品牌方检查。一般在播前一天以播前会议的形式执行，由项目负责人主持，品牌方代表和全体项目执行人员参与，听取各团队汇报准备情况，现场查漏补缺。

（7）直播中的SOP。一般将开播前1小时（全体现场人员播前短会）到停播后1小时（全体现场人员播后短会）定义为"直播中"。大型专场直播一般是全体人员参与和配合，其中涉及的细节很多，这里不再一一列举。重点是保持现场人员良好的工作状态和营造积极的直播间氛围。

（8）直播后的SOP。一般在停播后1～2天处理完成，也涉及全体执行团队。主要工作是复盘总结和费用结算，具体内容如下。

① 召开复盘会议。导出直播数据进行数据复盘，各团队人员复盘，商品复盘等；

② 沉淀与二次传播。传播直播高光切片，制作并传播战报，粉丝运营，发布直播商品挂车短视频等；

③ 品牌方总结报告。将生成的专场直播总结报告发给品牌方。了解品牌方的反馈，必

要时执行满意度调查。询问再次合作事宜；

④ 费用结算。根据协议或约定，与品牌方结算费用。MCN 机构内部完成费用结算，一般会发放短期激励。

综上所述，专场直播往往事务繁杂，涉及多方、多团队沟通。这里只给出了一场直播的参考 SOP（并不完善，如缺乏检查清单等各种工具，很多地方没有细化到每个执行动作，也没有给出每个动作要达到的"质量标准"，因此仅供参考），而每场直播的情况都不同，需要在 SOP 的基础上灵活执行。这也正是 SOP 的价值，它能很好地帮助我们无死角、标准明确地执行一系列复杂动作，保障达成目标的同时沉淀经验，是成熟团队的重要工具。

3. 撰写直播脚本

在上述直播流程 SOP 中，最重要的一项工作是撰写直播脚本。因为这部分在《自媒体运营（中级）》（证书名）中已详细介绍，这里不再赘述。接下来再补充说明几点。

（1）区分直播流程和直播脚本。本项目说的直播流程与直播脚本不同。直播流程覆盖直播前、中、后全过程，一般用 SOP 文档形式进行规范，辅助检查清单（Checklist），重点是描述流程中的标准执行动作及相关人员职责，起到辅助项目管理的作用。直播脚本聚焦于"直播中"，脚本一般以表格的形式呈现，重点描述产品、话术和运营工具，属于内容创作作品，是直播团队"演戏"的剧本。

（2）直播脚本"五要素"说明。对于抖音电商，通常有一个"五要素"的说法，即目标与主题、时间序列、流量与人员（人）、货盘次序（货）、话术与互动（场）。

① 目标与主题。直播电商都会明确定义主题，如日销直播、"618"专场直播等，或者更细分的主题（可以写成直播标题）。部分商家目标导向明确，要求在脚本中给出本场直播的量化目标，如涨粉 200 人、GMV 5 万元等。

② 时间序列。时间序列或称时间线，一般分为两部分：日期和时间段。日期与直播主题写在一起，时间段对应关键环节。为了让每个关键环节的时长更清晰，往往会定义一个"时长"字段。

③ 流量与人员（人）。人员是指直播电商团队人员，流量是指直播间的观众。在直播脚本中，要明确团队人员的分工，并关注流量阶段。所谓关注流量阶段，意味着不同的角色对应的工作是不同的。例如，在开播后的前 5 分钟内，平台会推送流量到直播间，测试其流量承接能力。此时，主播与场控的角色很关键，主播话术、场控的气氛烘托都会影响观众是否停留，进而影响引流效果。而开播 1 小时后，一般直播间流量已稳定，此时如果推出主推款，一方面是主播话术要配合，另一方面直播运营可以在私域群中分发促销工具导流，但更重要的可能是投流人员要尝试付费导入新的精准流量。

④ 货盘次序（货）。货盘次序就是已排好顺序的商品。我们知道在一场直播中，不同商品的定位是不同的，因此与不同定位的商品对应的运营策略（包括话术、互动和投放等）均不同。一般直播会按脚本推进商品上下架，但很多时候也会根据具体情况调整货盘。

⑤ 话术与互动（场）。人们对"场"的解读有差别，通常解读为直播场地（真实场所）和线上直播间（虚拟场所），笔者认可这种解读。但在一场直播的脚本中，解读为链接人与货的内容、工具，即主播话术和互动营销工具的应用。

以上"五要素"在非电商直播中并不适用,即使在电商直播中,也可以根据自身的理解来定义直播脚本的关键要素。目标是为了有助于直播内容的创作,保障直播效果。

(3)直播脚本模板应用。专场直播脚本如图9-12所示,其实就是将"五要素"按时间序列清晰地呈现出来。这是比较典型的直播运营视角的直播脚本,在"内容"中,主要给出关键运营动作,有统筹整个直播过程的作用。但对主播来说,直播脚本会更侧重话术,在每个关键环节,将话术详细写下来,参考本书项目七。也就是说,直播脚本的"五要素"对于不同角色可以有差异,如场控也可以根据自身需要,对脚本进行一些修改。但在同一场直播中,要保证各角色切分的时段一致,这样才能实现良好的配合。

直播脚本模板(示例)								
时间								
地点								
主题								
流量阶段	时间段	时长	环节	内容	上架产品	人员分工	道具与物料	投放策略
蓄水期	19:00~19:10	10min	开场预热	1.饱满地、热情地欢迎每一位进到直播间的粉丝 2.预告今日活动:直播间关注福利,下单优惠 3.引导粉丝关注直播间 4.福袋抽奖		主播: 场控: 中控:		
	19:10~19:20	10min	秒杀福利	引导用户关注分享直播间,直播在线过XX人,1元秒杀XX		主播: 场控: 中控:		
	19:20~19:30	15min	快速过款	直播间主推款式快速展示,同时口播优惠力度以及玩法,提醒粉丝互动参与并关注直播间		主播: 场控: 中控:		
爆发期	19:30~21:00	90min	第一轮商品讲解	按货品结构:主推款+常规款+战略款完成第一轮过品		主播: 场控: 中控:		
	20:00~20:05 21:00~21:05	10min	整点秒杀or抽奖	1.主播讲解热门款福利秒杀优惠,同时介绍产品的利益点 2.直播间截屏抽奖 3.引导直播间用户关注,口播直播间福利内容		主播: 场控: 中控:		
	21:00~21:30	30min	第二轮商品讲解	按出单效果降序:返场第一轮商品		主播: 场控: 中控:		
衰退期	21:30~22:00	30min	第三轮商品讲解	按粉丝"点菜"数量降序:返场讲解		主播: 场控: 中控:		
	22:00~22:05	5min	下播福利及次日直播预告	透明日直播内容,感谢粉丝今日陪伴与支持		主播: 场控: 中控:		

图9-12 专场直播脚本

任务思考

本项任务学习了直播电商团队的常见分工、一场大型专场直播流程的SOP,并补充说明了直播脚本的相关知识。

虽然在实际工作中我们未必能够参与单场GMV动辄破千万的大型专场直播,但借鉴大型专场直播的SOP,特别是应用这种方法,即便是一场最普通的带货直播,也会有很大的助益。作为一名成熟的创作者,撰写SOP是必要的技能。

通常,大型专场直播的工作繁琐,工作内容是逐步细化的。商务团队与品牌方沟通时,会用书面"策划案"交流和确认一些重要事项。项目在MCN机构立项后,项目经理(操盘手或运营主管)会撰写"直播流程",指导项目执行。"直播流程"是"策划案"的细化,往往要求考虑全面,反映品牌方的需求,因此MCN机构都会维护和持续优化直播流程SOP。对于流程中各主要阶段,还需要再细化,"直播中"就是撰写"直播脚本"。一些大型的机构还会在选品、搭建等关键环节拟订 SOP。

课后练习

尝试精简本项任务直播执行 SOP，撰写一份日常直播流程 SOP，至少补充一种标准工具（如直播前的设备自检清单或观众满意度调查表）。

任务9.3　系统直播复盘与优化策略

任务描述

某传统零食品牌正积极运营抖音直播业务，由于缺乏相关运营经验，直播效果不理想。现决定将直播业务交由某 MCN 机构代运营。请你从直播负责人的视角出发，完成以下任务。

（1）了解直播大屏的核心数据；

（2）对历史直播进行诊断，找出问题所在；

（3）多维度系统复盘策略。

任务实施

对于专业的 MCN 机构来说，它们一般具备较完备且实操性强的直播 SOP，在"做好直播"这件事上，通常不会有能力上的"硬伤"。但不同 MCN 机构之间的交付质量和整体水准天差地别。很多人不知道，这些差距往往是从一开始就拉开的：如何正确理解品牌方的需求？如何准确诊断当前面临的问题？是否深入理解用户的品牌、产品、用户及商业模式？这些都是 MCN 机构在"做好直播"之前先要攻克的课题。在考虑"如何做好？"之前，更重要的是要明确"为什么做？"。

找到问题后，自然是应用成熟的方法论来解决问题。本项任务在了解抖音电商直播间的"数据大屏"基础上，通过复盘诊断、数据分析发现问题，并从多维度迭代优化，最终达成直播效果。

1. 直播数据大屏的核心数据解读

抖音电商直播数据大屏如图 9-13 所示，包含核心指标、整体趋势、实时评论、近 5 分钟数据和正在讲解商品五大模块。

图 9-13 抖音电商直播数据大屏

（1）核心指标：包含直播间成交金额、曝光进入率、人均停留时长、千次观看转化成交金额、成交转化率等。

（2）整体趋势：包含综合趋势、流量趋势、违规情况三大模块。

（3）实时评论：可查看全部直播评论或只看老用户的评论。

（4）近 5 分钟数据：包括八大核心指标，包括在线人数、进入人数、净增人数、成交金额、评论次数、单 UV 价值、新增粉丝数、新加粉丝团人数。

（5）正在讲解商品：展示累计成交金额、未支付订单数、近 5 分钟点击数和近 5 分钟成交金额四大指标。

以上数据在《自媒体运营（中级）》中已有解读，需要补充说明的是，大屏数据指标及其他网络营销数据指标可能会变化，读者不需要死记硬背这些指标，而是要理解每种指标的意义，养成根据数据分析发现问题、寻找解决策略、总结规律与经验的习惯。

2．诊断历史直播，进行问题归因

本项任务的直播大屏如图 9-14 所示，下面进行问题诊断。

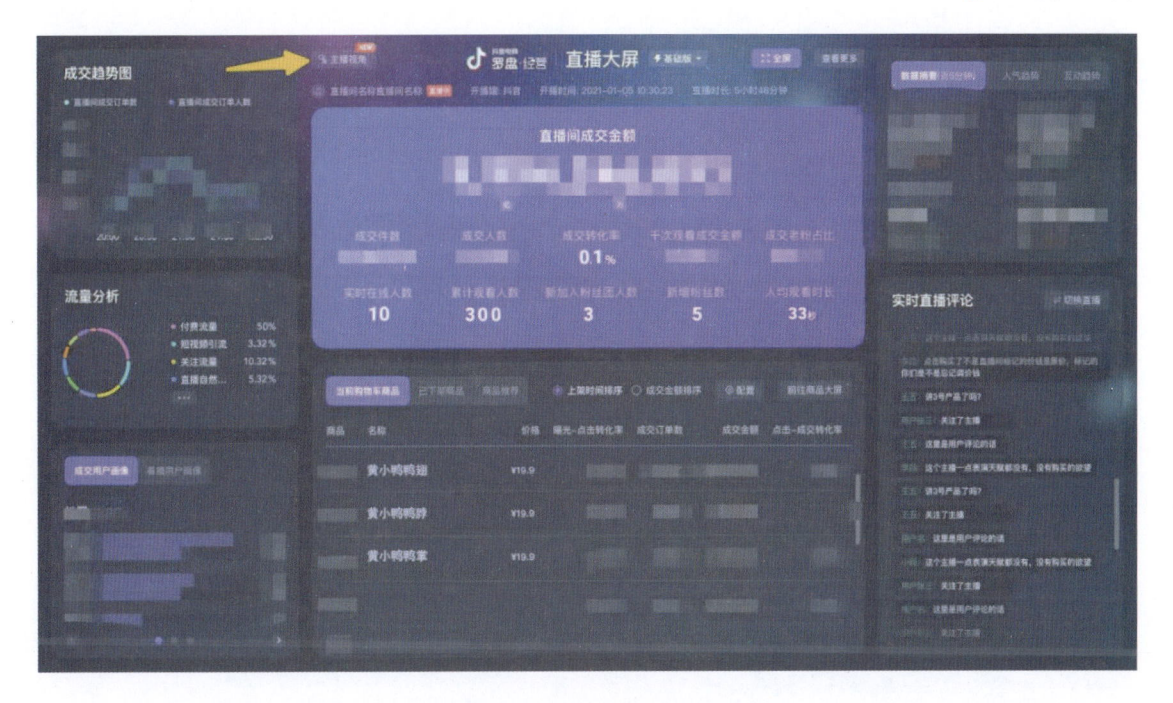

图 9-14　本项任务的直播大屏

（1）问题一：流量低。

① 数据问题：实时在线人数 10、累计观看人数 300，所以 UV（直播观看人数）、ACU（平均在线人数）低。

② 影响因素：引流视频效果、直播间画面、进入直播间人数、直播间氛围、直播间活动、产品组合与定价、达人讲解与互动、自身账号基础等。

③ 优化建议：
- 引流短视频内容、视觉更具吸引力；
- 优化直播间场景、达人装束，匹配目标观众喜好；
- 优化直播脚本（宠粉福利、商品预告、活动预告等）；
- 助播、道具配合，增强直播间可看性；
- 福利活动设置（整点、半点秒杀、福袋、抽奖、红包等）；
- 优化 SKU 组合与价格（引流款、主推款、利润款）；
- 主播加强与粉丝互动，重视情感联系；
- 重视自身账号运营。

（2）问题二：内容差

① 数据问题：人均观看时长 33s。

② 影响因素：直播间氛围与活动、达人互动引导、达人个人魅力、产品吸引力（品牌、定价、组合）。

③ 优化建议。
- 福利活动设置门槛，如"关注、点赞、评论"；
- 达人加强话术引导，常规话术 + 感性话术 + 促销话术组合运用（不止卖货，卖的是

生活方式);
- 加强与观众的聊天互动,以增强观众的存在感;
- 直播间氛围维护,敏感词设置,消除不良反馈;
- 商品搭配、赠品、价格有亮点。

(3)问题三:转化低。

① 数据问题:成交转化率 0.1%;

② 影响因素:"五维四率"每个环节都很重要。流量漏斗"五维四率",包含直播间曝光到进入直播间转化率(画面的吸引力)、直播间进入人数到商品曝光人数转化率(观众与商品匹配度)、商品曝光到点击转化率(商品吸引力和达人话术引导)、点击到成交转化率(商品竞争力、主播逼单能力),如图 9-15 所示,两场抖音直播电商的"五维四率"比较。

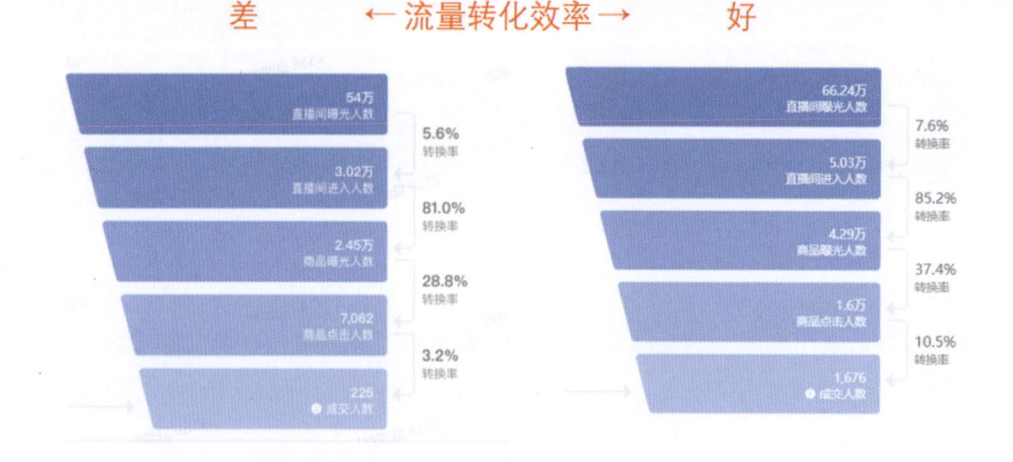

图 9-15 两场抖音直播电商的"五维四率"比较

③ 优化建议。
- 提升进入直播间的人数。重点优化:曝光量、曝光人群的精准度、直播间的场景。
- 提升商品曝光的人数。重点优化:购物车话术、观众精准度。
- 提升点击商品的人数。重点优化:主图、标题、卖点、价格及排品顺序。
- 提升创建订单的人数。重点优化:达人的产品展示、达人的产品介绍话术、达人的过款节奏、爆品的筛选和排品的顺序。
- 提升成交订单人数。重点优化:达人促单话术。

(4)问题四:转粉差。

① 数据问题:新加粉丝团人数 3,新增粉丝数 5。

② 影响因素:达人是否进行引导关注的话术、动作指引,是否有新客专属福利。

③ 优化建议。
- 话术引导,设置心理锚点,给出承诺"关注、加粉丝团,就可以获得……";
- 动作引导,直播伴侣贴纸设计(引导关注箭头)、手机演示(如何关注)、KT 板(点击关注、购物车下单);
- 专属福利:粉丝福利券、福袋抽奖、粉丝等级专属优惠等。

（5）问题五：短视频引流占比低。

① 数据问题：短视频引流占比为 3.32%，相对较低；而付费流量占比高达 50%，显得过高。

② 影响因素：引流短视频效果。

③ 优化建议。

- 引流短视频的发布数量；
- 引流短视频内容创意，取得良好的数据反馈；
- 引流短视频要有明确的直播相关信息，引导行动。

（6）问题六：商品组货策略不合理。

① 数据问题：价格无差异（19.9元）、品类同质（鸭翅、鸭脖、鸭掌）。

② 影响因素：优化商品组货策略。

③ 优化建议：按客单价和商品属性等拆分引流款、利润款、主推款等，配合营销节点推出。

可见，直播数据诊断一般可以从流量指标、内容指标、转化（销售）指标、转粉指标、商品指标、品牌指标等维度进行。作为一名成熟的创作者，应按照 MECE 法则提到的"相互独立，完全穷尽"搭建直播诊断分析模型。

3．多维度的系统直播复盘策略

在《自媒体运营（中级）》（证书名，以下简称中级）中，已经介绍了单场直播复盘，但没有总结具体方法。这里先总结中级的复盘方法，然后补充一些新内容。

（1）四步复盘法。

四步复盘法是直播复盘通用方法。

① 回顾目标。在直播策划中一般要提出本场直播的目标（一般用定量和定性两类指标描述），复盘时罗列出来即可。

② 量化诊断找差距。将本场直播的关键数据分类整理，与目标或上一场直播进行对照，寻找差距（诊断），并分析差距产生的原因（粗略归因）。本场直播的关键数据在中级教材中分为 4 类（人气指标、互动指标、转化指标和订单指标），本书中将重新归为六类。

③ 分角色定性评价。在《自媒体运营（中级）》中，由创作者自己完成各项工作，根据第三步归因定性分析，寻找达人、现场、商品或内容等方面可改进的点。本书有了团队的概念，则由不同角色解读"差距"（细致归因），并针对差距制订策略。本书将补充一些定性分析的方法和角色种类。

④ 总结优化。根据上述方法，总结出经验或规律，明确优化方向和具体策略。

为什么一般先量化诊断呢？因为一方面与目标接轨，另一方面量化诊断能清晰、轻松看到差距，减少定性评价的工作量，让定性评价更聚焦。因为每场直播均要复盘，工作量大，所以复盘的重点是"问题"，做得特别好、值得一提的优点在总结中简单写下即可。另外，先量化后定性有利于培养数字思维。

（2）六类关键数据。

与中级中将一场直播的关键数据分为四类不同，本书将关键数据分为六类。

① 人气数据：进房率、平均在线人数、观看人次、人均停留时间、新增粉丝数、转粉率、互动率等。

② 带货数据：商品交易总额（GMV）、客单价（ATV, Average Transaction Value）、千次观看成交金额（GPM）、每用户平均收入（ARPU, Average Revenue Per User）、点击率、转化率等。

③ 用户精准度数据：用户性别、地域、年龄、购买偏好、价格偏好等特征是否与预期一致。

④ 流量健康度数据：各种流量来源及占比情况，重点是关注页、推荐页和同城页免费流量与付费流量的占比。

⑤ 短视频内容数据：短视频播放、点赞、评论和分享量，视频点击进入率。

⑥ 竞争力数据：各项数据与同行同级优秀值对比，标识同行竞争力。

中级中的四类数据归入了这里的第①和②类，而后四类数据是本书增补的，可以更全面分析一场直播。

（3）六个关键角色。

这里的六个关键角色是指直播电商团队的六个角色。各角色应根据岗位职责独立完成复盘。因团队分工不同，所以，接下来的复盘说明不一定适用于所有团队。

① 达人。团队核心，主要复盘话术、互动、节奏、商品掌握情况（卖点）等。

② 场控。主要复盘场景搭建、实时数据与阶段目标、直播间氛围、突发事件预警与应对方法等。

③ 助理。达人辅助者或分身，主要复盘与达人的配合，样品道具展示与说明、活动和福利说明、商品上下架（排品调整）、突发事件应对、库存与订单确认、发货问题答疑等。

④ 运营。主要复盘引流或预告短视频准备、效果，投流效果等。

⑤ 选品。主要复盘选品是否成功，商品结构（货盘）是否合理，排品（过款流程）是否合理。

⑥ 客服。主要复盘公屏互动、客户问题答疑、订单处理等。

上述六个关键角色的职能可能合并或进一步分解。例如，很多直播间不设置助播岗位，助播的职能由达人和场控分担；有些直播间将运营和投手角色分离，由专人负责付费推广。

分角色复盘可以细致归因，更专业地找到问题解决策略，但复盘问题比较零散，所以定性分析也可以采用四维度复盘法。

（4）四维度复盘法。

四维度复盘包括：商品配置、直播现场、主播表现和目标受众。也可以叫作人、货、场分析复盘法。

① 商品配置。

● 低点击＆高成交。转化潜力品，可以优化主图、点击引导。
● 低点击＆低成交。滞销品，不能主推，可以替换。
● 高点击＆高成交。全场畅销品，达人的核心主推款。
● 高点击＆低成交。流量潜力品，改善话术，提升商品竞争力。

② 直播现场。

● 构图。直播场景中画面的构图、比例、展示方式。

- 清晰度。直播画面的清晰度，影响用户观感。
- 光线。直播场景中的灯光，影响用户观感。
- 氛围。直播间的氛围感，是否形成羊群效应。

③ 达人表现。
- 达人形象。达人的妆容等，给用户带来的第一眼感觉。
- 团队配合。产品演绎及促单，促单环节的配合。
- 讲解话术。重点是全场畅销品、达人的核心主推款。
- 亲和力。达人表现出的亲近感，让用户停留。

④ 目标受众。
- 性别/地域。进入直播间的用户、性别和地域是否跟产品匹配。
- 客户价值。直播间用户下单价值跟产品客单价匹配。
- 年龄段。直播间用户的年龄段是否过于宽泛不够精准。
- 八大人群。直播间用户的人群分布是否过宽泛不集中。

（5）全域电商复盘法。

对于品牌商家或较大型直播电商团队，如果是以直播为主的全域电商商业模式，可以依据抖音电商总结的FACT+S方法论进行复盘。这种复盘法涉及人员、商品、账号众多，直播场次多，项目周期长，所以通常由较高层级的主管负责执行，主要从"策略"角度复盘。

① 自营阵地（F）。直播复盘可从内容、商品、流量与粉丝画像着手，对流量指标、互动指标展开分析；达人复盘则需要结合上播记录，将其直播表现与直播间数据进行关联，以优化达人能力项。

② 达人合作（A&T）。根据达人的流量、拉新、转化和成交数据分析，完成同类型达人的横向对比，以及与历史数据的纵向对比，与优质达人建立长效合作，建立稳定的达人分销基本盘。必要时，与头部达人合作，同步评估效果和品牌效益。

③ 活动与促销（C）。控制好日销、节点营销和平台大促的节奏，重点复盘目标达成度，为改进活动与促销策略提供依据。

④ 货架场（S）。货架场包括商品、商品卡、搜索、商城推荐、频道活动、店铺、达人橱窗运营策略。重点复盘直播与货架场的协同效应，店铺商品主推与直播商品主推匹配，直播商品返场延续商品热度，直播商品切换拉升每用户平均收入，直播中是否有意识拉动货架场销售和沉淀店铺粉丝，效果如何等。

⑤ 营销加速（+）。重点是投放组合和策略，可结合投放结果和目标达成率，完成商品、场景、主播与目标受众的归因分析，为策略迭代提供参考依据。

任务思考

本项任务我们学习了直播复盘，将在《自媒体运营（中级）》中学习的直播复盘知识总结成方法，并进行了拓展。

直播复盘能力是判定创作者成熟度的重要指标，需要大量的实践，不断总结优化。多维度系统复盘的导向是：常态化、多维度、多角色、多层次、系统化。

课后练习

（1）请使用本项任务所学知识，对自己近期的一场直播进行诊断和系统复盘；

（2）尝试总结适合自己的复盘方法；

（3）尝试设计一套用于直播复盘的表格。

项目小结

通过本项目的学习和训练，希望创作者掌握市场调研方法、年度直播运营方案设计、直播执行 SOP 撰写、直播诊断与系统复盘策略等。

电商直播经历了多年发展，当下的市场竞争愈发激烈，品牌、达人们不断提高着行业的进入门槛，具体体现在运营的精细化、内容的风格化、团队协作流程标准化、数据分析智能化等。这也对从业者提出了更高的要求，不仅敢于在实践中行动，还要勤于总结并不断优化适合自己的方法论，用于指导实践，才能取得可持续的、更优的结果。

项目十

付 费 推 广

学习目标

- 能根据短视频、直播内容,参与广告创意的数据,提出广告内容优化建议。
- 能配合视频爆款打造,获取付费流量,并依据广告数据持续优化投放策略。
- 能在直播前和直播中执行付费推广操作,控制直播间流量,并持续优化投放策略。
- 能跟踪付费推广数据,计算每次投放的ROI,并优化投放策略。

任务 10.1　某食品广告视频 DOU+ 付费推广

任务描述

某美食类达人 @ 小涵最近接到了一份海南特产"椰奶清补凉"的广告商单，要求：①在达人的原生视频中，软植入商品，并展现产品卖点；②KPI 考核目标：视频的播放量达到 300 万以上，点赞量达到 5 万以上。为满足品牌方的要求，现需要完成广告商单任务，并利用 DOU+ 功能帮助自己顺利完成 KPI 目标。达人 @ 小涵的团队准备按以下几个步骤完成任务。

（1）完成广告创意及脚本创作。
（2）拍摄、剪辑视频，并发布。
（3）酌情采用 DOU+ 加热的方式推广视频。
（4）分析传播数据，酌情追加投放。
（5）交付完成后，总结复盘。

任务实施

广告脚本不同于一般的视频脚本，需要严格按照品牌方的 brief（是指品牌方、广告公司、达人之间互相传达工作相关信息的书面文件，一般包含品牌简介、商品卖点、内容规划要求等信息）要求进行视频创作及传播。

1. 完成广告创意及脚本创作

（1）对要求植入的商品进行调研。用户调研的方法在《自媒体运营（中级）》的相关任务中已有阐述。主要搜集两个方面的信息。

① 通过抖音、淘宝等平台，找到"椰奶清补凉"的商品详情界面，查看商品的配料表、包装及核心卖点，如图 10-1 和图 10-2 所示。

项目十 / 付费推广

图 10-1　商品详情界面配料表

图 10-2　商品包装及核心卖点提炼

② 通过商品详情界面的评价和其他平台的用户评论，了解用户的需求，如图 10-3 和图 10-4 所示。

图 10-3　用户内容种草

图 10-4　其他图文平台用户评论搜索结果

通过对商品卖点和用户反馈的总结，@小涵团队发现，在视频内容中可以强调该产品的三个特点：一是小料丰富且充足，特别适合用特写镜头呈现；二是冷藏后口味更佳，作为消暑甜品，冰镇口感体验更好；三是该产品有低糖版本，方便吸引健康减脂的人群。

191

（2）细读品牌方的 brief。

在内容方面，品牌方提出了如下要求。

① 内容有创意（建议沿用爆款思路、可以蹭热点），自然植入；

② 符合人设，有动机、有缘由地植入，合乎逻辑，切忌直接使用卖点词；

③ 清补凉商品出镜，展示商品详情，口语化植入。

注意：切忌突然口播或强行生硬拼接，情节不要过于复杂。

在具体口播话术方面，品牌方给出了三个必备点。

① 表述产品强利益点（1～2个），需根据人物情境口语化；

② 表达对产品的熟悉、喜爱；

③ 多人场景下也需要得到他人的肯定（正面或委婉）。

（3）选择广告创意。

在 @小涵已发布的内容中，选择适合二创为广告视频的标的，通过筛选，最终圈定在"美食制作教程"或者"声优闺蜜"两个视频中二选一。两个视频分别如图 10-5 和图 10-6 所示。

因为品牌方的 KPI 目标对视频的传播数据（播放量和点赞量）有明确的要求，所以根据点赞数据差异，决定在点赞量更高的"声优闺蜜"视频的基础上进行二创。

图 10-5　美食制作教程

图 10-6　声优闺蜜

（4）撰写内容脚本。

品牌方要求情节不要过于复杂，决定采用三段式结构。为合理植入商品，不生硬，@小涵团队决定将火锅店作为拍摄场景，用吃辣以后嗓子不适，植入"椰奶清补凉"。视频开头部分脚本如图 10-7 所示。

视频顺序	视频角度	时长	台词	画面	备注
1	/	2s	机械音：当我有个声优闺蜜	黑屏字幕	
2	中景	2s	闺蜜：不是吧，每次吃饭老板就打电话	小涵和闺蜜在吃火锅，闺蜜的电话响起	
3	近景	3s	电话：小田，我这有个PPT你加个班来弄一下	手机免提画面	
4	中景	2s	闺蜜：我现在…	闺蜜看向小涵，话还没说被老板打断	
5	近景	3s	电话：诶诶我知道你在重庆，赶紧过来	闺蜜看一下手机再看向小涵，把手机递给小涵寻求帮助	
6	中景	3s	小涵（模仿医院挂号）：请06号到3诊室就诊	小涵匆忙接过手机，模仿挂号的机械音	
7	近景	2s	电话：啊？你在医院吗？	闺蜜快速反应拿过手机	
8	近景	3s	闺蜜：咳咳咳对啊老板，我可能…咳咳咳	闺蜜咳嗽假装自己生病	
9	中景	2s	电话：算了算了，我叫别人吧！	老板电话挂断，闺蜜看着小涵松了一口气	
10	/	2s	/	【小涵表情定格+字幕：加班克星】	

图 10-7 视频开头部分脚本

商品广告植入部分脚本如图 10-8 所示。

11	中景	3s	小涵（被呛到）：咳咳咳，下次这种事别找我了啊，嗯…	小涵被火锅辣到，一边咳嗽一边跟闺蜜说话	
12	中景	3s	闺蜜：来吃口这个，解辣的	闺蜜端出一碗南国清补凉做的甜品递给小涵	
13	中景	3s	小涵：呼~救大命了，这什么做的？还挺好吃	小涵接过吃了一大口舒服多了	
14	中景	2s	闺蜜：南国清补凉啊，海南那边的特产	闺蜜拿出一罐南国清补凉递给小涵	
15	中景	3s	小涵：哇，这一罐里面小料这么多？	小涵接过清补凉，打开盖子	
16	中景+特写	4s	闺蜜：对啊，它里面有椰果，大麦仁好多种谷物，口感丰富又健康	小涵舀一勺里面的食材展示	
17	中景+特写	4s	闺蜜：我还加了你喜欢的水果，是不是清爽又解腻？	闺蜜舀一勺用清补凉做的甜品，展示里面的食材	
18	中景	4s	小涵：嗯~而且椰奶味道也好香浓，火锅的辣味冲淡了好多，冰冰凉凉的，夏天吃刚刚好~	小涵吃一口清补凉甜品说	
19	中景+特写	4s	闺蜜：它还有低糖版本的，平时你嘴馋开一罐吃，营养有了又不怕长胖	闺蜜拿出低糖版的清补凉递给小涵	
20	中景	2s	小涵：这么好的东西你不早拿出来	小涵拿着清补凉调侃闺蜜	

图 10-8 商品广告植入部分脚本

该脚本顺利通过品牌方审核，定稿后团队确定了拍摄日期、拍摄地点、达人妆容及服装、样品道具后，着手进行广告视频的拍摄。

2．视频拍摄与剪辑

根据定稿脚本完成视频的拍摄与剪辑。相关技能已在《自媒体运营（中级）》中详细讲解，所以此过程在本项目中省略。

3. 视频发布与 DOU+ 投放

本次品牌商单视频的主要诉求是商品的曝光和种草，为取得更好的传播效果，在团队与品牌方沟通后，决定采用不挂购物车的形式发布。如果在视频中加载购物车组件，营销属性太重，同样的视频内容获得的自然流量推荐可能会很低。在实践过程中，要根据推广目标进行取舍。

因没有加载购物车，视频采用 DOU+ 加热功能进行推广。

在投放时段的选择上，工作日的 18:00—19:00 是抖音用户活跃时段，考虑到视频发布后需要平台审核，以及视频发布后需要 30 分钟左右的推流预热，所以确定视频发布时间为 17:00。

视频发布后 15 分钟，进行第一次 DOU+ 投放，如图 10-9 所示。投放目标选择"账号经营""点赞评论量"选项。不选择"视频播放量"选项的原因是，前者会把视频推送给更喜欢互动的用户，而互动数据的增加有利于获得更多自然流量推荐。投放金额选择"¥500"选项，投放时长选择 24 小时。注意，在同等预算条件下，投放时间越长，用户推荐越精准，预算的性价比越高。

因为不是带货类视频，主要考核的 KPI 指标是传播量，对转化率和观看人群没有特殊要求，所以投放方式前期点选"系统智能推荐"按钮。

在投放订单提交后，预计 18:00 前顺利通过审核。为取得更好的种草效果，增加品牌在抖音内的搜索热度，团队将视频中露出的产品名字用作者评论的方式置顶在评论区，如图 10-10 所示。

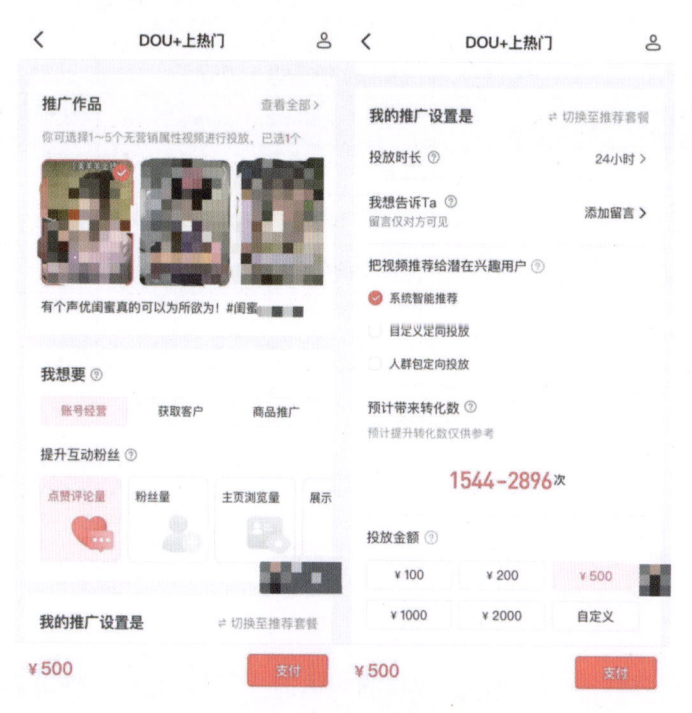

图 10-9　第一次 DOU+ 投放订单界面　　　图 10-10　商品名字置顶在评论区

4．数据分析与追加投放

查看第一次 DOU+ 投放数据，如图 10-11 所示，获得 9190 个点赞，播放量达到 2.5 万，平均每投资 1 元获得 18 个点赞。

图 10-11　第一次 DOU+ 投放数据（一）

DOU+ 投放的人群中，5s 完播率达到 48.34%，点赞率达到 36.11%，性别分布比较平均，男女比例为 53∶47，如图 10-12 所示。

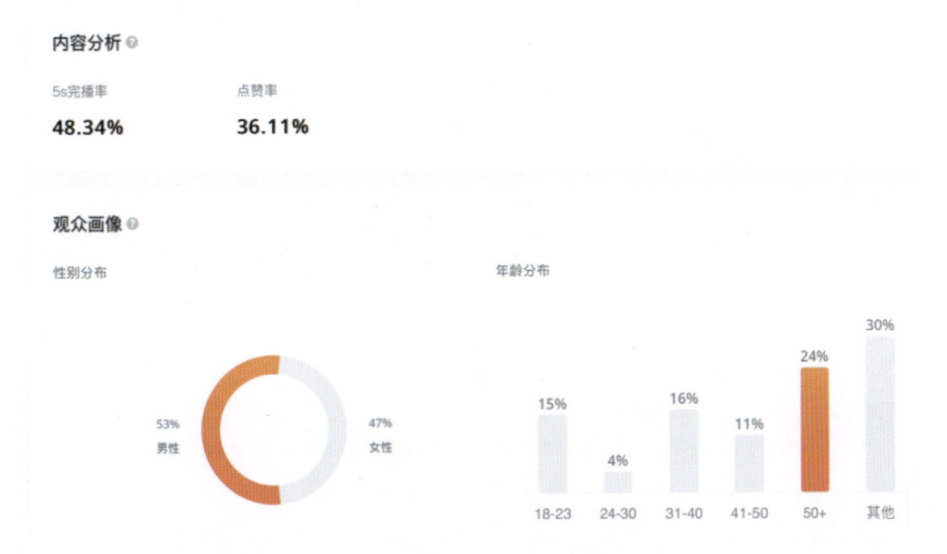

图 10-12　第一次 DOU+ 投放数据（二）

在视频发布 72 小时后，播放量达到 272 万，未达到 KPI 目标；点赞量超过 5 万。已达标，但视频的自然推荐流量已经下滑，数据增长很慢。团队决定进行 DOU+ 追投，投放金额为 300 元。因为上次投放时，系统已经建立该视频的人群画像，所以本次投放时间缩短，选择 6 小时，投放方式依然选择系统智能推荐，沿用之前的模型。第二次 DOU+ 投放数据反馈如图 10-13 所示。

图 10-13　第二次 DOU+ 投放数据反馈

经过第二次 DOU+ 加热，获得了平台新的推荐流量，视频播放量突破 500 万，点赞量突破 8.6 万，如图 10-14 所示，远超出了品牌方的 KPI 目标。

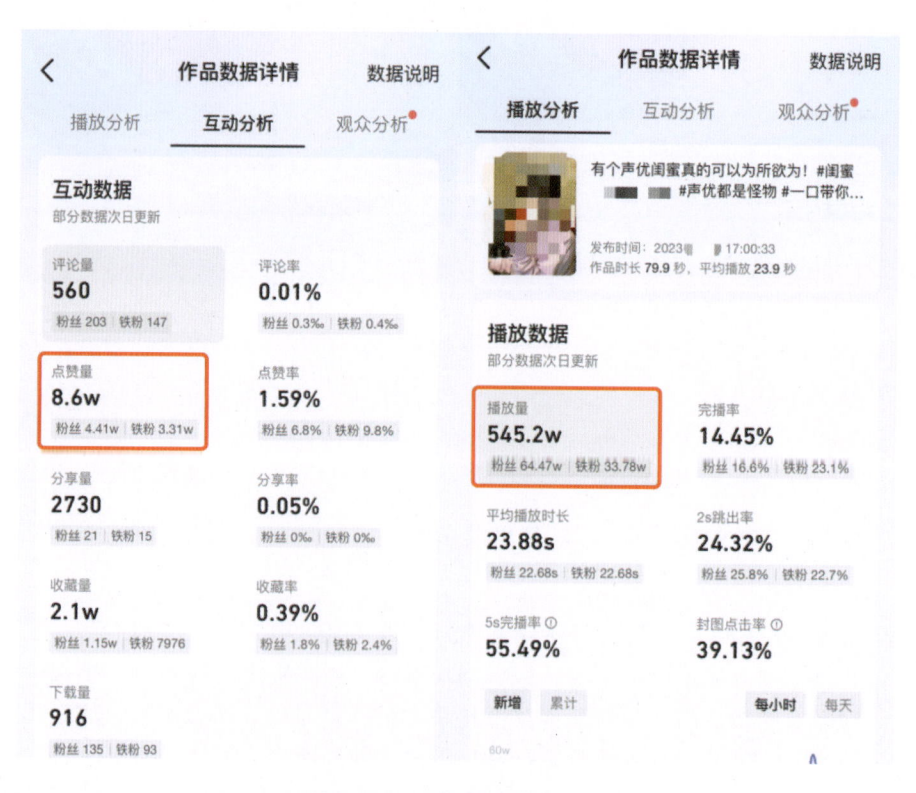

图 10-14　最终视频数据情况

5．总结评估

品牌方对本次广告效果比较满意：视频内容延续达人本身人设与风格，广告植入过程自然，拍摄场景较好；视频数据超额完成了原定的 KPI 目标。品牌方表示后续会考虑复投。

本次视频虽然做了两次 DOU+ 投放，但亮点是在投放预算不多的情况下，尽可能多地获取了自然推荐流量（85% 以上是推荐流量），视频流量来源如图 10-15 所示，这说明付费推广的投入产出比（ROI）相当高。

此外，发布广告视频，通常会造成粉丝流失，本次脱粉量达到 1151 人，但好在"声优闺蜜"的选题和内容质量高，广告营销属性弱，因此吸引了 6835 个新粉丝，弥补了广告视频带来的负面影响，视频观众数据如图 10-16 所示。

图 10-15　视频流量来源　　　　　　图 10-16　视频观众数据

总体来说，本次商单超预期完成目标，投放 ROI 高，粉丝量不降反升，是一次成功的运作，后续要继续保持。

任务思考

在使用 DOU+ 进行视频付费推广时，如果品牌方的诉求是传播量，在视频内容质量本身不错，传播数据指示有爆款趋势（万赞以上）时，投放目标可以选择"点赞评论量"选项。互动数据的增长，更容易让平台定义为优质内容，从而获得平台推荐，得到更大的自然推荐流量，提升投入产出比，甚至收获净增粉丝，既做了广告，又推动了账号成长，一箭双雕。

在多数情况下，视频内容本身很可能不够好，为了完成商单指标，只能强行投放，则会有一系列负面后果。例如，投放 ROI 低，导致商单不赚钱；流量质量差，即使达到商单指标，品牌方也会明白指标完成得牵强，会减少后续合作的机会；更严重的是，账号净脱粉，影响账号长期经营，得失难断。所以说，账号经营的核心是内容，内容的关键是创意，踏踏实实做好内容创意才是根本。投机取巧、剑走偏锋，甚至铤而走险，在抖音大数据和 AI 技术下，"好运"不过昙花一现。

如果品牌方的诉求是转化效果，如营销组件（购物车、POI 地址、应用下载等）点击，甚至是有效销售额时，DOU+ 的投放目标则要往商品转化方向进行调整。在投放范围上，也要从"系统智能推荐"调整为"自定义定向投放"或"人群包定向投放"。此时投放难度将大幅提升，核心难点是与抖音算法高效互动，用尽可能小的投入，让算法筛选出精准的人群。

判断视频质量的标准有很多，在短视频运营章节已提到。对于视频是否有付费推广价值，目前产业界流行依据 5s 完播率指标判定。一般认为，5s 完播率 30% ~ 40%，可起投；如未达到，不建议投。但这种经验数据与行业、类目有关，也与账号成长阶段有关，需要运营人员灵活把控，切不可僵化为经验主义。

课后练习

你完成了一期大学生职业生涯规划的口播视频，希望该视频传播数据尽可能大，以提升账号粉丝数，请根据该诉求制订 DOU+ 投放计划。

（1）确定投放目标，并说明原因；
（2）明确投放时间，投放预算；
（3）详细说明投放人群及原因。

任务 10.2　某三农账号直播间巨量千川付费推广计划

任务描述

@鸿姐土货是主营花椒及土特产的"三农"账号，主要通过直播进行变现，直播间以自然流量为主，最近想要通过引入付费推广的方式，为直播间引流，但不知道该如何操作，请结合@鸿姐土货账号目前的情况，帮助@鸿姐土货完成巨量千川投放计划的创建。具体执行步骤如下。

（1）直播间流量现状梳理。
（2）选择直播推广工具并进行投放设置。
（3）确定直播推广人群。
（4）筛选直播推广素材。
（5）制订投放计划。

任务实施

巨量千川主要针对电商商家,凡是想通过抖音卖货或是带货,无论是直播间还是短视频,都可以用巨量千川投放。相比自然推荐流量,巨量千川付费流量具有更稳定、人群更精准的特点。

1. 直播间流量现状梳理

通过抖音精选联盟商家版后台,查看@鸿姐土货近1个月的直播间观众数据,如图10-17~图10-19所示。

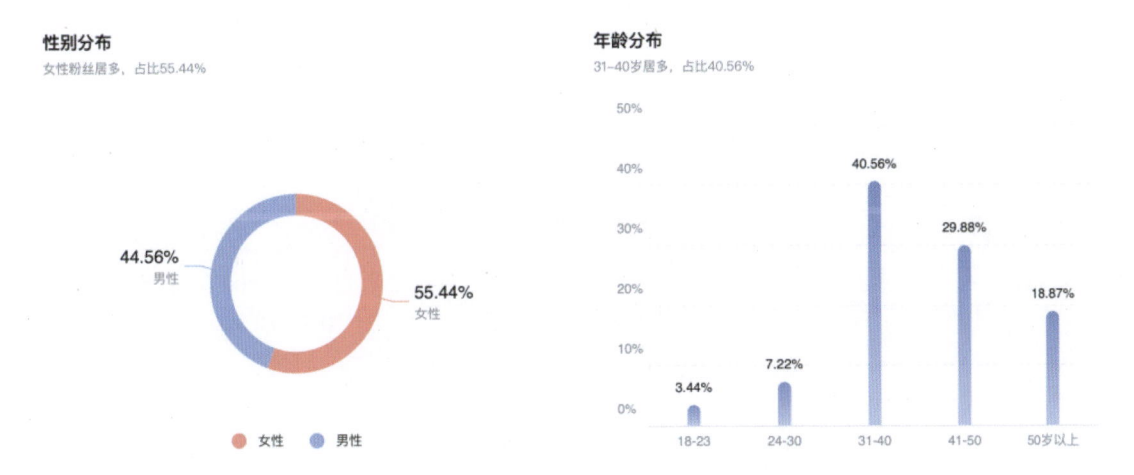

性别分布
女性粉丝居多,占比55.44%
- 女性 55.44%
- 男性 44.56%

年龄分布
31~40岁居多,占比40.56%
- 18~23: 3.44%
- 24~30: 7.22%
- 31~40: 40.56%
- 41~50: 29.88%
- 50岁以上: 18.87%

图10-17 @鸿姐土货近1个月的直播间观众数据

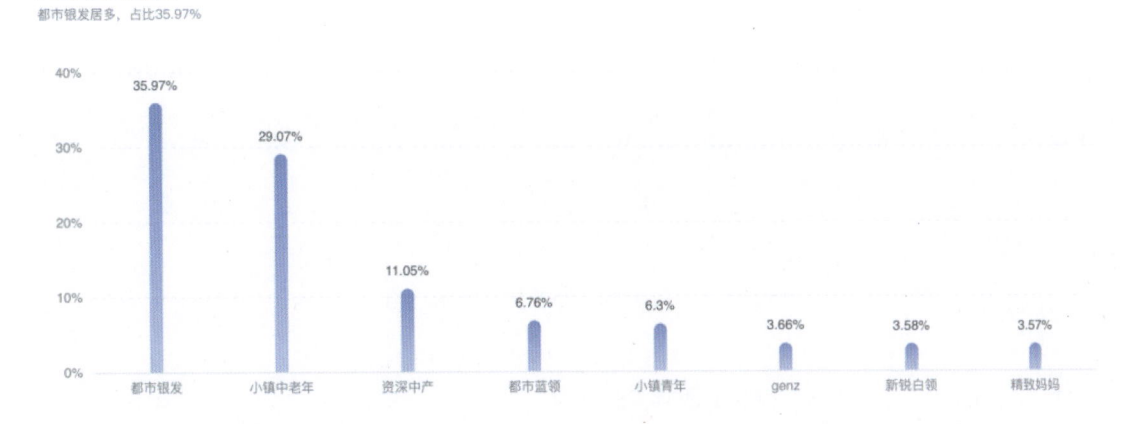

八大消费人群占比
都市银发居多,占比35.97%
- 都市银发: 35.97%
- 小镇中老年: 29.07%
- 资深中产: 11.05%
- 都市蓝领: 6.76%
- 小镇青年: 6.3%
- genz: 3.66%
- 新锐白领: 3.58%
- 精致妈妈: 3.57%

图10-18 @鸿姐土货直播间消费八大人群数据

排名	地域	占比
1	重庆	27%
2	四川	20%
3	广东	6%
4	江苏	4%
5	湖南	3%
6	浙江	3%
7	湖北	3%
8	山东	3%
9	辽宁	3%
10	河北	3%

图 10-19　@鸿姐土货直播间人群地域分布数据

通过查看@鸿姐土货最近一期的直播，其流量结构主要来自推荐 feed、粉丝关注，还有部分来自短视频和其他流量，@鸿姐土货直播间流量结构如图 10-20 所示。

直播间流量结构

推荐feed占比居多，占比38.27%

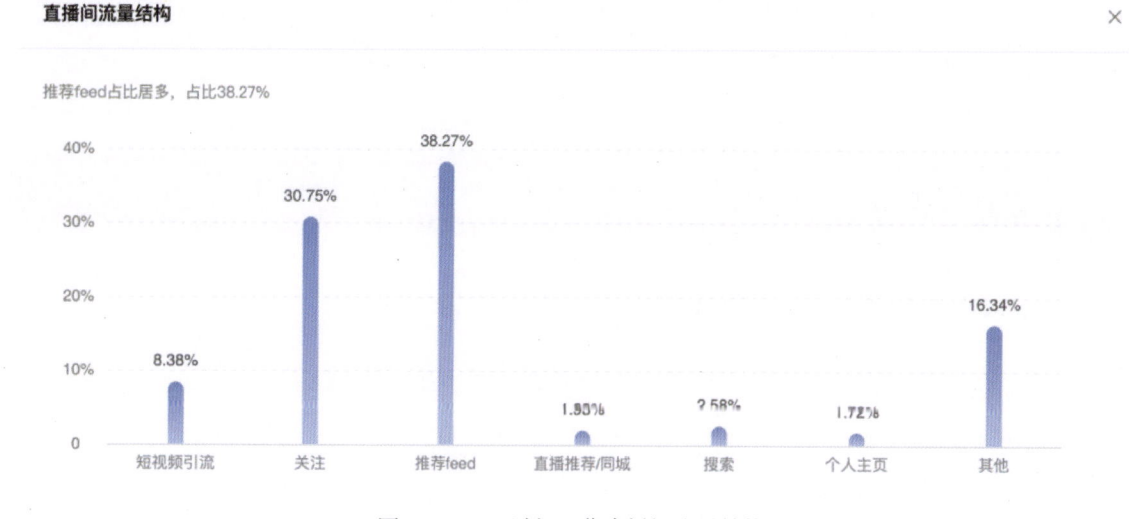

来源	占比
短视频引流	8.38%
关注	30.75%
推荐feed	38.27%
直播推荐/同城	1.95%
搜索	2.58%
个人主页	1.72%
其他	16.34%

图 10-20　@鸿姐土货直播间流量结构

2．选择直播推广工具并进行投放设置

（1）选择投放工具。因为要为直播间进行投放引流，我们选择巨量千川作为投放工具。在巨量千川内部有不同的投放端口，每个投放端口具有不同的优势和特点，如图 10-21 所示。

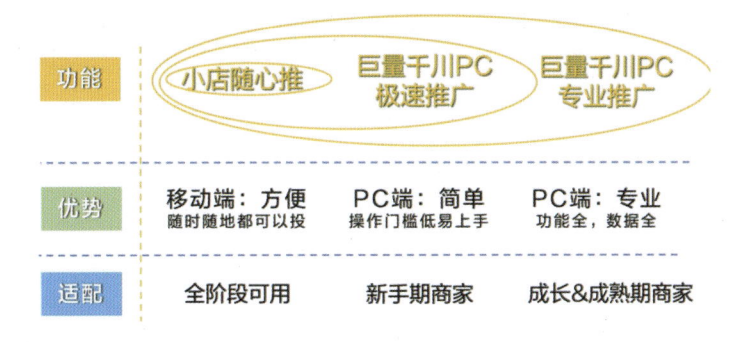

图 10-21 巨量千川不同投放端口的优势和特点

巨量千川专业版功能最为复杂，但相对来说人群定位更为精准。小店随心推操作简捷、方便，但不能细致地进行人群定向设置。接下来以极速版为例，我们将对各项功能设置进行讲解。在创建巨量千川投放计划时，重点解决三个问题，创建巨量千川投放计划的要点如图 10-22 所示。

图 10-22 创建巨量千川投放计划的要点

（3）投放设置中的一些重要参数定义如下。

① 投放方式。控成本投放：尽量按出价花钱（预防广告风险，但预算可能花不完）。放量投放：尽量把预算花完（多抢流量，但转化成本可能波动）。

② 投放速度。尽快投放：如果遇到合适流量，会集中预算买大波流量。均匀投放：全天均分预算买平稳的流量。

③ 投放时间。长期投放：从今天开始一直投。开始和结束日期：设置起始和终止投放日期。固定时长：以 0.5 小时为单位设置投放时长，最长 24 小时。

④ 预算与出价。日预算：你愿意每天为这条视频计划花费的最高金额。出价：出价是指你愿意为每次成交/转化支付的推广费用。在《自媒体运营（中级）》关于付费推广的任务中，我们根据系统提示，将出价设定为 2.6 元/有效看播数，巨量千川极速版的设置如图 10-23 所示。

图 10-23　巨量千川极速版的设置

显然这里设置的出价高于系统提示，在《自媒体运营（中级）》中并没有对此做解释，其实原因比较简单。当一条广告计划建立之初，我们最想要的结果不是获得更高的 ROI（投入产出比），而是要让这条计划"跑"出数据。因为巨量千川广告投放的算法使用了人工智能技术，允许投放者通过不断优化投放模型，实现 ROI 最大化。而 AI 算法需要通过不断学习才能优化，更快获得反馈数据，才能让算法学习更快。所以新建广告计划通常会给出较系统推荐更高的出价，特别是定义了各种投放条件（如有人群定向）的新广告计划。这样，新广告计划就能以超高出价暴力获取数据，避免了"投不出去"的问题，提升了获取反馈数据的效率。简单讲，多花钱的目的是让算法更快学习，从而最省钱。

（2）投放设置中最重要的参数是优化目标。巨量千川给出了多个优化目标，分为两类：直播间购买和直播间互动。其中，直播间购买有六个优化目标：直播间商品点击、直播间下单、直播间成交、支付 ROI、直播间结算和结算 ROI。直播间互动有三个优化目标：进入直播间、直播间粉丝提升和直播间评论，如图 10-24 所示。

图 10-24　巨量千川广告计划的优化目标

要合理选择优化目标，还需要简单了解抖音电商的"五维四率"漏斗模型。

五维是指直播间从曝光到商品成交的关键环节，包括直播间曝光人数、直播间进入人数、商品曝光人数、商品点击人数、商品成交人数。

四率是指在五维构成的漏斗模型中，每个环节都因流量损失而存在一个转化率。五个关键环节总计有四个转化率，即直播间点击率、商品曝光率、商品点击率、点击支付率。

抖音电商直播通过不断优化"五维四率"，提升商家经营效益。因此，在付费推广中，也是根据"五维四率"来定义优化目标的，只是付费推广给出了更精细的控制指标。例如，进入直播间（直播间曝光人数 × 直播间点击率）后，在"五维四率"中的下一个指标是商品曝光人数、商品曝光率。如果这个指标不理想，要如何细分原因呢？商品曝光量不足的可能原因有：进入直播间的人数少、进入直播间的用户不是商家或达人粉丝而缺乏信任，以及进入直播间的用户互动率低。所以在付费推广中，提供了粉丝提升和直播间评论优化目标，以便有针对性地优化提升商品曝光率。这一细分是非常值得的，是从直播用户到电商用户的关键转化。在直播间成交人数、点击支付率方面，付费推广还做了进一步细分，给出了支付 ROI、直播间结算和结算 ROI 三个优化目标，这为识别"优质电商用户"提供了数据支持。

选择优化目标与直播间所在的生命周期有关，因为不同的生命周期，面临的问题不同，需要关注的重点数据不同，优化目标也不同。直播间生命周期优化目标见表 10-1。

表 10-1 直播间生命周期优化目标

直播间生命周期	可能存在问题	重点数据	优化目标
新手期	在线低，没吸引力	直播间进入、停留	进入直播间
成长前期	留不住人，没互动没关注	直播间评论数据 曝光转化率	直播间评论 直播间粉丝提升
成长后期	卖不出去货	商品曝光 点击成交率	直播间商品点击、直播间下单和直播间成交
成熟期	结算率低、退货率高、利润低	结算率、退货率 ROI	支付 ROI、直播间结算和结算 ROI

@鸿姐土货直播间数据如图 10-25 所示。单场直播的观看人数和在线人数较低，同时直播间的留存也不太好，离场人数较多，但转化率还行，属于典型的新手期直播间，故重点需要扩大进入直播间的人数，以此作为直播间推广优先目标。

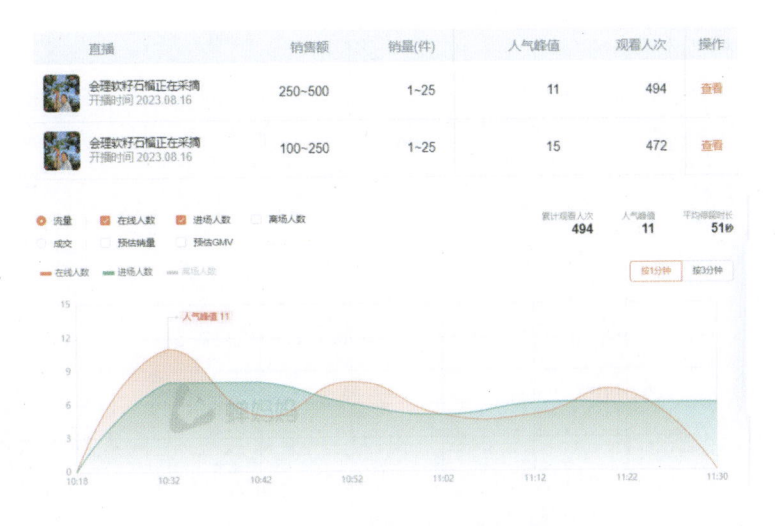

图 10-25 @鸿姐土货直播间数据

3. 确定直播推广人群

确定目标后，需要明确直播间推广的人群。定向设置选择"自定义定向"，根据 @ 鸿姐土货直播间的人群画像，圈选基本设置（地域、年龄和性别）和行为兴趣设置，如图 10-26 所示。地域选择"重庆、四川"选项，性别不限，年龄选择 30 岁以上。行为兴趣的设置比较复杂，"行为"设置：在"电商互动行为"中，选择用户 30 天内发生的行为，添加三个具体行为类目词"地方特产、水果和南北干货"后，根据相关性推荐关键词。"兴趣"与行为相同。

图 10-26 投放人群基本设置和行为兴趣设置

系统为定向人群设置提供了"预估定向"数据支持，即对定向人群做了一定的设置、约束后，系统会根据设置估算"广告展示数"和"用户覆盖数"。定向人群约束越多，这两项数据越低。经过上述设置，定向人群设置后系统反馈的预估定向数据如图 10-27 所示。行业内有一种说法，新广告计划用户覆盖数量大于 3000 万才比较容易放量。看来，前面所做的基础设置和行为兴趣设置已过于"严苛"，可能导致新广告计划"跑"不出数据。

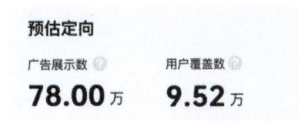

图 10-27　定向人群设置后系统反馈的预估定向数据

对于新投手，推荐选择"抖音达人"设置，以找到与@鸿姐土货直播间用户类似的电商人群进行投放，如图 10-28 所示。选择抖音达人自定义设置：定向与以下达人产生"直播互动"互动的用户，时间范围设置为"近 30 天"。

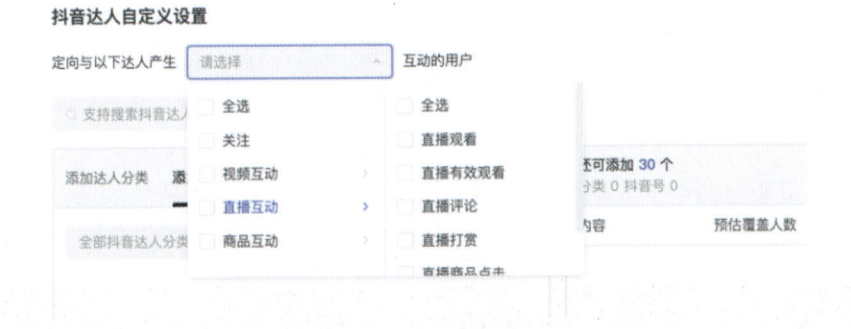

图 10-28　利用"抖音达人"设置定向人群

指定具体的达人，这是采用"抖音达人"设置定向人群的关键。比较简单的办法是直接在搜索栏输入对标达人（相关技能在内容创意部分已经讲解，此略），并将对标达人添加到"抖音达人"清单中。也可以找更多的达人加入清单（操作路径：抖店后台——找合作——达人库——条件筛选）。一般从人群画像、客单价区间及兴趣偏好三个方面进行选择，如图 10-29 所示。

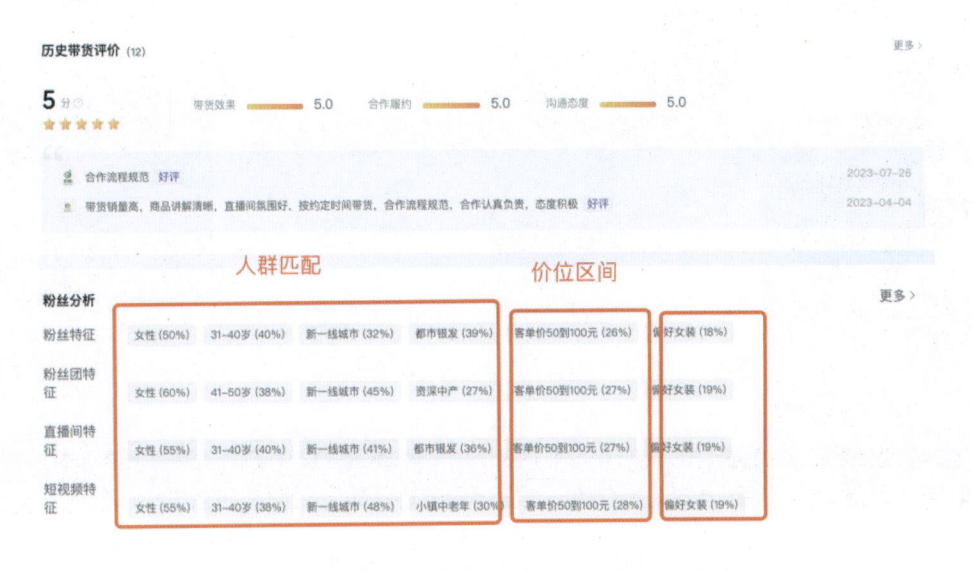

图 10-29　人群画像、客单价区间及兴趣偏好匹配抖音达人

4．选择推广素材

巨量引擎的信息流和搜索等广告都需要添加创意（素材），广告创意对投放效果的影响很大，投手选择广告创意的策略也很多，这里不做深入探讨。推广直播间支持两类创意形式：直播间画面和视频，根据创意形式不同，可以将创意选择分为几种流派，推广素材的选择见表10-2。

表10-2　推广素材的选择

不同流派	侧重点	适合赛道	难点
短视频流为主	视觉第一位，强视觉呈现	食品、百货赛道	短视频模板的探索
千川流为主	视觉化、利润、退货率，佣金50%以上	食品、美妆、服装、珠宝	素材及ROI的把控
混合流	以上两点结合	适合多个行业	依赖原生视频爆量 利润高＋退货低，提升毛利

@鸿姐土货是直播新手，根据@鸿姐土货账号发布的历史作品及数据，挑选最适合进行推广的视频创意，如图10-30所示。我们可以选择第一条视频（点赞量最大）作为广告创意。

图10-30　在历史作品中选择推广创意

5．制订投放计划

完成一条广告计划设置后,我们需要考虑在一场直播中,需要做多少次投放。本项任务考虑三次投放,投放计划如下。

(1)开播时马上投放,巨量千川极速广告计划,300元预算,自定义人群,直播间进入,1~2小时。

(2)开播5~10分钟后,100元预算,小店随心推,自定义人群,直播间商品点击、下单,1小时。

(3)开播20分钟后,100元预算,小店随心推,自定义人群,直播间成交,1小时。

由于三次投放的优化目标不同,所以需要建立三个不同的推广计划(后两次投放是手机快速创建的小店随心推广告计划)。

任务思考

不同的行业、商品类型、粉丝群体和直播间的生命周期阶段,对直播间流量推广的方式和玩法有着不同的需求。需要根据具体情况,先弄清楚直播间的目标,再做详细的规划。

课后练习

如果@鸿姐土货历史作品中没有满意的广告素材,你准备怎么拍摄短视频广告素材,如何制订付费流量的推广计划?

项目小结

本项目包含两项任务。第一项任务通过还原广告商单视频创作过程,并结合DOU+推广的投放策略、投放数据反馈,讲解了DOU+推广的思路和技巧;第二项任务结合"三农"类账号的直播间用户画像、流量来源等进行分析,通过对投放人群、定向设置和推广素材内容形式的确立,讲解了巨量千川推广计划创立的详细步骤。

通过这两项任务的学习,希望创作者能熟练掌握利用DOU+和巨量千川等不同投放工具,对短视频和直播间进行付费推广的操作方法。

项目十一

用户运营

学习目标

- 能应用漏斗模型,将私域用户分层分类,策划不同圈层用户权益机制。
- 能应用用户生命周期理论,根据用户运营核心路径,制订用户转化、留存、活跃的运营策略。并能深入分析用户数据,总结用户经营经验,优化运营策略。
- 能结合平台大型活动、专属活动等,增加与用户的互动,保持并增强用户黏性。

任务 11.1 粉丝个性化分层运营

任务描述

@薇薇是一名户外运动分享类达人，经营抖音账号三年来，每天拍摄跑步、骑车等健康户外运动短视频，保持短视频持续更新，积累了约 275 万名粉丝，创建了三个粉丝群。@薇薇为了在社群中更好地服务粉丝，挖掘用户需求，为用户提供价值，从而提高转化率，她计划通过用户分层分类，精细化运营来突破瓶颈，请跟随达人 @薇薇一起完成以下任务。

（1）将粉丝进行分层分类；
（2）策划不同圈层用户权益机制。

任务实施

用户运营以最大化提升用户价值为目标，通过各类运营手段来实现用户数量的获取，促进用户活跃和留存的提升。在电商中，流量是用户运营的结果，只看流量无法解决核心问题。不断沉淀的人群资产和有效的用户转化才是流量持续增长的动力。私域精细化运营的前提是做好用户分层工作。

1. 了解用户分层

用户分层是根据用户的性别、爱好、消费习惯等特征，将用户划分成不同的用户群，制订不同的产品和运营策略来满足其差异化需求，从而充分挖掘每个层级用户的价值。

用户分层主要目的是对用户人群进行细分，并通过针对性的运营策略，用更少的资源和成本挖掘更大用户价值。

这里，用户分层和用户分群的内在逻辑有着显著差异，用户分层中的"用户群"多了一个层级的概念，不同用户群之间有着递进或先后关联的逻辑关系，比如基于会员等级、生命周期阶段、转化漏斗层级所做的用户群层级划分。

由于 @薇薇是做电商带货的达人，对用户进行的分层运营是基于用户转化漏斗模型和用户私域路径，并结合抖音电商漏斗数据，将粉丝分为新用户、首购用户、复购用户、忠诚用户（月复购次数大于 N 次）。

N 代表用户复购的次数，具体多少需要根据达人自身情况来定。@薇薇的带货为户外运动服饰，从产品特征方面考虑，将月复购次数大于两次定为忠诚用户，并将复购次数排名在前 30% 的用户要重点照顾。

2. 首购用户的分层设计原理：AISAS 法则

在成为首购用户（客户）之前，可以基于 AISAS 法则（消费者行为分析模型）进行首购行为的划分，AISAS 模型是引起注意（A,Attention）、产生兴趣（I,Interest）、主动搜索（S,Search）、采取行动（A，Action）、进行分享（S，Share）的缩写，一般情况下，能吸引用户顺利完成前四步（成为首购用户），就基本算是成功了。

（1）引起注意。在引起注意阶段，通过短视频、直播等内容形式及信息流广告、竞价广告、等效果导向的广告手段，从多个渠道触达并吸引消费者的注意。

在私域中，可以设立三个触点如私聊、朋友圈、粉丝群去触达用户，设置好内容发布给用户，但前提要了解用户，知道用户喜欢什么，不喜欢什么，我们需要收集用户信息，设置好用户标签后，并根据用户的关键词给用户贴上标签，最后推送正确的内容给用户，做到点对点，吸引用户注意。

（2）产生兴趣。在产生兴趣阶段，原生广告以融入用户的体验为主。并通过抖音平台强有力的内容，输出达人的价值和商品。

私域中，我们需要做的是以用户的兴趣、需求为主去推广产品，做到精准推送产品，让用户感觉我们懂他/她，加深用户和我们之间的信任，提高用户的下单率。

（3）主动搜索。在主动搜索阶段，目标人群对我们的商品有一定的兴趣后就会产生搜索行为。他们会通过线上或者线下渠道来收集产品的相关信息。他们会通过搜索引擎、相关搜索、看后搜等方式去搜索商品的口碑和评价。所以在这个阶段，应当要做好搜索引擎优化，保证自己的品牌词和商品词没有负面舆论。同时可以引导用户进一步了解产品的特性，影响用户的购买决策。

私域中，我们要做的是根据用户的兴趣点去编辑推送内容。

（4）采取行动。私域中，需要在指定的时间内把编辑好的内容推送给用户。如果给用户推送信息的频率过于频繁，用户会产生厌烦心理，所以需要在合适的时间推送给正确的用户。如果某用户近期频繁打开我们推送的产品，那么，应该尽快推送给他/她这款产品的打折信息，抛好"钩子"福利信息，完成"逼单"。

（5）进行分享。在分享阶段，用户在进行决策分析的每一个阶段，都可能会产生分享的冲动，所以需要做好用户的分享路径，同时有意识的去引导用户分享。显然，分享行为对达人、商家有利，应予奖励，如分享即可抽奖等直接手段。另一种是鼓励用户输出内容，特别是与品牌有关的故事或使用感想等，例如，某宝的"买家秀"就是用户分享的典型案例。

通过 AISAS 模型，可将用户转化为客户的过程分为四类：触达用户、兴趣用户、意向用户、首购用户。当用户转化为客户，性质产生了质变，故是用户运营的重要节点。在抖音中，精选联盟、代播等都是促进新客户转化的工具。一旦成为新客户，则是品牌的"客户资产"，下一阶段的运营目标变为最大化客户终身价值，一般由品牌、商家专职员工负责。

3. 客户分层设计原理：RFM 模型

@ 薇薇还想要对消费的用户进行精细化管理，所以根据用户在一段时间内（30 天）对自己账号产生的贡献进行了划分。该策略的依据是 RFM 模型。

RFM 模型（衡量客户价值和客户创利能力的工具和手段）的三个贡献指标分别是：最近一次消费时间（R，Recency）、消费频次（F，Frequency）和消费金额（M，Monetary）。

消费时间越近，代表活跃度越高，意味着用户对达人的记忆、认可程度越深，反映了用户最近消费的热度,用以衡量用户是否流失,理论上,最近一次消费时间越长,流失概率越高。

消费频率越高的用户,代表忠诚度越高,反映了用户对于商品、达人的忠诚,理论上一定时间内的购买频率越高,用户忠诚度也就越高,黏性越强。

消费金额,反映了用户的购买力,代表了贡献度。并不是每个用户给企业所带来的利润都是均等的。

将以上三个维度进行组合后,可以分为八种用户等级。用户价值模型见表11-1。

表11-1 用户价值模型

用户分类	最近一次消费 (时间间隔越小,分值越高)	消费频率 (频率越高,分值越高)	消费金额 (金额越大,分值越高)
重要价值用户	高	高	高
重要发展用户	高	低	高
重要保持用户	低	高	高
重要挽留用户	低	低	高
一般价值用户	高	高	低
一般发展用户	高	低	低
一般保持用户	低	高	低
一般挽留用户	低	低	低

在一段时间内,具体多少复购频率算高、多少消费金额算大、最近消费多长时间间隔算短,需要根据商品本身的复购周期、客单价和未来规划来定,具体可分为以下几个步骤。

(1)定义RFM模型。

将所有用户最近一次的消费时间、一段时间内(以30天为例)的消费频率、消费金额这三大维度数据摘录下来后,进行排序,平均或按实际情况划分成五个档,并给1~5的评分(5为最高)。

比如,最近一次消费越近,得分越高,最高5分,最低1分;

消费频率越高,得分越高,最高5分,最低1分;

消费金额越高,得分越高,最高5分,最低1分,见表11-2。

表11-2 用户价值打分表

用户价值	分值				
	1分	2分	3分	4分	5分
最近一次消费(单位:天)	>30	15<值≤30	10<值≤15	5<值≤10	值≤5
消费频率(单位:次)	<2	2≤值<5	5≤值<10	10≤值<15	值≤15
消费金额(单位:元)	<500	500≤值<1000	1000≤值<1500	1500≤值<2000	值≤2000

(2)计算R、F、M的中值。

全部用户打完分之后,再计算出三个维度评分的平均分值。如果用户的评分大于平均值,那么他/她就对应"高"。比如,甲用户的消费金额评分计算出来为4分,而消费金额平均评分为3.5分,那么他/她就属于"高"的消费金额。乙用户的消费频率评分计算出来为3分,而消费频率平均评分为4.1分,那么他/她就属于"低"的消费频率。

(3)参照评估模型和中值,对用户进行分层。用户分类见表11-3。

表11-3 用户分类表

用户ID	最近一次消费		消费频率		消费金额		用户分类名称
	实际值	是否高于平均值	实际值	是否高于平均值	实际值	是否高于平均值	
张三	5分	高	5分	高	4分	高	重要价值用户
……							

4. 不同圈层用户权益机制

用户权益是达人通过提供各种优惠、权利、利益和服务,来激励用户更加积极的参与,吸引和留住用户,提高用户的忠诚度,增加用户转化率和收益。

(1)权益包括但不限于以下几个方面。

基础权益:用户在商品或服务中享有的基本权利,如浏览页面、下载资料、评论转发等,以增加用户的参与度。

优惠权益:为用户提供优惠福利,如折扣、满减、赠品等,以吸引用户并增加购买意愿。

积分权益:用户在商品或服务中获得的积分,可以用于兑换礼品、服务、优惠等。

会员权益:用户成为会员后享有的特殊待遇,如会员专享折扣、优先购买权、会员日活动等,以增加用户的忠诚度和参与度。

售后服务:用户在使用商品或享受服务后可获得的售后服务,如退换货、维修等。

隐私保护:用户在商品或服务中的个人隐私受到保护,如个人信息、浏览记录等。

(2)不同圈层用户的权益机制设定。

根据前面介绍的AISAS法则和RFM模型,可以将用户分为12层,但一般商家用户运营做不到这么精细,故这里还是用与抖音电商匹配的四层模型讨论权益设计。

① 新用户:可以提供入群奖励,如优惠券、积分、新用户大礼包等。新用户大礼包,包含精选商品或服务。免费体验或试用机会,让用户了解自己的产品。

@薇薇对于新用户,设计了新用户大礼包——精选的户外运动鞋服,让新用户尝试使用商品和享受服务,提高用户了解程度和信任度。还提供了限时的优惠券,以降低购买门槛,鼓励用户首购。

② 首购用户:可以提供首次购买优惠,如首单立减、满额减等。积分奖励,鼓励用户进行购买行为。购买返现或赠送礼品等权益,提高用户的购买意愿。

对于首购用户,@薇薇主要采用购买返现或赠送礼品,用户在首次购买后可以获得50元的返现奖励,或者选择获得一款户外运动水壶礼品,来提高用户的购买意愿。

③ 复购用户:提供复购优惠,如满额减、积分兑换等。提供会员专属折扣或优惠,增加

用户忠诚度。还可提供生日福利或节日礼物等,表达关怀和感谢。

@薇薇向复购的用户提供9折专属优惠,增加用户忠诚度和购买频率。还有,用户在复购时可以获得双倍积分,鼓励用户使用积分进行更多消费,如兑换户外装备、运动器材、运动服饰等。

④ 忠诚用户:提供专属会员权益和特权,如会员专属客服、会员可优先购买等。定制服务或商品,满足用户个性化需求。另外提供会员专属活动和福利,如会员日、会员专属折扣等,专属的超预期服务(无忧退换货、极速退款、免费上门取件、双向包邮等)、定期送会员专属礼。

@薇薇对于忠诚用户,安排专属售后、专属咨询等专属服务,提升用户体验感;提供专属折扣,所有商品享受更优惠的价格,提高他们的购买满意度和忠诚度。

最后,还需要制订用户成长规则,如升级条件、降级标准、积分规则等,以保证公平、公正、透明的原则。

任务思考

用户成长分层权益设定要遵循公平、公正、透明的原则,权益和福利要与用户贡献和平台特点相匹配,避免出现不合理的权益分配和不公平的待遇。同时,要不断优化和调整用户成长分层权益设定,根据用户反馈和平台发展,不断改进和优化,以提高用户满意度和平台效益。

课后练习

请依据 AISAS 法则,对自己的用户进行分层,并配置不同权益。

任务 11.2　日常运营策略与优化

任务描述

@嗨十一是抖音的一名知识分享类达人,拍摄并分享有价值的知识视频,粉丝达到20多万人,获得了抖音官方黄 V 认证。@嗨十一主要通过直播的形式售卖自己的系列课程、橱窗里的书籍和数码商品变现。为促进用户活跃、留存和转化,请跟随达人 @嗨十一一起完成以下任务。

(1)制订用户运营目标;
(2)制订用户生命周期运营策略;
(3)分析用户数据,优化运营策略。

任务实施

用户运营主要是要了解用户,并制订用户生命周期运营策略。用户生命周期可分为:导入期、成长期、成熟期、休眠期、流失期。在不同的生命周期中，用户运营的重点不同。

1. 制订用户日常运营目标

用户的日常运营目标主要是通过各种手段，包括优化内容、提高互动、加强推广等，来增加用户数量，并提高用户留存率、转化率、满意度等指标，同时通过数据分析和优化，不断改进和提升运营效果。@嗨十一的用户运营目标如图11-1所示。

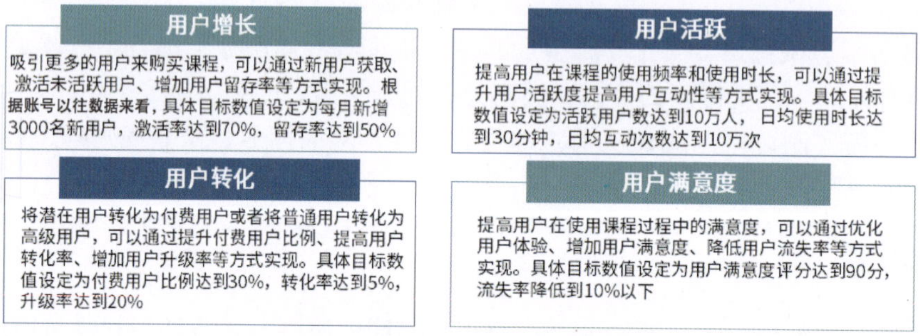

用户增长
吸引更多的用户来购买课程，可以通过新用户获取、激活未活跃用户、增加用户留存率等方式实现。根据账号以往数据来看，具体目标数值设定为每月新增3000名新用户，激活率达到70%，留存率达到50%

用户活跃
提高用户在课程的使用频率和使用时长，可以通过提升用户活跃度提高用户互动性等方式实现。具体目标数值设定为活跃用户数达到10万人，日均使用时长达到30分钟，日均互动次数达到10万次

用户转化
将潜在用户转化为付费用户或者将普通用户转化为高级用户，可以通过提升付费用户比例、提高用户转化率、增加用户升级率等方式实现。具体目标数值设定为付费用户比例达到30%，转化率达到5%，升级率达到20%

用户满意度
提高用户在使用课程过程中的满意度，可以通过优化用户体验、增加用户满意度、降低用户流失率等方式实现。具体目标数值设定为用户满意度评分达到90分，流失率降低到10%以下

图11-1　嗨十一的用户运营目标

2. 拉新获客阶段及运营策略

拉新获客阶段（导入期）运营的核心任务就是获取用户，即把抽象的流量变成具体的用户，也是从公域到私域的转化。@嗨十一在该阶段的运营策略如下。

（1）精简购买流程，减少干扰项。@嗨十一通过直播的方式销售体验课，直接面向用户，引导用户下单购买。

（2）引导奖励。

首先，每次发放课程库存都是30～100单，利用稀缺性，让用户感觉库存不多，再不下决心购买就可能买不到。

其次，利用优惠券、组合销售等方式促进用户购买，多次展示课程的重要内容，分享之前学员的成功案例，最后用优惠券让用户感觉物超所值，决定购买。

（3）裂变引流。鼓励用户分享课程，实现用户裂变，分享的用户可获得相应的奖励。

在这个阶段，运营应进行数据分析，特别关注引流的量级、直播间曝光进入率等，赢得拉新的机会。

3. 留存促活阶段及运营策略

在所有让用户留下的原因里，核心一定是商品足够优秀。如果某款商品，没有好的抓手让用户活跃起来，比如吸睛的商品功能、优惠的力度，或者高频的活动，用户的热情将会被逐渐熄灭，最终流失。对于留存促活阶段的设计，@嗨十一主要用到以下几种方法。

（1）日常维护，内容种草。好的内容会大大增加用户的活跃度，因此需要在粉丝群内持续输出有价值的、高质量的短视频内容，在直播前发布直播预告，给新老用户带去价值。

（2）福利放送，资源促活。运营人员在群内推荐福利商品，并提供学习资料、视频素材、实用工具等，引导用户使用，促进用户活跃。

（3）权益奖励，提升黏性。@嗨十一设计了一套粉丝签到权益，通过奖励强化粉丝行为，培养粉丝习惯。注意奖励要有使用价值。比如，连续签到一个月，可以获得120个创意选题资料。

（4）建立忠诚，培养铁粉。

第一，巧用调研。在社群中定期用调研表征集粉丝的意见和建议，积极参与意见和建议征集的粉丝，都会赠送小礼物或者积分，一方面可以获得粉丝的真实想法，用于改进社群服务；另一方面可以让粉丝觉得社群也很关注他们，并贡献自己的力量。

第二，利益或权益激励。利益是与物质有关的，如小礼物，权益是与权利、荣誉有关的，如优先权、参与权、管理权等。

第三，可以邀请粉丝荣誉出镜来培养铁粉，如短视频出镜、直播出镜。

让粉丝充分参与，使粉丝能获得认同感、归属感和荣誉感，是留存促活阶段运营策略的出发点。

4. 转化复购阶段及运营策略

转化阶段的用户行为在商品点击、下单等方面表现活跃，运营核心工作是促进用户转化、付费。@嗨十一在这一阶段采用的运营策略主要有如下方面。

（1）客户画像分析。对购买产品的客户的基本属性、行为特征进行深入分析，包括性别、年龄、地域、兴趣爱好、购买力、行为规律等。对这些数据有了充分的了解后，可以尝试预测用户行为，为准确的消息推送打下基础，也为后续的线下课程开发提供方向。

（2）消息推送提示。当用户体验了一段时间之后，对课程价值有了更深的认识，@嗨十一通过消息推送，提示用户购买，与购买客户画像吻合的用户是重点。

（3）优惠活动促进。针对购买了线上体验课的用户，除了消息提示，还配合优惠折扣、促销活动等福利，完成用户到客户的转化。例如，叠加优惠折扣，在直播间核算课程产品的成本，给出最终的到手价，平均每天不到100元，就可以获得一对一教学与陪跑，凸显课程产品价值来实现转化。

（4）升级产品促进复购。在客户完成首购后，一方面要关注客户对商品使用体验，获得较高的客户满意度；另一方面要及时升级商品，用新商品给客户创造更多价值。

5. 优化运营策略

@嗨十一经过深入分析粉丝数据、直播数据等，总结出了用户运营经验，并优化运营策略。

（1）个性化服务。通过数据分析和用户调研，了解用户的喜好和需求，针对不同用户群体提供定制化、个性化的服务，是提升用户体验感最有效的途径。

（2）加强对用户培训。通过在线教程、视频指导等方式，为用户提供相关的培训和教育资源，帮助他们更好地使用商品，是提升用户体验感的必要手段。

（3）提供多渠道交流。为用户提供多种沟通和交流渠道，如在线客服、私信、社交媒体、电话等，及时解决问题和提供支持，是提升用户体验感的重要手段。

任务思考

不同的生命周期中，用户运营策略不同，用户运营的重点也不同。拉新、留存、促活、转化（营销）是各阶段的运营目标，都必须从用户需求出发，设计运营策略，并通过数据分析，不断优化策略。

课后练习

请对自己账号的用户按生命周期进行分层，并有针对性地制订用户运营策略。

任务 11.3 节点活动运营策略与优化

任务描述

抖音达人 @薇薇是一名运动爱好者，三年来在自己的视频中分享跑步健身经验及健康的生活方式。@薇薇现在每日早上七点左右开播，直播时长一般为四个小时以上，通过直播销售橱窗中自用的优选好物、在直播过程中详细讲解商品和活动的方式，每次都位居运动户外榜前三名。@薇薇日常粉丝已达到 275 万，在电商节日 "618" 期间，为了增加与粉丝的互动，@薇薇要进行社群活动的预热与营销，请跟 @薇薇一起完成以下任务。

（1）策划节点促销活动，增加与用户互动，实现销量增长；
（2）为粉丝设定专享福利，保持并增强用户黏性；
（3）设置粉丝触达方式，吸引更多用户进群。

任务实施

本任务主要从社群促销活动和专享福利活动出发，来运营社群中的粉丝。做社群活动时，首先要明确活动的目的、预算，再选择活动的玩法。一些效果比较好的互动玩法可以固定下来，成为社群常规运营活动。

1. 节日大促活动准备

（1）制订具体的社群营销活动方案。
① 预热：每周群内口令互动刷屏，让用户习惯群聊有福利；
② 蓄水："618" 期间发布抽签购活动，群内主推优惠价福利品，引导用户 "618" 当日回访橱窗；

③ 爆发:"618"当日群内用红包雨做爆发,激励用户晒单,带动群内其余用户;

④ 收尾:用户陆续收货后发放活动积分,公布中奖名单等。

(2)社群搭建:在活动前搭建好社群,包括社群创建、群规制订、群成员管理等。

(3)内容准备:准备好活动的相关内容,包括宣传文案、图片、视频等素材,以及互动话题、互动游戏等。

(4)资源准备:准备好活动所需的资源,包括人员、时间、物资、预算等。安排专门的社群运营人员负责活动的组织和执行,准备好必要的物资和奖品等,合理分配预算。

2. 节日活动社群运营目标设定

在"618"节日期间,@薇薇制订如下社群运营目标。

(1)提高用户活跃度:通过618节日互动活动,答题、抽奖、发红包等,吸引用户参与社群互动,提高社群的活跃度和用户黏性。

(2)增加销售额:通过618节日推出限时优惠、满减等促销活动,吸引用户参与购买,增加销售额。

(3)增加社群成员数量:通过618节日活动,可以邀请好友参与互动,吸引更多的用户加入社群,增加社群成员数量。

3. 节点促销活动

在节点活动前中后三个阶段,配套促销活动如下。

(1)福利预告,实现引流。

"618"活动期间早上统一播报群聊活动,预告XX点XX商品,如图11-2所示。并且播报直播间有大福袋,过后再询问用户是否抽到(大福袋播报不需太频繁,有大福利时通知即可)。

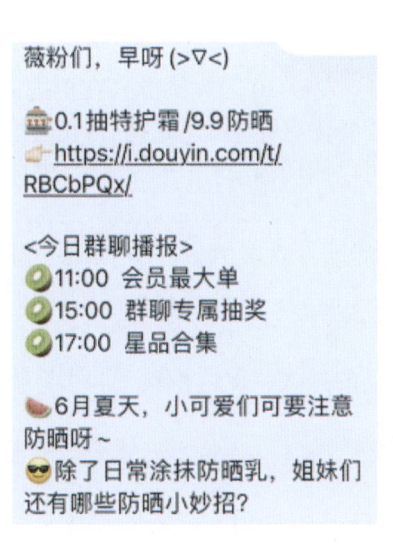

图 11-2　福利播报

(2) 红包互动提升活跃度。

新粉丝进群，发专属欢迎红包。新人进群之后首先感受到了关怀和关注，收到红包还有满满的福利感，对社群的认同感会进一步加强。另外，在群内不定时发送红包，大家觉得群里会有不定时福利，整个社群的状态是正向的，有助于保持社群的活跃。

@薇薇在这些情况都会先发红包。

- 开播前在群内发布开播预告，把社群的人引到直播间内；
- 发视频后希望粉丝来点赞；
- 发福利商品的链接；
- 尾货清仓；
- 商品上新；
- 话题挑战；
- 节日问候。

粉丝会不断收到红包，增强了粉丝对社群的归属感和参与感，提升了活跃度。

（3）晒单有礼

在"618"期间，达人@薇薇在粉丝群内举办晒单有礼活动，活动细则如下：

群内粉丝参与群聊晒单就有机会得【××经典真爱香水 1 瓶】

参与方式：

第一，5 月 11 日～6 月 20 日期间在【薇薇日常】橱窗或直播间内购买正装商品；

第二，在群内晒出订单截图，并带话题 #618必囤好物# 和 30 字以上购物心得；

第三，在群内发布的链接中登记信息。

中奖名单将于 6 月 30 日在群内公布。若礼赠发货后退货退款，礼赠需一并退回。

---

4. 发布群专属福利促成交

（1）私有渠道专属券。

@薇薇在"618"大促期间，发放 30 元大额券，在群内通知：如有还没领到、不知道怎么领取的粉丝，在群内发送"我要优惠券 并且 @我"，我会给大家私信发放优惠券。

利用私有渠道发放优惠券可以体现稀缺性，促进商品成交。

（2）专属商品秒杀。

@薇薇利用福利品做秒杀活动，要求：每个 ID 仅限一份，数量有限，先到先得，群中到手价 XX，来吸引粉丝参与秒杀活动。需要注意，这种活动每周一次即可，不宜太多。

（3）活动期最大单奖励。

大促活动期间利用发送奖品的方式，促进粉丝多购买，提升其价值贡献，比如最大单奖励活动。如图 11-3 所示。

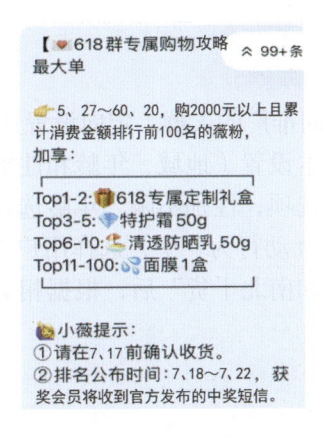

图 11-3　最大单奖励活动

5. 粉丝触达方法

用户运营的一个要点是拓展触点，即要有多个触达用户的路径或点。

（1）账号主页。

账号主页中有粉丝群入口，将粉丝持续导入粉丝群，即可利用群聊触达粉丝。

（2）短视频内容触达。

第一，活跃更新。薇薇保持每周四条的更新频率，保证账号的短视频内容更新的活跃度，有利于信息对用户的及时传递。

第二，内容种草。在短视频的内容创作方向上，薇薇日常内容一直以拍摄跑步和骑行运动为主，来分享自己的生活方式和价值观念，使内容受到粉丝的喜爱，并获得关注。

第三，账号定位垂直。薇薇发布的内容符合人设定位，持续给用户传达统一价值信息，特点鲜明（干净、阳光、自律、微笑治愈），加深了记忆点，从而吸引更多粉丝。

（3）直播内容触达。

第一，稳定开播。主要为养成粉丝的习惯，也是最好的触达用户的方法。

第二，直播预告与直播间引导。更新预热视频，发布直播预告，以实现对新粉丝的信息触达，把流量引入直播间，并在直播间引导粉丝分别点击"头像—粉丝群—立即加入"按钮。

第三，直播投放。直播时进行付费投放，人群选择粉丝，提高对新粉丝的持续覆盖力。

（4）私信通知或客服回复触达。

利用私信进行粉丝维护和专属券的发放，客服回复进行信息推送，传达给用户。

任务思考

社群活动玩法很多，社群活动可以增加群成员之间的互动，增强他们的情感联系，增加群主对群成员的了解。

课后练习

请根据自己账号的定位，策划双十一期间粉丝群运营策略，要求如下。

（1）至少设计活动前、中、后三个阶段的具体活动；
（2）撰写一个活动方案；
（3）给出上一活动的用户触点，多多益善。

项 目 小 结

本项目学习粉丝分层精细化运营、用户生命周期的日常运营、重大节庆活动运营三大用户运营策略。粉丝分层精细化运营依据 AISAS 法则和 RFM 模型，通过策划不同圈层用户权益机制，实现用户成长。用户生命周期的运营是在洞察用户所处阶段的基础上，制订拉新、留存、促活、转化等方面的运营策略，这一循环是用户运营人员每天都在做的事，故属于日常运营范畴。在平台大促活动期间，固然也是拉新的好机会，但重点是在私域社群推动预热、蓄水、爆发、收尾等一系列的活动，完成节点营销目标，实现社群价值。

项目十二

电 商 变 现

学习目标

- 能综合账号定位及其他决策因素，利用抖音精选联盟，完成带货选品。
- 能对商品进行分析、定位和组合，进行商品卖点提炼，优化带货话术。
- 能根据节日、热点、主题等，策划并执行商品促销活动方案，增加带货收益。
- 能跟踪和分析销售数据，优化选品及带货方案。

任务 12.1　精选联盟电商选品

任务描述

@小X仙原是腰部娱乐达人，现想转型为带货达人，首先要解决选品问题，请完成以下任务。

（1）对@小X仙账号定位分析；
（2）设定选品逻辑；
（3）拟订@小X仙达人账号的选品目标；
（4）利用抖音精选联盟完成带货选品。

任务实施

想要从腰部娱乐达人成功突围带货达人，需要深度洞察目标用户，不断推出符合用户需求的新品类。因此，选品是一个不断循环的持续过程，不是一次性选完就解决了，需要不断深化、更新对用户的认识，从而优化选品。故构建高效的选品模型，是成熟电商团队必要的技能。

1. 达人@小X仙账号定位分析

（1）粉丝画像。

粉丝地域主要分布在湖南、广东，以三四线城市为主，如图 12-1 所示，粉丝会对价格和折扣敏感度较高，应注意地域风格。

省份	占比	偏好度
湖南	12.65%	318.15
广东	11.35%	99.83
江苏	7.64%	100.49
浙江	7.17%	108.61
四川	5.52%	104.08
河南	5.3%	75.99
山东	5.15%	81.73

图 12-1　@小X仙的账号粉丝地域分布

设备：华为用户占比较高。
性别：男性占比 91.24%，选品时要重视男性适用的商品。
年龄：41～50 岁占比 35.99%（偏好度 231.34），31～40 岁占比 31.02%（偏好度

110.62）。选品时注意考虑 30 ～ 50 岁所适用的商品。如图 12-2 所示。

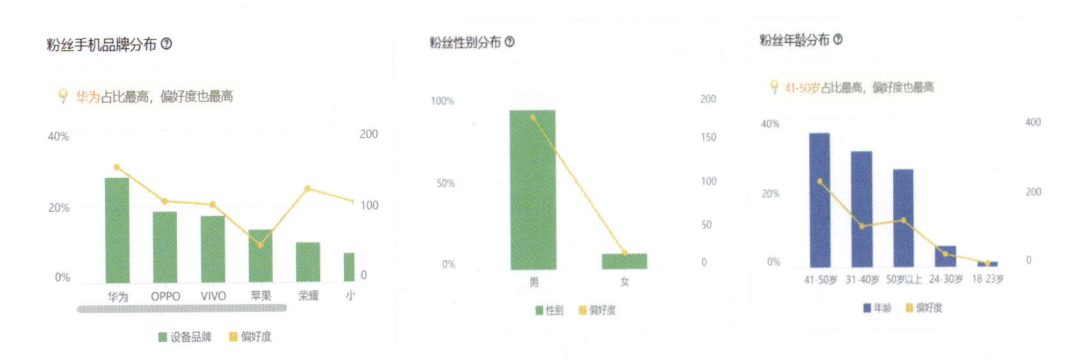

图 12-2　@小 X 仙的粉丝数据

（2）内容分析。

目前，@小 X 仙的账号定位为：非专业领域泛娱乐的达人，内容垂直度不明显，故可以使用达人擅长或喜欢的类目来匹配商品。如果是内容垂直度高的账号，则建议先做垂类商品，再拓展其他类目商品。

2. 选品逻辑

（1）基本选品逻辑。

规范流程：先确定选品目标，应用选品策略选定商品，快速测品测款优化商品。

① 选品目标：为了满足谁的什么需求；

② 选品策略：逐步细化，即先粗选品类，后选品牌，最后选品种；

③ 测试优化：内测、外测优化商品结构。

（2）拟订选品目标。

目标一般有对外目标和对内目标。对外目标：为了满足谁的什么需求。对内目标：启动电商业务、磨炼电商团队，实现涨粉、增收、盈利等。这里仅介绍对外目标，因为达成对内目标需要经由对外目标的实现达成。分解对外目标如下。

① 明确服务对象（谁）：通过粉丝账号分析得出。细分指标包括：性别、年龄、地域、购买力（价格带）、兴趣偏好等；

② 明确具体需求：处于起步阶段的达人账号很难确定目标用户的具体需求，故需要采用"预设—验证"方法逐步明确。预设参考指标是粉丝画像的细分指标（内在因素），另外就是从外在因素入手进行预设，例如。

- 市场规律：地域（空间属性，国家、省、市、民族、风俗、特殊地理禀赋等）、季节（时间属性，春、夏、秋、冬，节庆）、流行趋势（时空变化趋势）；
- 渠道特点：线上线下（适合线上销售展示）、不同平台的优势（抖音、快手在热销品类上的不同，短视频和直播的选品有差异）、某一平台的热点（抖音在当前的热销品）

③ 需求描述要明确使用场景、功能、效果等。

（3）应用选品策略。

确定选品目标后，要应用选品策略，逐步求精。

① 选定品类：主要从用户画像和达人能力确定大的品类，例如，@小X仙应从粉丝画像、自身对商品的熟悉程度、兴趣和商品的可获得性等方面综合考虑确定品类；

② 选定品牌：限定品类下进行调研，高、中、低端寻找代表品牌，对照粉丝画像、品牌友好度，确定若干品牌；

③ 选定品相和品质：在选定的品牌下，确定具体的品种（3～5种），主要考虑品相和品质。

以上可以总结为选品"四要素"，达人选品"四要素"及其注意事项如图12-3所示。

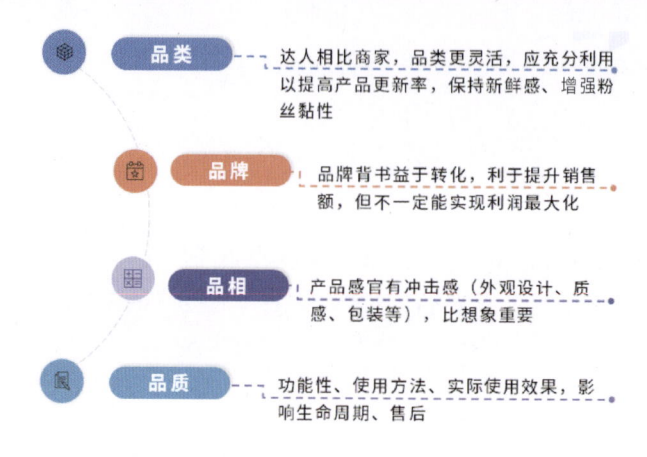

- 品类 —— 达人相比商家，品类更灵活，应充分利用以提高产品更新率，保持新鲜感、增强粉丝黏性
- 品牌 —— 品牌背书益于转化，利于提升销售额，但不一定能实现利润最大化
- 品相 —— 产品感官有冲击感（外观设计、质感、包装等），比想象重要
- 品质 —— 功能性、使用方法、实际使用效果，影响生命周期、售后

图12-3 达人选品"四要素"的注意事项

3. 确定@小X仙的选品目标

根据选品逻辑，结合@小X仙账号数据，确定选品目标。

（1）服务对象（谁）。生活在中国广东省、湖南省的三四线城市、41～50岁的男性，客单价在50～100元（由手机品牌集中度、账号是非垂类设定价格带）。兴趣偏好无提示。

（2）具体需求，根据粉丝画像预设需求。

① 从衣食住行基本需求出发，考虑到达人对食物、居家生活比较熟悉，因此选择食物或居家小物品；

② 选择男性食物类，根据地域特点，考虑封装腊味品；根据年龄，考虑有滋补效果的食物。此时，似乎出现了矛盾（腊味通常被认为对人体有害，与滋补保健产生矛盾），这是珍贵的决策信息点。达人选择的是无害腊味品，主打健康理念；

③ 在家居类目下，选择泡茶保温杯。考虑广东、湖南的冬季寒冷，茶杯最好是恒温杯（抖音查询茶杯热卖品类，满足流行趋势）。

（3）需求描述：制作腊味菜肴（使用场景），可以设定自己做菜的场景，或者吃腊味菜肴。上述场景中，都可以展现出喝茶的场景。

（4）补充说明。

① 娱乐账号转型电商，在起步阶段，需要一段时间做选品测试，故可以选择多个品类，

每个品类也可以选择多个品牌，每个品牌可以选多个品种。达人视角下的选品一定不要受品牌（供应链）制约；

② 起步阶段选品，不必过多考虑利润问题，即分佣不是主要考虑参数，测试出粉丝的真实需求是重点；

③ 在限定选品的目标下，选品策略要灵活和细化，细分选品策略非常多，如红海爆品直播跟卖、蓝海长尾品短视频挂车、反季或清仓商品甩货选品等。策略的创新考验着选品人的战术能力，往往需要深耕品类，并经过多年沉淀才能培养出优秀的选品能力。所以新手的生存之道应是快速变化、快速成长。

4．利用抖音精选联盟完成选品

抖音达人切入电商变现的选品主阵地是精选联盟，辅助工具（或方法）包括抖音电商罗盘、巨量千川榜单、巨量算数，对标达人商品橱窗，飞瓜、蝉妈妈等第三方数据工具等。

（1）达人进入精选联盟的路径：依次点击"抖音→我→商品橱窗→选品广场"按钮。

（2）搜索"腊肉"，进入腊肉榜，查看爆款榜（排序依据：销量）、趋势榜（排序依据：销量增长率），如图 12-4 所示。

（3）榜单交叠法选品：选择同时在爆款榜和趋势榜中出现的品种。

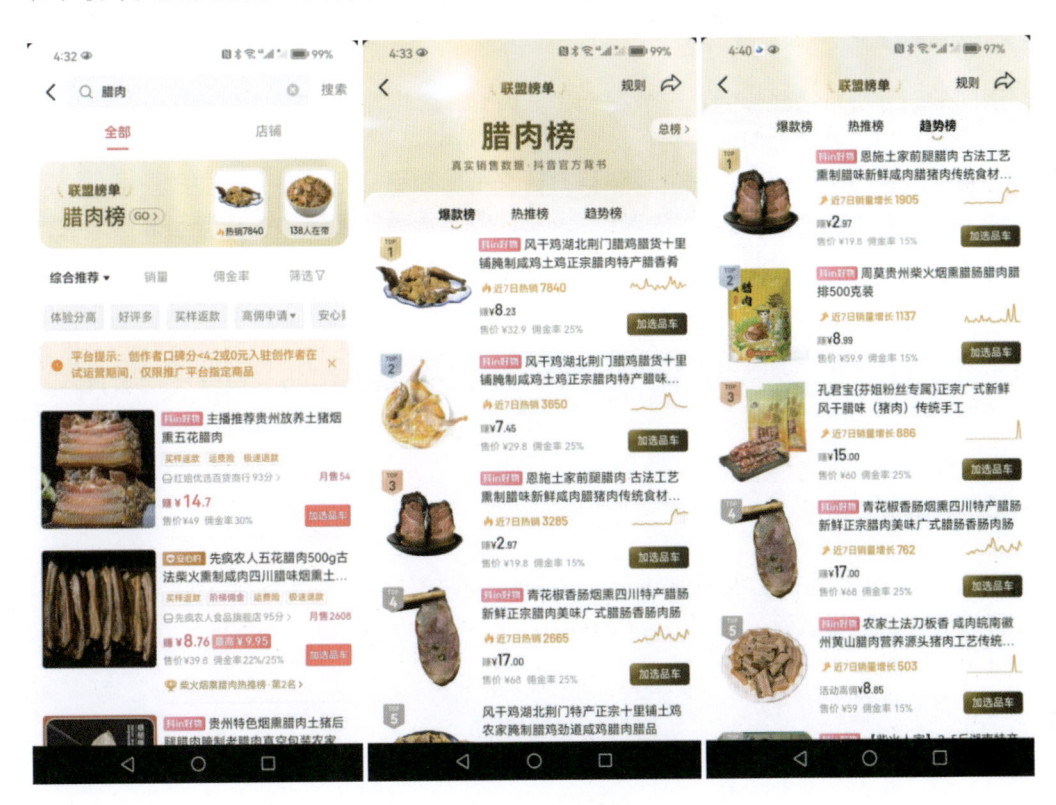

图 12-4　抖音精选联盟后台腊肉榜相关内容

（4）补充说明。

① 根据其他因素评估选出的商品，包括价格带、店铺评分等，一般通过查看商品详情来做最后决策。例如，如果选出的商品中，商品本身的好评率太低（相对概念）或在评论区看到了真实差评，可以将此这款商品去掉；

② 如果选品目标确定一个品牌只选择三款商品，第三款的爆款榜较第四款排位高，而趋势榜较第四款排位大幅降低，一般让第四款入选（趋势优先），或者两款都入选；

③ 初步选出的商品先加入选品车，不直接加商品橱窗，以便配合测评计划优化商品；

④ 一次选择多品类多品牌多品种后，要整理商品表，进入申样测品环节。

任务思考

电商选品需从分析账号数据出发，首先尽可能了解达人粉丝画像，将粉丝需求具体化；其次在简洁的选品逻辑指引下，确定选品目标；最后还要设计测品策略，测试选品效果。持续多次进行"分析需求→选品→测试需求商品匹配度"循环，才能做好选品工作。目前，抖音达人选品主阵地是"精选联盟"，有许多辅助工具，在选品时，使用榜单交叠法非常快捷，适合新手。关于测品，本任务仅提及选后初步评估（依靠团队经验），在实践中，常常安排直播专场完成测品。

课后练习

请同学们分析自己账号的粉丝数据和作品内容，尝试在精选联盟中进行电商选品。
（1）账号粉丝分析和内容分析；
（2）确定选品目标；
（3）在精选联盟选品：要求多品类、多品种。
完成上述步骤后，与同组同学分享选品过程中遇到的困难和收获的心得。

任务 12.2　商品组合排品、卖点提炼与话术优化

任务描述

达人@小X仙选择了很多商品，存放在选品车中，她组织团队成员做了内测，准备再通过直播带货快速测试商品，请完成以下任务。
（1）从选品车中组货，确定商品定位；
（2）完成排品；
（3）提炼本场直播商品的卖点；
（4）撰写并优化带货话术。

任务实施

好的直播组货排品策略、清晰的商品卖点、准确快捷的带货话术，可让粉丝用尽可能少的时间、以最低成本买到需要的商品，从而提升直播间用户停留、GMV 和 UV 价值，沉淀精准粉丝，实现达人与用户的双赢。

1. 直播组货

直播组货是为了实现直播带货的目标。当下，@小 X 仙的目标是测品，即找出达人选品车中好卖的商品。故组货的思路是在一次直播中尽可能多测试商品。

（1）选定直播带货模式。

电商带货有很多种类型，其中，用一场直播中出现多少种商品可以将直播分为：单品直播、多品循环直播和多品过款直播。

① 单品直播：一场直播中仅有一种主推商品，这类直播商品聚焦，讲解透彻，但可能比较单调，常常采用多种包装增加商品数，比如，包装腊肉可以分为 300g 装、500g 装、1000g 装等；

② 多品循环直播：一场直播销售一组商品，一组商品讲解完成后循环一次，一场直播可能循环多次；

③ 多品过款直播：一场直播销售很多商品，每种商品仅出现一次。

@小 X 仙的目标是测品，一次直播应尽可能测试更多商品，应选择多品过款型直播，但并不推荐这样做。原因是过款型直播对主播要求很高，且单品的销售情况与排品位置、讲解时间点有关，可能影响测试效果，故选择多品循环直播。

（2）选定直播商品。

选定了多品循环直播模式，应该如何组货呢？需根据直播主题、商品的定位完成组货。

① 直播主题。选品车中有多个类目的多种商品，可以定义一个专场主题，圈定组货范围，例如，新春腊货专场，可以主推腊肉、腊鸡等腊货。利用主题可以对商品分类目进行测试；

② 商品定位。在《口播技术》中已经介绍了通常会由不同定位的商品组成一场直播货盘，比如，引流品、福利品、爆品、主推品、形象品、利润品、基础品、平推品、常规品等。考虑到 @小 X 仙把控能力有限，总品种不宜太多，故拟选 1 款引流品、1 款福利品（特点和引流品一致，这里使用两种名称主要是在直播中有区别的作用，引流品的作用是引流，福利品的作用是留存）、1 款主推品、1 款利润品、1 款常规品。（依据爆品榜选择的商品，因本直播间无历史数据，故谈不上爆品。）

（3）组货操作（手机端）。

① 登录抖音达人身份，依次点击"我→商品橱窗→选品广场→选品车"按钮。

② 在选品车中，按上述组货策略选中一组商品，点击"批量带货→去直播"按钮，如图 12-5 所示。系统提示商品已加入直播商品，可以在直播中控台进行管理，组货操作完成。

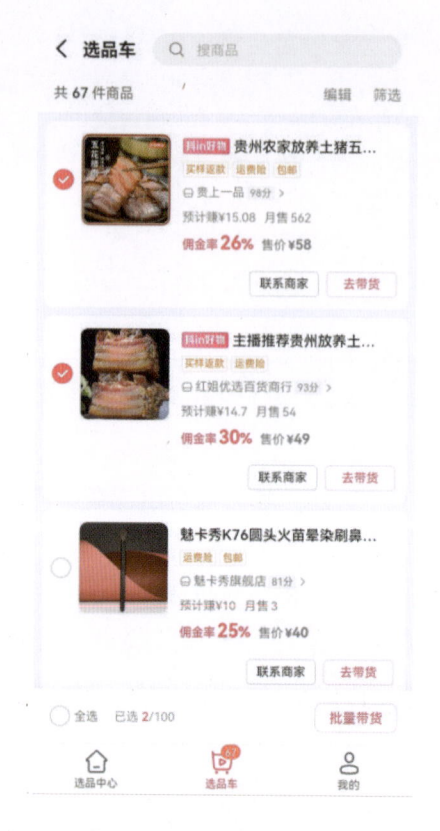

图 12-5　添加商品到选品车

2. 直播货盘排品

（1）排品策略。

合理排品有利于促进销售，排品就是确定商品链接的顺序，比如，1 号链接、2 号链接等。

① 单品排品策略。如前所述，一般将单品进行不同包装，形成多个 SKU（销售单元），故单品也有排品策略。不同包装的单品按价格升序排品即可。另一种做成多 SKU 的方式是将主推品与其延伸商品组成货盘，也可以按价格升序排品，如图 12-6 所示。

1 号链接：9.9 澳洲进口牛肉尝鲜价
2 号链接：49.9 澳洲进口牛肉1斤装
3 号链接：129.0 澳洲进口牛肉3斤装

（a）牛肉的多个 SKU 排品策略

1 号链接：空气炸锅
2 号链接：鸡排、鸡腿、蛋挞
3 号链接：餐盘吸油纸

（b）鸡肉相关产品的排品策略

图 12-6　单品排品策略示例

② 多品循环排品策略。一般按商品定位进行排品，如图12-7所示。

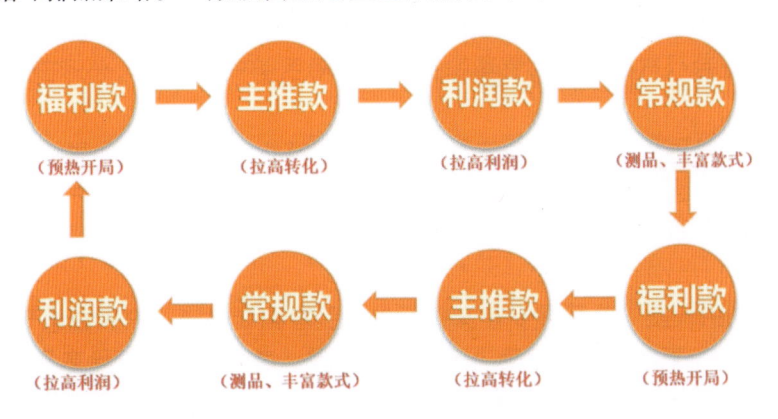

图12-7　多品循环排品策略

③ 多品过款直播时，排品策略比较复杂，可以根据直播间的实际情况进行临时调整，但基本思路可以参考多品循环直播的排品策略。

（2）排品操作（手机端）。

① 登录抖音达人身份，依次点击"我→商品橱窗→直播中控"按钮。

② 在打开的直播商品列表中点击鼠标左键选中商品，拖拽到想要的位置即可。

直播商品列表会按排品顺序展示，且在商品主图左上角显示链接序号，如图12-8所示。

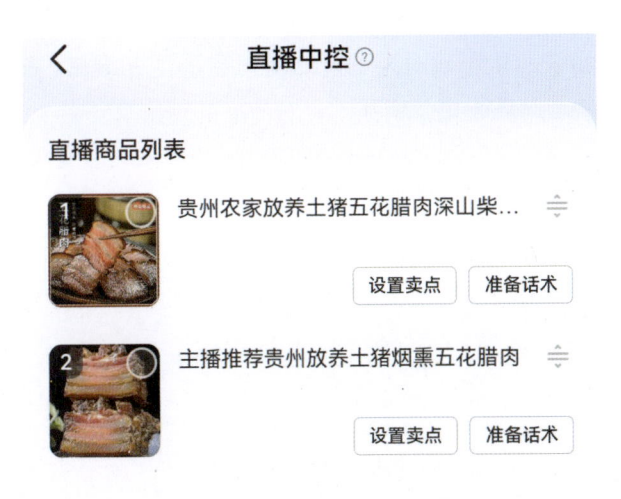

图12-8　在"直播中控"排品

3．商品卖点提炼

商品卖点是用户购买的"理由"，故无论是什么定位的商品，无论是短视频还是直播，商品均需提炼卖点。

（1）卖点提炼的目标：简单、具体、有比较优势。

（2）卖点提炼的方法：化繁为简、从抽象到具体、巧用对比。

① 化繁为简。

a. 简化商品信息，只介绍核心关键点。
- 该商品具有多少年的历史；
- 该商品品牌的知名程度；
- 价格：市场参考价、直据间价格、直降 X 元、相当于 X 折；
- 功能：从所有功能中提炼 3 条最核心的功能。

b. 剔除冗余信息。
- 剔除冗长的品牌发家历史；
- 剔除品牌各项具体荣誉奖项地罗列；
- 剔除非核心功能的详细介绍；
- 剔除商品详情表中的信息罗列。

② 从抽象到具体。

a. 商品功效从抽象到具体。
- 借助实验展示，将复杂的科学原理变得用户可以明显看到效果；
- 分享使用体验，将看不见的功效变得用户可以感知。

b. 商品使用场景从抽象到具体。
- 展示商品的使用过程，让用户更直接了解使用场景；
- 类比生活中的场景，让用户对未见过的使用场景具有感知，将用户难以理解、难以直观感受的抽象卖点具体化，增强用户对商品的理解。

③ 巧用对比。

a. 价格对比。
- 与原来商品价格对比；
- 与同类商品价格对比；
- 与其他平台价格对比。

b. 功效对比。
- 使用前后效果对比；
- 与同类商品效果对比。

（3）卖点提炼操作（手机端）。

因为所有商品均需提炼卖点，且不同销售模式，可能使用卖点不同，所以，抖音也支持在多种变现模式中进行卖点提炼操作。

① 在商品橱窗中进行卖点提炼操作，如图 12-9 所示。依次点击"我→商品橱窗→橱窗管理"按钮，在商品列表中点击某款商品后的"…"按钮，在弹出的面板中选择"编辑推广信息"选项，即可填写商品橱窗推荐语（卖点）。在该界面也可以填写直播间的推广卖点。

项目十二 / 电商变现

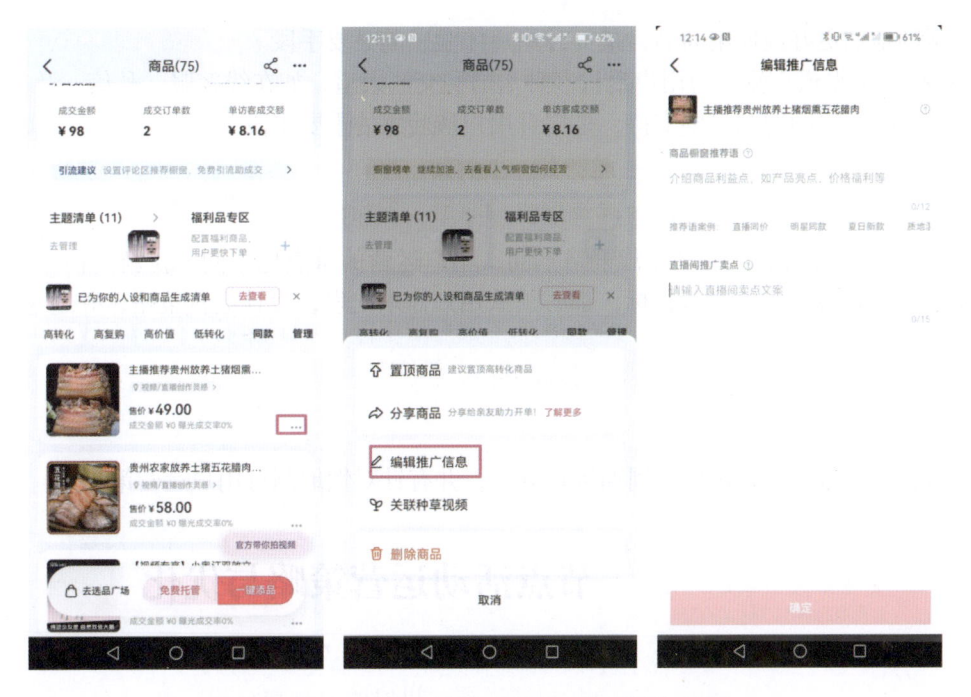

图 12-9　在商品橱窗中进行卖点提炼操作步骤

② 在直播中控中进行卖点提炼操作，如图 12-10 所示。依次点击"我→商品橱窗→直播中控"按钮，在直播商品列表中点击某款商品的"设置卖点"按钮，在弹出的面板中即可输入商品卖点。这里输入卖点信息限制了 15 个字符，即要求卖点提炼极为简洁。

此外，还可以在种草视频中填写商品卖点等。

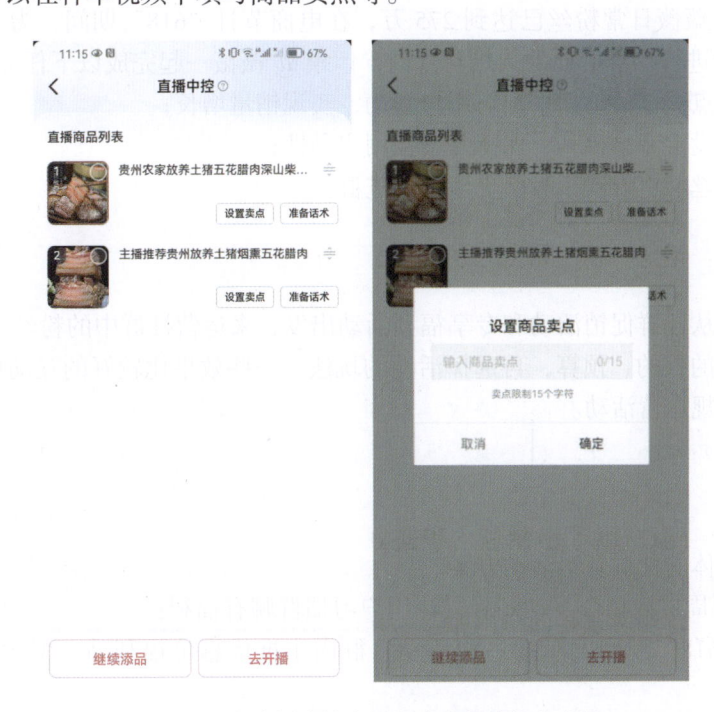

图 12-10　在直播中控中进行卖点提炼操作步骤

231

4. 商品话术优化

在《口播技术》中，已经详细介绍了针对不同类型商品的标准话术结构，以及通过复盘来优化话术的方法。我们将从直播间用户转化路径角度，进一步探讨话术优化策略。在直播间用户转化路径时，商品话术出现后，就会产生一系列销售数据，包括商品点击率、点击转化率、销售额等。抖音直播间用户转化路径，如图12-11所示。

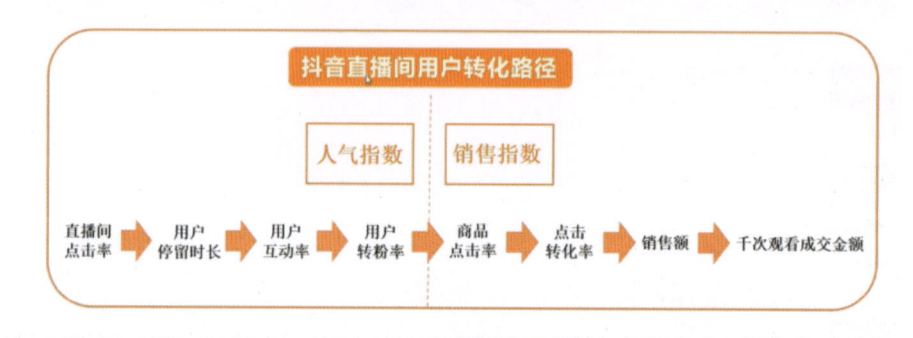

图12-11 抖音直播间用户转化路径

（1）提升商品点击率。

购买从点击商品开始，故第一个重要指标是商品点击率，即直播间点击商品的观众和未点击商品的观众的比例。

在运营层面，通过点击商品"讲解"按钮，在直播画面弹出商品卡可以有效提高商品点击率。

在达人话术层面，可以通过以下结构化话术来提升商品点击率。

① 简单、清晰地描述商品特点；
② 强调差异化；
③ 描述商品使用场景；
④ 描述商品可能会带来的利益；
⑤ 描述商品的使用体验（情绪体验）；
⑥ 直接引导点击。

（2）提升商品点击转化率、下单率。

观众点击商品后，将打开商品链接，看到商品详情，因此提升下单率的基础是商品详情页优化，但这是商家的工作。对于带货达人，重点从话术角度考虑，可以通过以下结构化话术来提升商品点击转化率、下单率。

① 强调与竞品的独特差异性；
② 强调活动的优惠、折扣；
③ 强调商品稀缺性（配合库存修改、限量策略）；
④ 说明快递配送、退货等售后服务保障；
⑤ 直接引导下单操作。

（3）提升商品付款率、销售额。

只有用户付款，才能真正产生销售额，完成销售闭环。可以通过以下结构化话术来提升商品付款率、销售额。

① 强调商品稀缺性（配合不付款则踢单的运营动作）；
② 强调价格竞争力（限期退差价等价格保障）；
③ 强调促销政策（付款后给赠品，但赠品有限等）；
④ 强调售后服务保障；
⑤ 引导付款操作。

（4）转化路径的简化。

直播间购买行为中"冲动消费"占比很高，如果严格按转化路径逐步优化关键数据，反而不符合促进"冲动消费"的要求。分解成若干转化节点并对应观测指标的意义是帮助我们更精准定位问题的原因，但实践中往往需要简化转化路径，以提升 GMV。即在商品讲解时利用稀缺性、紧迫性让用户一旦动手，就连续完成点击商品、下单、付款等多个操作。可以通过以下结构化话术简化转化路径。

① 介绍商品卖点；
② 强调价格竞争力，放大没买到的痛点；
③ 强调完成付款才算买到；
④ 限时限量上链接。

这就是"3、2、1，上链接"的由来。

（5）用户转化全路径的简化指标。

直播间销售可以通过"3、2、1，上链接"简化路径，一次达成。那么，从用户进入直播间，到完成消费付款，有没有一个综合指标来衡量直播效果呢？有，就是"千次观看成交金额（GPM）"，这个指标也可以用于衡量直播团队的整体能力。

定义：平均 1000 个观看直播的人成交的金额。

公式：千次观看成交金额（GPM）= 直播间交易总额（GMV）/ 直播间页面浏览量（PV）×1000

意义：用户进入直播间后，促成其消费的行为。

目前，一般直播间引流主要由短视频内容团队和投流人员负责，一旦用户进入直播间，则由直播团队负责一系列转化，直播团队中的各种角色，如主播、助播、场控、中控、运营，通过协同配合完成转化，故 GPM 能综合衡量直播团队的整体能力，非常受团队重视。而抖音平台也会用 GPM 指导推流，GPM 高的直播间（不是 GMV 高）将获得更多的自然推流，所以每个直播团队都会追求不断提升 GPM。

（6）商品话术优化操作。

依次点击"我→商品橱窗→直播中控"按钮，在直播商品列表中点击某款商品的"准备话术"按钮，就可以在话术文本框中撰写该商品的话术。

在该界面，还提示了"易违规话术"，并给出了"参考话术"，只要点击"采用"按钮，就可以快速将系统推送的"参考话术"输入话术文本框，如图12-12所示。

如果商品较多，需要用到提词器时，或想保存优秀话术时，还可以点击"导出话术"，将该商品话术导出。

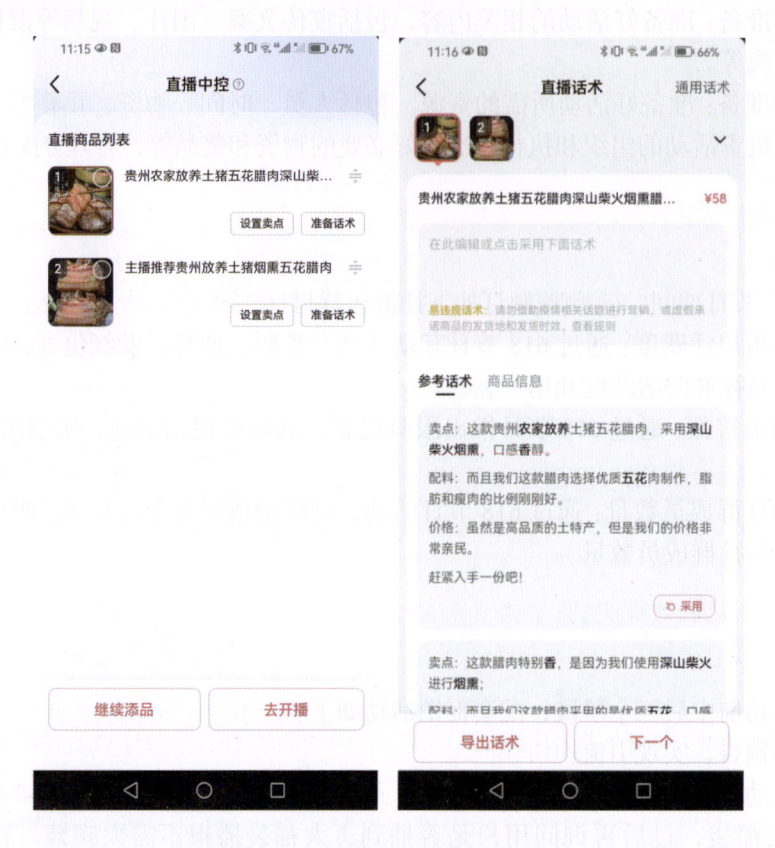

图12-12 系统给出的商品参考话术

任务思考

本任务学习了直播带货的组货策略、排品策略、提炼商品卖点的方法和话术优化的思路，以及上述技能点在手机端的操作方法。

课后练习

请根据自己账号的特点，准备一场带货直播，完成以下任务。
（1）明确这场带货直播的主题和目标；
（2）为该场直播组货，组货不少于五款商品，明确商品的定位；
（3）完成货盘排品；
（4）提炼商品卖点；
（5）撰写商品话术。

与学习小组分享在此任务中遇到的困难和心得。

任务 12.3 抖音电商节点营销

任务描述

达人 @ 小 X 仙转型为电商主播已有一段时间,并积累了一些经验,"618"大促就在眼前,团队会议认为,这是对团队能力的一次检阅,决定参与此次"618"大促活动,请与达人一起完成以下任务。

(1)直播电商节庆活动方案策划;
(2)节庆活动的执行。

任务实施

当市场竞争加剧,很多商家、达人会面临这样一种情况:日播只能让生意"打平",只有旺季、大促才能看到利润。商家追求利润,故想做好电商变现,必须抓好节点营销,在大促中赢得利润。大促活动已成为电商界的盛事,整个电子商务生态系统都很重视,是对电商平台、厂家、商家、达人、服务商(如包装、仓储、物流等)等各种团队的考验。大促活动必须动员每一个人,进行周密的策划,密切的配合执行。

1. 直播电商节庆活动方案策划

"618"是电商界重要的年中采购节,各大电商平台都会筹备大促活动。为了更好地促进销售、增强用户黏性,@ 小 X 仙团队决定参与活动,首先是制订节点营销方案,其中核心内容是人群策略、内容策略、货品策略、投放策略和平台活动策略。

(1)人群策略。

人群策略是营销策略的起点。

首先要明确在抖音的人群资产,以前使用介绍粉丝分析的方法,这里我们将尝试用品牌视角来洞察"人群资产"的方法,可以通过巨量云图做人群资产盘点。

巨量云图通过构建 5A 关系资产和内容资产的方法论模型,经营品牌与用户的关系和用户对品牌的感知,帮助品牌沉淀人群关系和内容资产,促进资产高效复用升值,达成提升品牌营销的效果、效率和效益的目的。巨量云图主要面向品牌方或广告商,对于达人,可以参考巨量云图的方法论,通过分析粉丝数据,评估粉丝资产。

O-5A 方法论的理论依据是科特勒构建的 5A 模型,其中 O 是 Opportunity(公域人群),后面 5 个 A 是 Aware(了解)、Appeal(吸引)、Ask(问询)、Act(行动)、Advocate(拥护)的缩写,如图 12-13 和表 12-1 所示。

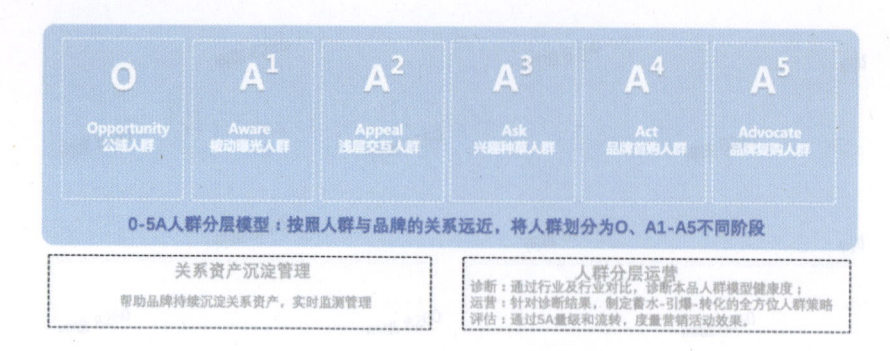

图 12-13　O-5A 人群模型示意图

表 12-1　O-5A 人群模型特点

阶段	用户行为	用户触点	用户印象
了解 （Aware）	用户被动的接收来自过去产品体验、营销互动和其他人的体验等多方面的各种产品信息	从他处知晓品牌 无意间接受品牌推广 想起过去的用户体验	我知道 I know
吸引 （Appeal）	用户处理已知的信息，加工成短期或者长期信息，并选定几个中意的品牌	被品牌吸引 形成心仪的品牌清单	我喜欢 I like it
问询 （Ask）	受到好奇心驱使，用户积极跟进吸引他们的品牌，从家人、朋友、媒体，甚至产品本身获取信息	向朋友寻求帮助 在网上查看使用评价 拨打客服热线 比价	我相信 I do
行动 （Act）	获得足够信息后，用户做出购买选择，通过购买、使用和服务程序进行进一步产品交互	在线上或线下购买 首次使用商品 反馈问题 享受服务	我购买 I'm buying
拥护 （Advocate）	随着时间推移，用户越来越忠于品牌，并反应在涨粉率、留存率、复购率等指标上，包括传播、推荐给其他人等行为	继续使用 再次购买 推荐给他人	我推荐 I recommend it

"618"期间，在某护肤行业头部品牌的核心人群图中，都市蓝领、小镇青年、Z世代是原本被该品牌定义的目标群体。通过云图洞察发现新锐白领、精致妈妈与资深中产人群是可破圈的高成交转化率的人群，如图 12-14 所示。

其次要根据当前人群资产构成，做好 GMV 相关的人群拆解，不同人群分别要产生多少 GMV，每个人群数量相差多少，通过什么办法来弥补人群资产的缺口。

最后，通过巨量云图工具检测 5A 人群的渗透情况，判定投放动作的有效性，调整不同时期的投放节奏。

（2）内容策略。

内容策略是人群策略的延伸。

什么样的内容吸引什么样的人群。反之，应通过用户洞察，确定内容方向，并且对内容进行反复测试，了解用户对于商品和内容的反馈是必要的策略。同时，为了降低内容生产的成本，需要对优质内容进行拆解，把握优质内容"模板"进而复用。

① 人设独特：表现力强、毒舌、与众不同，有记忆点等；
② 脚本创作能力：垂类内容专业，非垂类内容有趣；
③ 货品有非常强的记忆点：好货即是好内容；
④ 强场景吸引用户：有非常强的代入感。

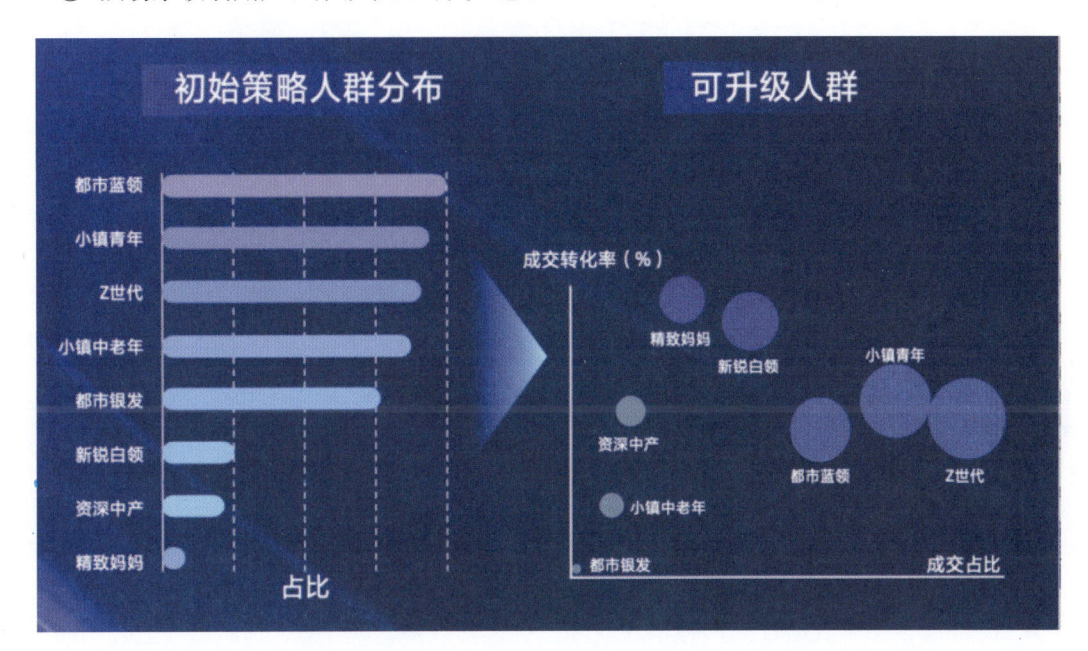

图 12-14　通过工具圈定目标人群

（3）货品策略。

货品策略是人群策略的落地。

品牌需要思考什么样的产品与目标人群更加匹配，需要对细分品类做详细的分析，通过销量、增速、价格带、价值感、记忆点和竞争的激烈程度等维度判断如何准备货品。

护肤行业某品牌通过巨量云图非常好的解决了人货匹配的问题。活动期间，某护肤行业品牌通过针对 5A 人群洞察、货品流转分析、直播达人优选分析等，并从人群属性、品类两大维度做了核心人群、机会人群的洞察，针对 90 天平均 CTR&CVR 对货品进行深度分析，找到品牌的爆品、潜力爆品和问题品，通过对货盘的调整，让直播间人数较平日增加了 1.5 倍。对选品进行分层归类如图 12-15 所示。

如果没有很强的数据分析能力，也可以通过快速测品来辅助决策。在平销月，通过直播间和短视频初步判定哪些是爆品，哪些是潜在爆品，基于测试结果可以相对精准的备货。

在"618"期间第二个需要考虑的货品策略是生产时间节点和补货周期，要和前端运营顺畅的匹配和衔接，防止货品供应不足，生产进度紧迫的情况发生。

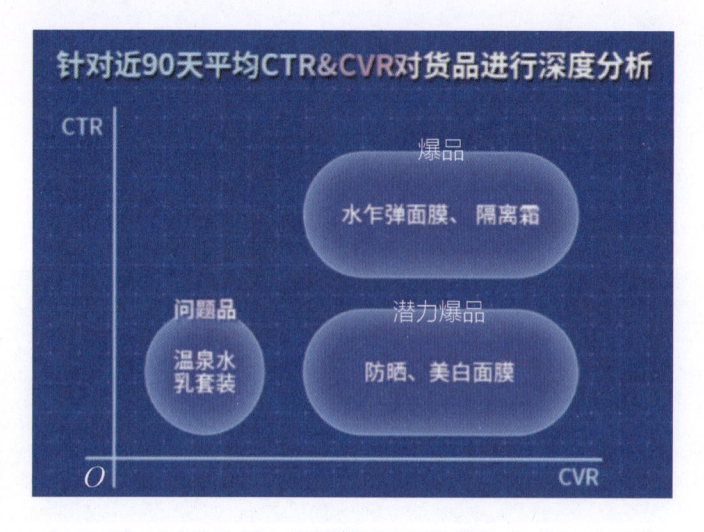

图 12-15　对选品进行分层归类

（4）投放策略。

投放策略是实现快速引流和扩大商业模型的有效方法。一般认为，付费广告和达人合作均属于"投放"范畴。投放目标坚持"品效合一"，但不同方法略有偏重。

① 付费广告的应用。抖音全域电商付费广告投放可以分为四个场景。

- 投商城。由商家投放，主要是投巨量千川搜索竞价广告，目的是放大店铺或商品卡流量，实现货架电商的业务量增长（以"效"为主）；
- 投短视频。对数据较好的种草短视频、挂车短视频进行DOU+投放，主要目的是放大内容势能，获得更多精准的自然流量（以"品"为主）；
- 投直播间。对流量好的直播间投放竞价广告（通投或搜索广告均可），主要目的是获取更多精准流量（以"效"为主）；
- 投品牌广告。主要目的是放大品牌势能，保证商品曝光，做大"公域"流量池，为"私域"转化提供稳定流量（以"品"为主）。

如何在有限预算下，获得更好的"品"与"效"，需要投手在丰富的实操经验基础上系统考虑规划。

② 达人合作策略。无论是头部达人还是中腰部达人，均需要一些合作投入。同时，通过与达人合作，一方面品牌与达人相互背书可以提升品牌势能，另一方面达人确实可以帮助品牌增长一定的销量。因此，

- 在达人选择方面，品牌要有明确的遴选标准，并有方法来验证达人的能力。
- 在合作范围方面，品牌要系统考虑头部达人与中腰部达人相结合，追求坚持ROI和品效合一。
- 在档期方面，品牌要尽早选定达人，并预留达人档期。

相对于传统货架电商平台，抖音达人资源具有明显优势，要注意利用好这一优势。

（5）平台活动策略。

活动策略是帮助品牌降低成本并获得利润非常关键的部分。

在活动期间，有官方扶持和没有官方扶持差别会非常大。需要提前知道官方有哪些扶持

政策，如何得到这些扶持。例如，某年"618"期间，从直播到短视频，从小店到工具抖音平台都有相应的扶持政策，如巨量千川的千万投放红包补贴、百亿带货流量补贴。这些扶持政策要尽量用好，应关注平台通知，多和平台用户经理沟通。

2. 直播电商节庆活动执行

@ 小 X 仙将 618 大促活动的执行期按三个月规划，分解为四个阶段：4月破圈预热期、5月蓄水种草期、6月1～18日大促转化期，以及6月19～30日持续增长期。

（1）4月破圈预热期，策略如图12-16所示。

① 在这个时期，@ 小 X 仙准备多方位测试内容和商品。可以通过巨量云图或者通过之前合作比较顺畅的巨量星图达人开始内容测试和商品测试，来跑通内容模型。同时，可以通过品牌自播、达人直播和短视频内容测试出爆品和潜在爆品，为后续的业务放大做准备。

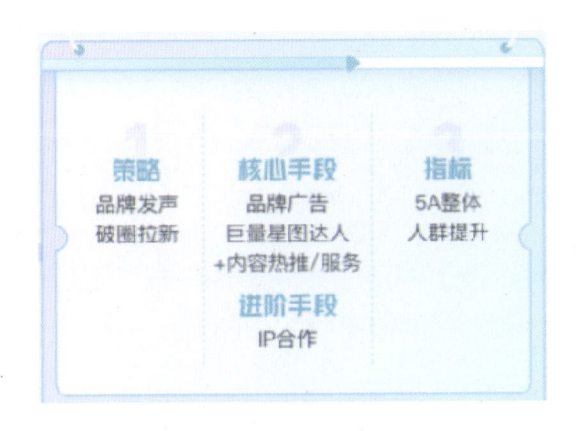

图 12-16　破圈预热期策略

测试内容和商品的关键就是对巨量星图达人的选择，要基于目标人群，选择内容对口，推荐适合或者销售商品的达人，多选几个营销维度进行测试。要关注达人商业广告和非商业广告的流量差异，近期的流量趋势，也要关注达人以往带货的类型、人群画像。

② 要多次利用与巨量星图达人合作的素材，而不是单纯的单次合作。因为，生产优质内容本身不容易，品牌在做投放时，一方面要放大达人营销优质内容带来的销量，另一方面还要为后续的效果优化积累素材和潜力人群。

③ 达人的档期提前锁定，品牌广告的提前购买，要尽早的确定好投放策略，防止后续买不到品牌广告或达人没有档期。

④ 达人选择一般关注六个维度。

达人属性：品牌主可以根据巨量星图的 26 个垂类，166 个细分垂类清楚地识别达人的属性，来评估品牌和达人的关联性；

内容制作水平：完播率、互动率、日常和商业内容的播放中位数、账号更新频率；

商业能力：CPM、购物车点击率、GPM、进店成本、之前的带货品类；

粉丝画像：铁粉比例、使用的手机机型（代表购买力）、年龄（代表消费力）、城市分布、性别比例等；

增长趋势：涨粉还是掉粉，账号所在的阶段（增长期还是成熟期）；

服务能力：提前查询履约信誉率，依据达人的平台信用分和用户好评数进行综合衡量，确保达人能够按时按量完成合作。

⑤ 关注平台是否有新玩法。比如 IP 合作，到底是怎么玩的，提前搞清楚。

通过上面的操作，品牌要达到的核心目的就是 5A 人群的整体提升，通过巨量星图达人种草、品牌广告把更多的机会人群转化成 A1～A3 人群（对品牌有认知、有好感和品牌有互动的人群）。

（2）5 月蓄水种草期，策略如图 12-17 所示。

① 品牌应该持续通过巨量星图达人给准备主推的爆品和潜在爆品背书，和星图达人合作的过程中，一定要通过内容热推工具，将优质的内容放大，获得更多用户的关注和信任，为后续转化做准备；

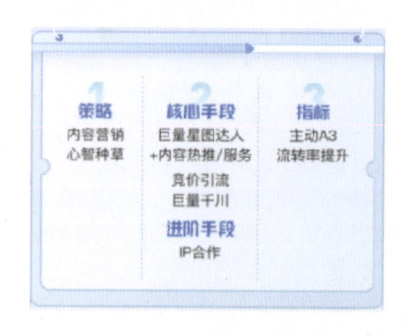

图 12-17　蓄水种草期策略

② 在内容方面仍然需要持续测试不同的内容形式和产出，跑出相应的爆品内容和爆品，为大促转化期做准备；

③ 如果和达人之间是带货合作，可以通过测算发现，给带货达人投流后是否可以赚钱，如果可以，则增加投放，放大短视频带货合作或者直播带货合作产出；

④ 品牌应该通过自播直播间持续铺垫爆品和潜在爆品，既利用直播间拔草，也可以利用直播间种草；

⑤ 关注平台是否有新的广告位和广告样式，探索更多的流量来源。

（3）6 月 1～18 日大促转化期，策略如图 12-18 所示。

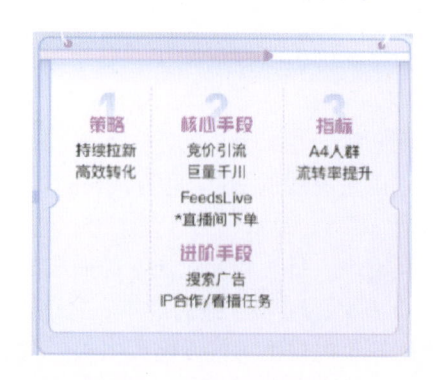

图 12-18　大促转化期策略

① 通过随心推和 DOU+ 持续放大优质内容的产出与传播效果；

② 加大效果广告的投放力度，由于在前两个阶段内容素材方面做了充分的准备，这个时期只要 ROI 合适，就持续放大；

③ 通过头部和肩部达人拔草。如果前期蓄水充分，这个时期的拔草效率会非常高；

④ 同时借助自播完成拔草动作，通过巨量千川放大直播间流量；

⑤ 要启用更多触点接触用户，通过搜索广告和 IP 合作以及看看任务等，持续扩大直播间的流量，实现 5A 人群的转化。

（4）6月19～30日持续增长期，策略如图 12-19 所示。

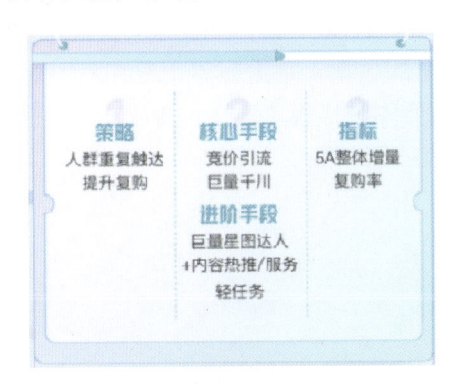

图 12-19　持续增长期策略

① 在大促转化期后，对 5A 人群进行重复触达，提升用户对品牌的认知；

② 虽然"618"在这个阶段已经基本结束，但是品牌应该在这个阶段把着眼点放在后续的营销节点上，为后续投放做好铺垫，提升用户的复购率；

③ 在整个"618"结束之后，品牌要通过巨量云图重新盘点自己的 5A 人群资产，了解大促过后 5A 人群的总体增量，并关注用户的转粉率和复购率，做好大促总结。

任务思考

本任务学习了参与平台大促活动的策划和执行技能，简单了解了巨量云图的 O-5A 方法论，从人群策略、内容策略、货品策略、投放策略和平台活动策略等方面说明了大促活动策划的要点。在大促活动执行时，首先确定执行周期，然后将执行期分解成若干阶段，不同阶段的目标、策略、手段和指标都是不一样的，需要留意一系列的执行细节。

课后练习

请根据本任务提示的要点，策划双十一大促活动方案，完成以下任务。

（1）拟订人群、内容、货品、投放和平台活动五大策略。

（2）定义大促活动执行期为 9～11 月，分解为四个阶段。

（3）拟订每个阶段的工作计划，包含目标、策略、手段和指标，计划具有较强的可行性。

与学习小组同学分享在此任务中遇到的困难和心得。

任务 12.4　电商数据分析与优化

任务描述

@兄弟茶仓是一个专门做茶叶供应链直播的账号,从 2021 年 8 月开始创建,准备通过拍摄茶厂和基地的短视频,树立创业者人设,并通过直播间进行茶叶商品的销售。经过一段时间的尝试以后,发现直播间的数据不是太理想,现在需要对目前直播的数据进行分析复盘,找到背后的原因,并采取针对性措施,优化直播数据。具体包括如下任务。

(1) 单场直播数据分析。
(2) 流量数据提升优化。
(3) 成交数据提升优化。
(4) 销售数据提升优化。

任务实施

影响直播间销售额的核心数据包括:流量数据、转化数据和销售数据。在账号开播初期,直播间场景搭建、达人话术及选品的组合等因素都会影响直播间的核心数据,随着账号逐渐走向成熟,各阶段所面临的问题也不尽相同,需要根据数据反馈进行实时调整。

1. 单场直播数据分析

登录 @兄弟茶仓账号的巨量百应后台,查看最近一期直播的后台数据,如图 12-20 所示。

经过对数据罗盘所记录的直播流量数据分析,可以得出以下结论。

(1) 从流量来源上看,目前该茶叶直播间的累计观看人数为 3934 人,其中 94% 以上的流量来源于直播间自然流量,即系统推荐,流量结构相对单一;

(2) 从直播间人数变化趋势上看,从 18 时 17 分开播到 18 时 30 分左右,直播间在线人数出现陡降的趋势,直播间新进人数和直播间离开人数的曲线基本重合,说明直播间开场的极速流量没能很好地承接,导致直播间用户流失,并且一直持续到 19 时 17 分左右才有所改观;

(3) 从用户观看时长上看,人均看播时长为 47s,离行业平均水平还有较大差距,后续需要针对用户停留时间做一定优化设计。

图 12-20　@兄弟茶仓的单场直播后台数据截图

经过对数据罗盘所记录的直播成交数据分析，可以得出以下结论。

（1）从成交数据上看，该场直播成交人数 110 人，成交件数 167 件，说明有部分用户购买了多件商品，选品符合下单人群的购买需求。其中成交用户占比仅为 0.91%，说明大部分下单的是新用户，选品对老用户的吸引力还需加强；

（2）从成交用户画像上看，大部分是外省用户，其中广东地区最多，占比 20% 以上，说明商品符合地域人群的生活习惯；

（3）从成交趋势上看，该场直播大部分的成交订单都是在直播的后半场，尤其是 19 时 17 分以后完成的，需要跟团队复盘一下后半场的直播间的内容和话术设计。

经过对数据罗盘所记录的商品数据分析，可以得出以下结论。

（1）从商品品类上看，该场直播上架的茶叶主要有两种：熟普洱茶和白茶，其中 4 号链接的福鼎白茶，曝光点击率为 7.04%，点击转化率达到 18.29%，成交金额 161 元，占单场直播销售额的 25%，如图 12-21 所示；

（2）从商品排布上看，1 号链接引流款的勐海古树普洱茶熟茶虽然价格很便宜，只有 12.9 元，也有一定的曝光点击率，但是最后没有成交；

（3）从成交客单价上看，直播间千次观看成交金额（CPM）为 140.19 元，直播间大部分商品的价格在 50～99 元的区间，在直播成交人群的消费区间范围内。

图 12-21　成交转化较好的单品（白茶）

2. 流量数据提升优化

针对流量数据目前的现状，团队经过讨论后，决定从以下三个方面着手。

（1）拓展直播间流量数据结构，扩大短视频引流进入直播间的比例，降低对自然推荐流量的依赖；

（2）完善直播间场景搭建，改变主播话术，改善用户直播间留存低的问题；

（3）缩短单品讲解时间，采用单品循环过款话术，降低成交密度。

从挑选随机用户送福利的"幸运时刻"系列视频类型延伸，团队分别尝试拍摄了"福利品秒杀""茶产地探秘""茶叶制作过程""行业内幕揭秘""买茶避坑技巧"等多个视频方向，如图 12-22 所示。

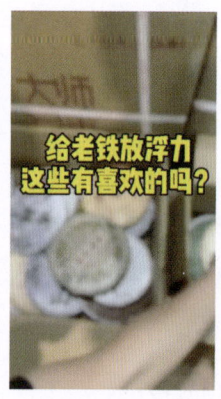

图 12-22　短视频引流的若干选题方向

因为主打的是茶叶供应链，为匹配@兄弟茶仓的账号昵称，以及创业者的人设，因此直播间的场景搭建还是以发货仓库为主，营造真实感。

在话术方面，缩短了每个商品讲解的时间，增加了过款的速度，并把引导评论和关注的互动话术融入到商品讲解的过程中。

3. 成交数据提升优化

针对成交转化数据目前的现状，经过团队讨论后，决定从以下三个方面进行改进。

（1）营销策略：通过发放福袋、新粉丝专享福利品秒杀，以及粉丝0门槛5元优惠券等方式，增加用户停留和下单可能性。如图12-23所示；

图12-23　营销工具的使用

（2）商品策略：精简化，推出9.9元包邮的体验装，以及独立小包装多种口味的茶叶礼盒，避免因为大规格茶饼（300～500g）造成的复购率低下等问题，提升直播间的成交密度和意愿。

（3）视频种草：在进行新品或专场直播前3～5天，通过多拍商品预热视频，塑造价值感，提前对用户进行种草，引导预约直播。

4. 销售数据提升优化

针对销售数据目前的现状，团队经过讨论后，决定从以下三个方面改善。

（1）提升整体客单价，新增了200元、300元和500元左右的利润款单品，如图12-24

所示;

(2) 拍多单送额外福利品(如随身吨吨杯);

(3) 利用付费投放打入精准人群(31~40岁、男性、南方地区),做精准交易。

商品/价格	销售额	销量	带货视频	带货直播	近30天销量趋势
陈皮白茶 茶颜 2015年寿眉·2013年陈皮紧压茶礼盒装30g/盒装z ¥88 佣金率 0.00%	25w-50w	2500-5000	0	26	—
福鼎白茶【梅伯珍】茗人赞2018年寿眉紧压茶 350g/饼传承盒装z ¥80-396 佣金率 0.00%	25w-50w	1000-2500	0	29	—
福鼎白茶【梅伯珍】2021年梅家功夫白牡丹散茶 点头50g/盒装口感z ¥66-99 佣金率 0.00%	5w-7.5w	750-1000	0	26	—
福鼎白茶 2015年档案茶五星金奖贡眉 吴贻强大师监制 350g/盒z ¥99 佣金率 0.00%	5w-7.5w	500-750	0	8	—
武夷岩茶【天峰】岩韵大红袍茶中珍品 武夷山 50g/条盒装泡袋装z ¥99 佣金率 0.00%	2.5w-5w	250-500	0	29	—
多彩福茶(荣宝嘉联名款)白牡丹 散茶 藏家入手 150g/礼盒装 ¥298 佣金率 0.00%	10w-25w	250-500	0	17	—

图 12-24 重组货盘后的选品排布

经过几个月时间,直播间整体数据有了明显提升,如图 12-25 所示。通过对直播间数据的分析,可得出原因如下。

(1) 流量来源:从原来单一的系统自然流量,变成了混合流量,单场直播间观看人数达到 2.16 万元,其中系统流量下降到 35.49%,短视频引流比例为 13.55%,付费流量占比 25.47%,粉丝关注来源占比 18.29%;

(2) 用户画像:成交人群与付费投放精准人群重合,主要为南方省市的中年男性(31~40岁);

(3) 成交比例:粉丝成交比例从原来的不足 1% 提升到 22% 以上,用户的复购频率和热情得到提高;

(4) 用户停留:人均看播时长从原来的 47 秒提升到 1 分 46 秒,用户停留时间提升 120% 以上;

(5) 销售额:除引流品外,客单价提升了平均 199 元以上,千次观看成交金额也提升到 1264.05 元;

(6) 成交转化效率:因为直播间场观人数的增长,直播间平均点击转化率下降为 10.43%,但各个商品的实际转化销售额出现提升,不再出现没有成交的商品。

项目十二 / 电商变现

图 12-25　经过调整过后的直播间数据

任务思考

抖音直播间流量的分配，其实是和同行业直播间不停"赛马"的过程，比较的就是直播间的各项数据。如果直播间转化率低、商业价值不如别人，那么抖音后台就不会给更多流量。

正常情况下，如果直播一旦被打开，那么要重点关注的数据，就是人均停留时长、转化率、千次观看成交金额等。人均停留时长代表了留住用户的能力，转化率代表了商品的优势，千次观看成交金额代表了对流量的使用效率。每一项数据背后，都有深层次的原因，只有做好数据的分析和复盘，才能针对性地进行调整和提升。

课后练习

想要提升@兄弟茶仓直播间的成交转化率，除了现有的优化措施，还可以采取哪些措施或者方法，试列举出两项优化方向，并说明原因。

项 目 小 结

本项目包括四项任务。第一项任务侧重讨论如何根据账号现有的人设定位，利用抖音精选联盟完成选品。第二项任务通过对商品的特点分析，为商品的组合及顺序排布作出决策，并学习了商品卖点提炼和话术优化的方法。第三项任务讨论了在面对重大的营销节点时，如何策划电商营销方案并执行。第四项任务对单场直播数据进行复盘，并根据数据得出优化方向，以及应对策略措施，实现各项数据的提升。

通过四项任务的学习，希望创作者能掌握直播间选品、排品、卖点和话术提炼的方法，能够独立策划营销类方案，并根据数据反馈，及时调整直播相关工作和内容方向。

项目十三

服务变现

学习目标

- 能根据账号定位,在服务交易平台优化达人名片。
- 能解读内容服务任务书,主动与客户方进行交流,分析客户需求,精确定义交付成果。
- 能根据任务书要求,执行委托服务,并交付关键成果。
- 能对内容服务数据进行分析与总结,评估服务效果,持续提升服务变现能力。

任务 13.1　母婴达人名片优化

任务描述

某母婴达人 @X 欣一家近期入驻抖音，很快在平台上积累了 70+ 万的粉丝，为进行广告变现，现准备对星图名片进行设置，请帮助 @X 欣一家的运营者小林完成名片设置任务。具体包括如下。

（1）账号标签及粉丝分析；
（2）相似账号分析；
（3）完成名片设置。

任务实施

做短视频的目标之一，即流量变现。当达人的粉丝积累到一定程度，就可以通过星图平台，获取合法合规的商单。符合品牌调性的简介和名片设置，会更容易获得合作机会。

1. 账号标签及用户分析

用MCN机构账号登录巨量星图，搜索达人 @X 欣一家，查看其目前的用户画像和作品，如图 13-1 ~ 图 13-4 所示。

如图 13-1 所示，粉丝性别近 80% 是女性，年龄分布于 18 ~ 40 岁，其中 31 ~ 40 岁最多，购买力强且优质。

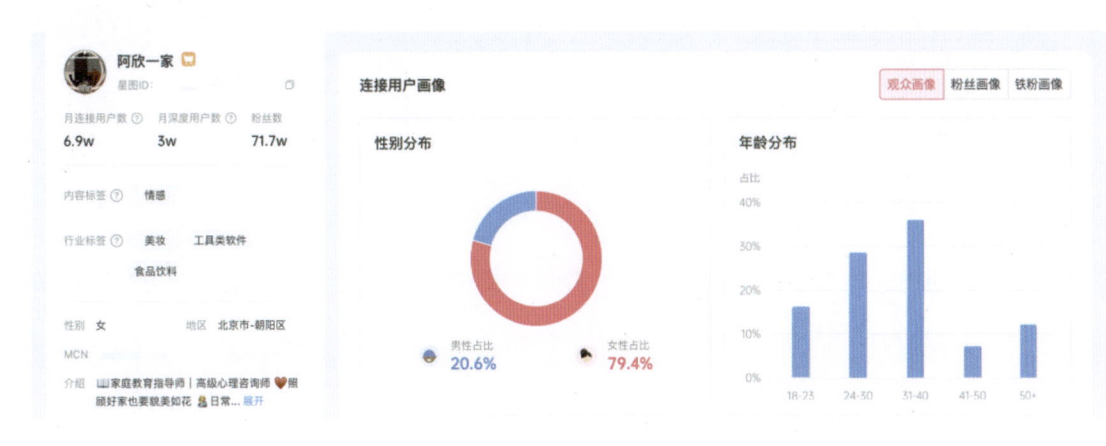

图 13-1　达人星图资料和用户画像

如图 13-2 所示，八大人群分布上，前三位是 Z 世代、精致妈妈和小镇青年，属于购买活跃的人群且优质。

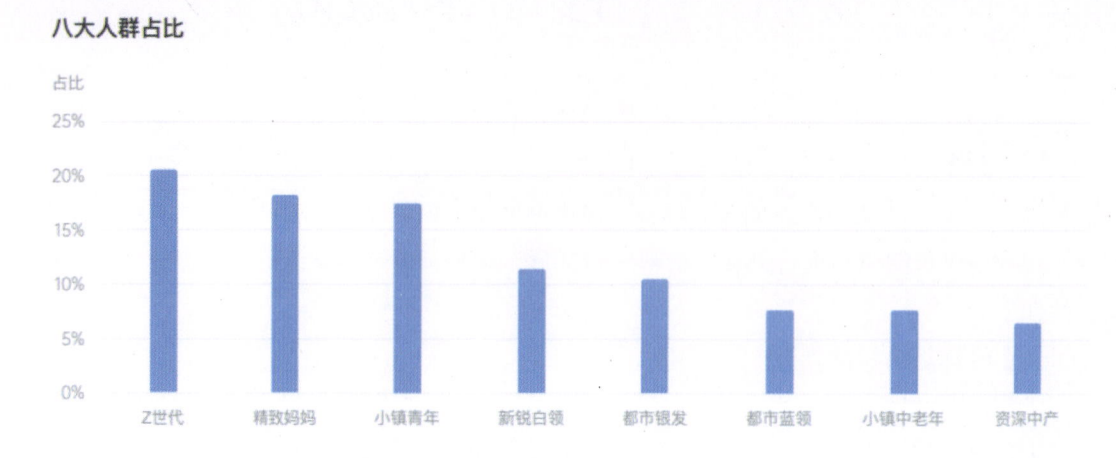

图 13-2　达人粉丝的八大人群占比

如图 13-3 所示，触达用户以三线城市 31～40 岁女性居多，与前两个图的数据匹配。但用户的连接强度还不够理想，57% 的用户处于"了解"程度，没有用户进化到"追随"的程度，可以理解为铁粉少、新粉多。

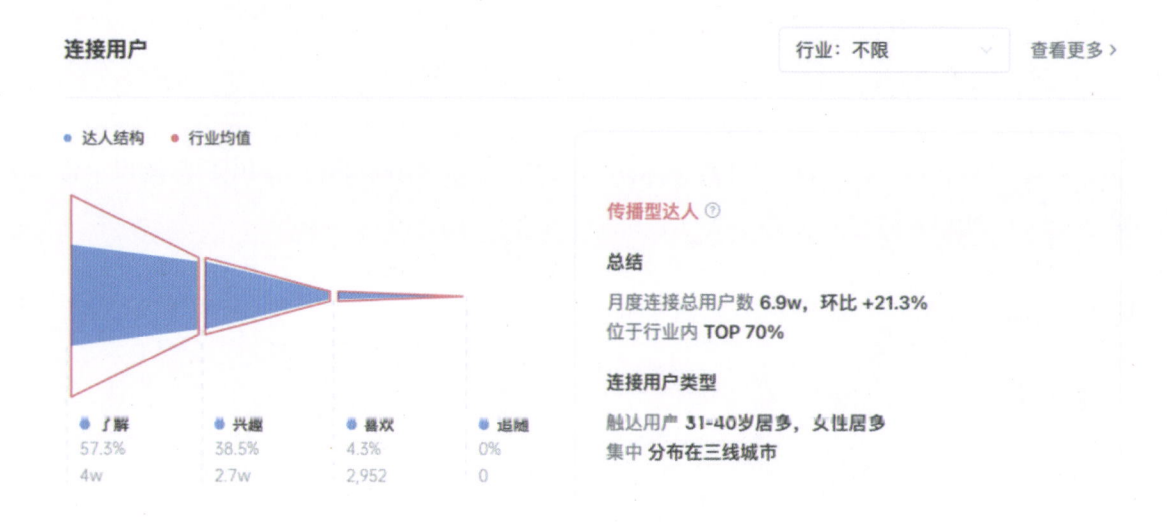

图 13-3　达人连接用户分析

如图 13-4 所示，达人的作品内容多涉及亲子（家庭生活）、生活、文旅类的主题，作品数不多，但作品数据普遍较高，可以认为内容优质。

项目十三 / 服务变现

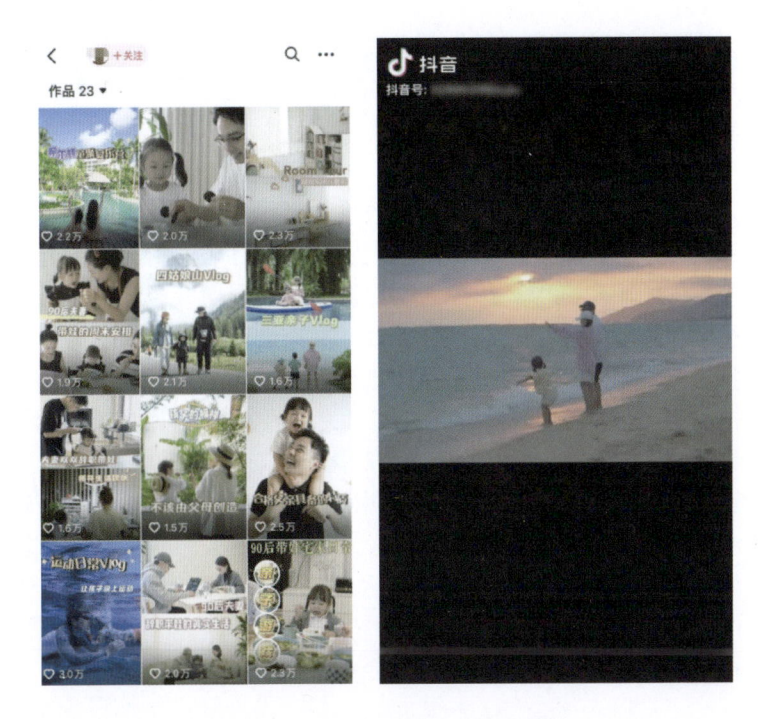

图 13-4 达人作品列表和典型示例

通过账号分析，我们知道这是一个亲子类账号，孩子出生后，90 后夫妻裸辞工作，一边陪伴孩子，一边做自媒体，他们热爱生活。这是账号简介的基础信息。

2．相似账号分析

大概知道了自己账号的关键信息（标签）后，为了写出高质量的达人简介，可以参考一些优秀案例，如图 13-5 所示。所在的页面最下方，可以找到"相似达人推荐"板块，巨量星图提供了多维度相似达人推荐，包括：综合相似、内容相似、用户相似和商业能力相似。

图 13-5 搜索相似达人

251

内容相似达人主要从内容类目、标签等角度匹配，用户相似则从用户画像角度匹配，商业能力相似主要从触达用户数、预期CPM、星图指数等角度匹配。每种相似达人匹配关注的指标在推荐列表中已明确列出，很容易理解，选定对标达人时，可以根据决策目标选用重点关注指标。

例如，当达人要决策"在星图平台的商单报价"时，分析相似账号的顺序如下。
（1）"商业能力相似"。在商业能力相似列表中，选择月触达用户数接近的若干达人；
（2）查看这些达人的用户画像。选择性别比例、年龄段均最相似的达人；
（3）查看最相似达人的内容。选择内容类目、标签最相似的达人。

通过以上三步，基本就可以确定"在星图平台的商单报价"的对标达人了。显然，该策略主要关注三个指标：触达用户数（品牌广告主最关注的数据）、用户精准度（由用户画像对比确认）、用户兴趣匹配度（由内容类目和标签对比确认）。

最后，查看选出的相似达人商单报价，并明确自己的报价策略。如果策略目标是拿到更多商单，则选择报价较相似达人的价格低10%；如果目标是减少商单从而服务更优质客户，则选择报价较相似达人的价格高10%。这样，达人星图资料中的报价就确定了，这是非常重要的数据。

如前所述，相似达人分析可以给我们更多参考和价值，请读者自行探索。

3. 完成星图名片设置

当我们了解了自身账号情况，并对相似达人进行全面深入分析后，就可以对达人星图名片进行优化设置了。

（1）优化达人标签。优化标签可以让平台更准确识别达人账号类型，不仅可以提升潜在兴趣用户的推荐准确性，还可以提升品牌商家与达人的匹配效率和效果。虽然星图平台会给达人打上标签，但也提供了手动优化的功能。修改达人标签的操作步骤如图13-6所示。

图13-6 修改达人标签

当达人内容转型时，手动优化达人标签是必要的操作。例如，在《自媒体运营（中级）》中提到的达人@下铺小涵，她的账号是在大学期间设立的，内容主要是在大学女生宿舍自制美食，属于美食垂类。但随着年龄增长，小涵工作了，结婚了，近期马上要生孩子了，达人决定从美食垂类转型为母婴垂类。此时，就必须手动优化达人标签，让平台快速适应新的定位。

（2）编辑达人名片基础信息。在图13-6中依次点击"星图商单"→"我的星图"→"编辑名片"按钮，即可编辑达人名片，如图13-7所示。主要编辑的内容是接单手机号、联系邮箱和任务偏好。星图接单手机号可以与达人认证手机号不一致，即星图支持由达人的经纪人或其他团队成员专门负责星图商单事宜。联系邮箱也是如此。任务偏好设置有利于品牌商家快速识别达人接单方向，点击"任务偏好"按钮，即可选择最想合作的细分行业。

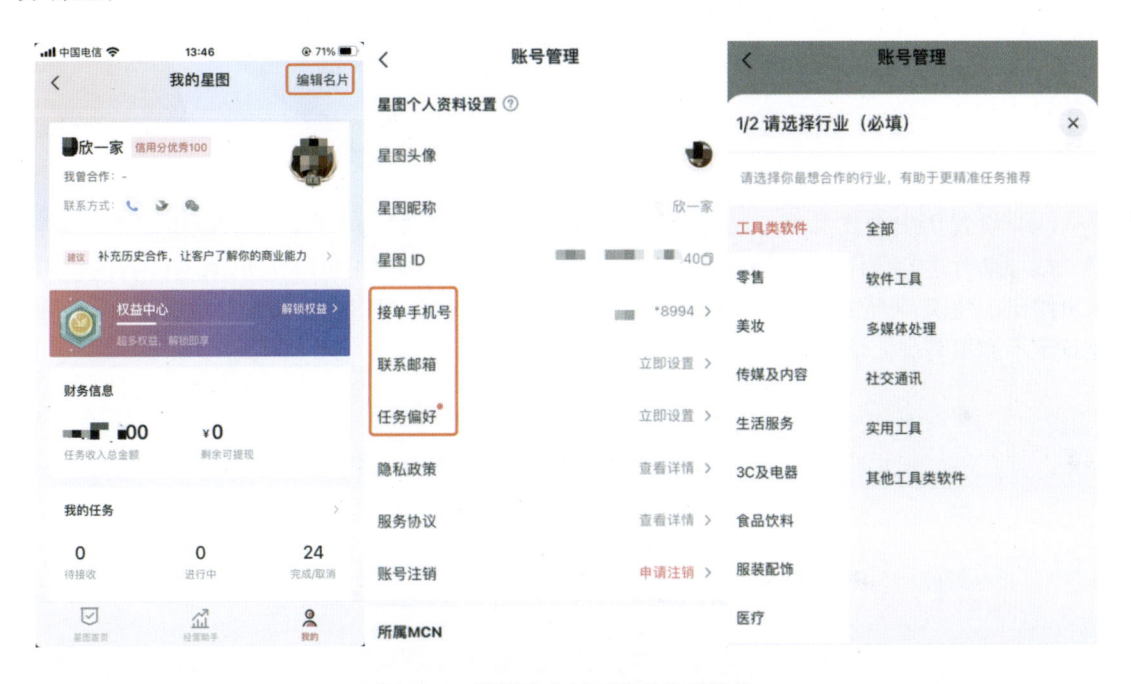

图13-7　设置达人星图账号基础信息

（3）设置服务报价。通过依次点击"我的星图"→"服务管理"按钮，进入"抖音服务管理"主页，在这里可以管理抖音平台的各种服务。在"短视频服务"按"一口价结算"的指派任务面板中点击"修改报价"按钮，就可以设置该项任务的报价。其他各种任务类型均可以用这种方式设置报价。设置达人星图服务评价如图13-8所示。

图 13-8 设置达人星图服务报价

（4）设置历史合作品牌。品牌选择合作达人时，达人的历史合作品牌是重要的决策依据，故如果有达人合作过的品牌，一定要补充进达人资料中。如图 13-9 所示，在"我的星图"主页给出了建议：补充历史合作，让客户了解你的商业能力。点击即可填写"历史合作"品牌，注意绝不能填写虚假信息！

图 13-9 修改达人历史合作品牌和自我介绍

项目十三／服务变现

（5）设置达人介绍。点击"编辑名片"→"达人介绍"按钮，即可编辑达人的自我介绍。根据上述分析，达人@X欣一家优化了自我介绍（略），让商家更了解达人，对于达人承接单价较高的商单很有帮助。修改达人自我介绍如图13-10所示。

图13-10　修改达人自我介绍

任务思考

对刚入驻星图的达人来说，无论是被动接到商单，还是主动承接抖音平台的任务，都需要尽可能让任务与达人形成最好的匹配，从而达成双赢，这就需要达人完善个人资料。在实践过程中，除了完善自己的标签、名片及其他个人资料，还要注意以下两点。

（1）接单尽量选择适合的垂类内容。比如，美妆达人接到理财类的单，垂类不同，植入形式就会受限，内容拧巴，数据也不会太好，与其咬牙强接，不如忍痛割爱；

（2）一定要按照流程走，避免私下交易。如果脚本写了、视频拍了，但客户没下单，就会导致损失。故一定要先见到下单，再出脚本拍视频，严格走星图流程。

课后练习

根据你的账号定位，优化你的星图个人资料。
（1）设置任务偏好，选择五个细分行业；
（2）参考本任务的步骤，优化达人"自我简介"；
（3）判定你的账号适合什么样类型的广告商单合作，试列举五个，并阐述理由。

任务 13.2　日化品牌达人投放合作

📖 任务描述

美妆达人 @Grace 接到某日化类投放任务,但是由于编导小 A 第一次对接商单,不清楚具体怎么操作,请协助她完成以下任务。

(1)解读服务任务书内容,主动与客户方进行交流,分析客户需求,精确定义交付成果;
(2)根据任务书要求,执行委托服务,并交付关键成果。

🕒 任务实施

由于小 A 第一次对接商单,对接商单的流程和注意事项都不了解,所以要先找上级沟通,确定接广告的流程和注意事项,然后再根据流程跟商务进行沟通,最后按要求完成任务。

小 A 根据上级领导的讲解,梳理出了接广告的整体流程,如图 13-11 所示。

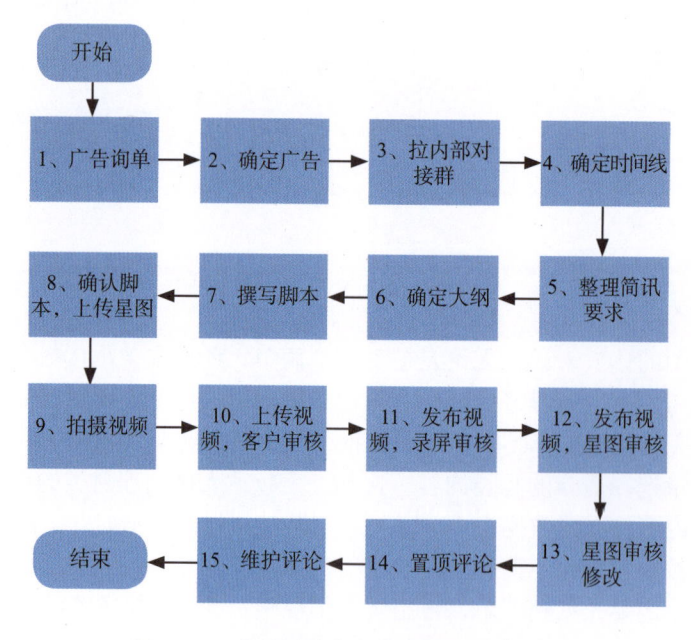

```
开始
 ↓
1、广告询单 → 2、确定广告 → 3、拉内部对接群 → 4、确定时间线
                                                      ↓
8、确认脚本,上传星图 ← 7、撰写脚本 ← 6、确定大纲 ← 5、整理简讯要求
 ↓
9、拍摄视频 → 10、上传视频,客户审核 → 11、发布视频,录屏审核 → 12、发布视频,星图审核
                                                                              ↓
结束 ← 15、维护评论 ← 14、置顶评论 ← 13、星图审核修改
```

图 13-11　在星图接广告商单的整体流程

1. 解读内容服务任务书

小 A 梳理完流程后,又找到有经验的同事寻求帮助,确定在开始执行之前需要与客户沟通哪些内容。商单前期沟通见表 13-1。

项目十三 / 服务变现

表 13-1 商单前期沟通

做什么	怎么做
广告询单	有广告询单后，商务先与内容部门主管确定达人档期及广告的排期是否有竞品排期要求
确定广告	确定可以接单后，商务跟客户沟通完，给出具体发片时间，并在星图下单
拉内部对接群	通常群内包括：商务主管、商务 BD、商务执行、内容主管、账号编导、账号后期
确定时间线	按照客户的 brief，编导要及时拿到时间线：大纲、脚本、拍摄内容、视频初稿、视频定稿、发布时间。时间线确定后，需要按时间线提交相应的成果
整理 brief 要求	编导先根据 brief 里的要求，把"必须呈现的卖点"整理出来，在满足客户要求的基础上再根据账号调性做创意

2．主动与客户进行交流

商务拉群后，在群内发了客户的 brief，要求编导给出时间线，如图 13-12 所示。在确定时间线之前，商务知道小 A 是第一次对接商单，就提醒小 A 一些注意事项。

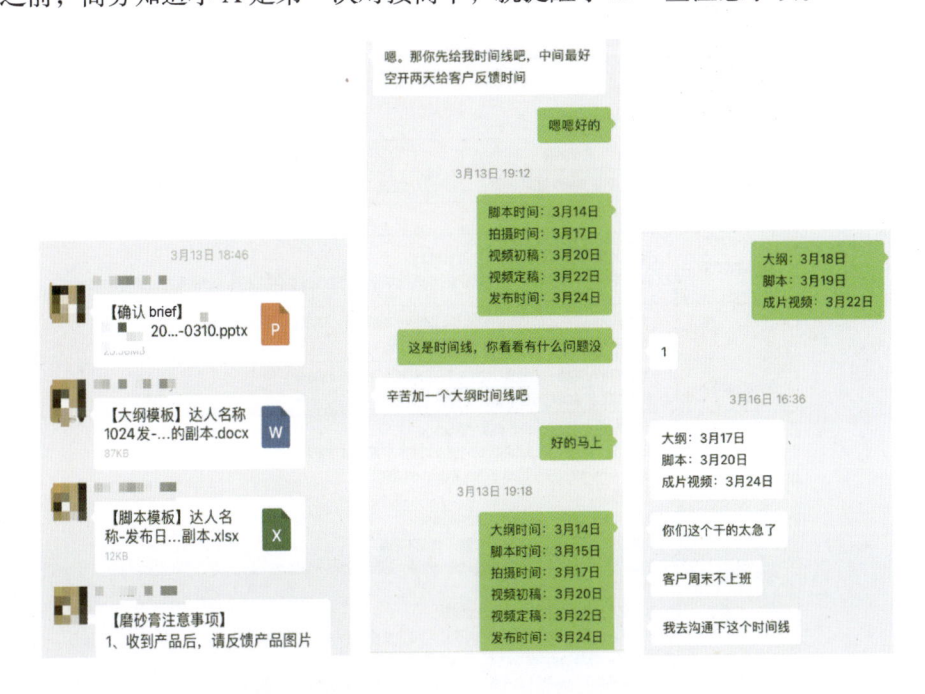

图 13-12　主动与客户交流的记录

（1）每次与客户交流都要预留时间，避免因为客户回复确认的时间过长，影响整体进度，比如正逢周末，客户不能及时反馈，整体进度会延迟。建议在周一到周五期间给客户相应的成果，预留出审核的时间；

（2）时间确定后，一定要严格按照规定的时间提交需要交付的成果，避免客户体验感不好，影响后续再合作；

（3）如因客观原因，比如拍摄的商品没有邮寄到等不可控因素导致时间线有变，需要及时跟商务和客户同步，同时给出最新的时间线；

257

（4）在确定广告档期后，要及时和商务确定本次广告的商品（自购、邮寄或者其他形式，以便于后面确定广告时间线），避免拍摄的当天才知道产品需要自购，影响进度。

3. 分析客户需求，精准确定交付成果

按照 brief 提取客户需求，具体工作内容如下。

（1）确定时间线以后，一定要仔细研究 brief。通常 brief 会涵盖商品背景、商品卖点介绍、视频拍摄及内容要求三个主要板块；

（2）通过 brief 了解商品及客户要求，参照 brief 里给出的范例来开展后续的工作，更加直观明了；

（3）在整理 brief 之前，主管给出整理的方向，主要是两大方向：商品卖点和客户要求。小 A 按照主管要求以表格的形式提炼出客户的诉求，如图 13-13 所示。因涉及商业机密问题，brief 不详细展示。

商品卖点	1. 温和不伤肤 2. 添加烟酰胺 3. 添加滋润保湿乳液 4. 冰淇淋质地触感绵密 5. 味道香甜持香时间久 6. 温和去角质、滋润肌肤	
内容关键词要求	商品名称	商品名称的全称以口播形式出现最少两次
	商品其他关键词	滋润、去鸡皮、温和不伤肤、触感绵密关键词必须出现
	发布话题	#XX磨砂膏#身体护理#鸡皮#磨砂膏推荐
视频内容要求	1. 商品需要在视频前30s就露，不可出现太晚 2. 前5s开头完播率要考核，可以结合时事热点或者根据博主的自身特色给出吸睛有创意的抓马开篇内容	
内容切入建议	1. 承接开头切入点，自然的话术带出需要使用XX磨砂膏，并介绍必须提到的卖点 2. 重点强调鸡皮、关节黄、皮肤粗糙的改善效果	
视频封面要求	1. 博主需要与商品一起出镜，避免拿着商品摆拍，logo不得镜像 2. 需要加花字【痛点问题 + 商品功效】	
客户要求 视频画面要求	1. 口播形象（场景和服装必须提前确认）。 (1)服装：简洁、清爽的浅色系服装（建议短袖），避免过于繁杂鲜艳 (2)形象：阳光清新，不得蓬头垢面，素颜也需清爽出镜 2. 拍摄场景。 (1)氛围：整体需要呈现出甜美、清新的感觉 (2)口播背景：需要简洁、干净、明亮、背景不杂乱 (3)光线：注意光线充足，打光不要过曝或过暗，保证人物和产品的清晰度和色彩是引起视觉舒适的 3. 商品拍摄。 (1)口播产品时商品需和博主一起出镜展示 (2)商品不能镜像，不要被视频边框切到，不要手拿着商品一直做手势晃动 (3)拍摄商品外观时logo需要对焦，避免失焦 (4)拍摄商品质地时需要注意光线充足、打光等，保证拍出冰淇淋的质感、颗粒的成分等 (5)拍摄涂抹镜头时需要有美感，不能堆在肌肤上 (6)拍摄手肘、肩部、腿部、膝盖等部位出境时需要厚涂展现产品质地	
严禁出现情况	1. 达人照本宣科介绍卖点、直接复制粘贴官方卖点 2. 商品或LOGO模糊、变形、展示不完全、非原色、滤镜过度导致商品色差过大 3. 请勿穿着有民族、国家争议的服饰品牌 4. 请勿使用名人、大IP表情包 5. 请勿涉及敏感词汇或不当言语 6. 请勿使用极限词汇"最大、最好""第一"等 7. 请勿写错品牌名及商品名；（XX磨砂膏） 8. 请勿提及其他品牌或其他商品，或表述涉及对比拉踩其他品牌不好 9. 请配合在评论区积极互动，但勿发生争吵，或发表不当言论	

图 13-13　根据 brief 提炼的客户诉求

4. 梳理执行步骤

小 A 提取出客户诉求后，在开始按步骤执行前，先确定了每一个环节具体怎么操作，并整理成表格，见表 13-2。

表 13-2　商单任务执行

做什么	怎么做
确定大纲	按规定时间把大纲上传对接群里让客户确认，根据客户反馈问题，修改大纲
撰写脚本	大纲确认无误，再写脚本
确认脚本上传星图	脚本审核过后，商务执行将脚本上传至星图等待客户确认，确认后按照最终上传的版本进行拍摄
拍摄视频	按照 brief 里提炼的客户要求来进行拍摄
上传视频客户审核	视频剪辑完成后，上传到群里，同时给到封面和直发语 + 话题 + 置顶评论，等待客户反馈
发布视频录屏审核	（1）视频客户反馈通过后将封面放置在视频的前 5 帧 （2）按照正常发布顺序：上传视频选择封面，直发语 + 话题，带上正确的星图任务，录屏打开上传好的视频从头到尾播放一遍，回到发布界面停止录屏 （3）将录屏上传到对接群里，让客户确认
发布视频上传星图	（1）客户确认了，回到发布界面再检查一遍，然后发布（这时的视频发布只是上传到星图审核，并没有真的发布） （2）上传成功之后主页会显示"审核中"，如果通过，及时同步给商务，让客户安排发布时间
星图审核修改	如果没有通过，要根据后台提示修改，更改之后再次带上任务录屏确认，上传等待审核，直到审核通过，等待客户发布视频
置顶评论	置顶广告推荐语，不要太硬，结合商品功效和自身感受去写
维护评论	评论及时回复，并做控评，避免对商品的恶意攻击

5. 确认大纲

（1）确定大纲应注意的要点。梳理完执行步骤后，开始准备大纲，这一步是最重要的，因为后续内容都是以大纲展开。商务在小 A 写大纲之前提醒她注意以下几点。

① 一定围绕 brief 里提到的种草类型、切入点进行；

② 妆造（妆容 + 服装）、发型、场地参考（给到两个以上的选择，了解客户的需求）；

③ 大纲内容做颜色区分：区分口播话术和画面、突出重要的产品卖点、解释重要画面、创意点。

（2）梳理大纲结构，如图 13-14 所示。

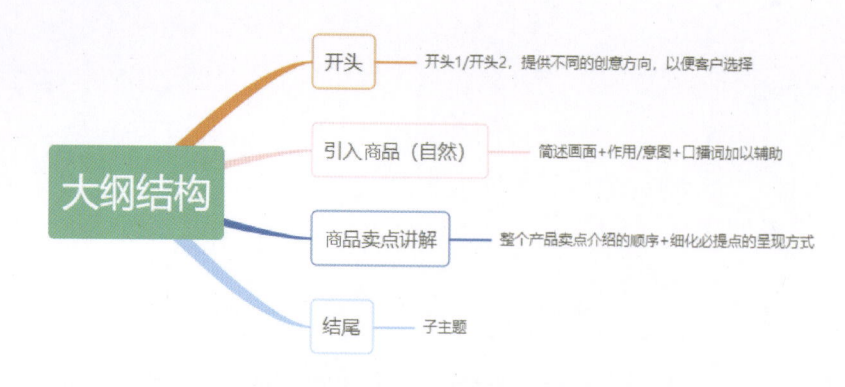

图 13-14　大纲结构

（3）根据大纲结构，用客户提供的模板撰写大纲，如图 13-15 所示。

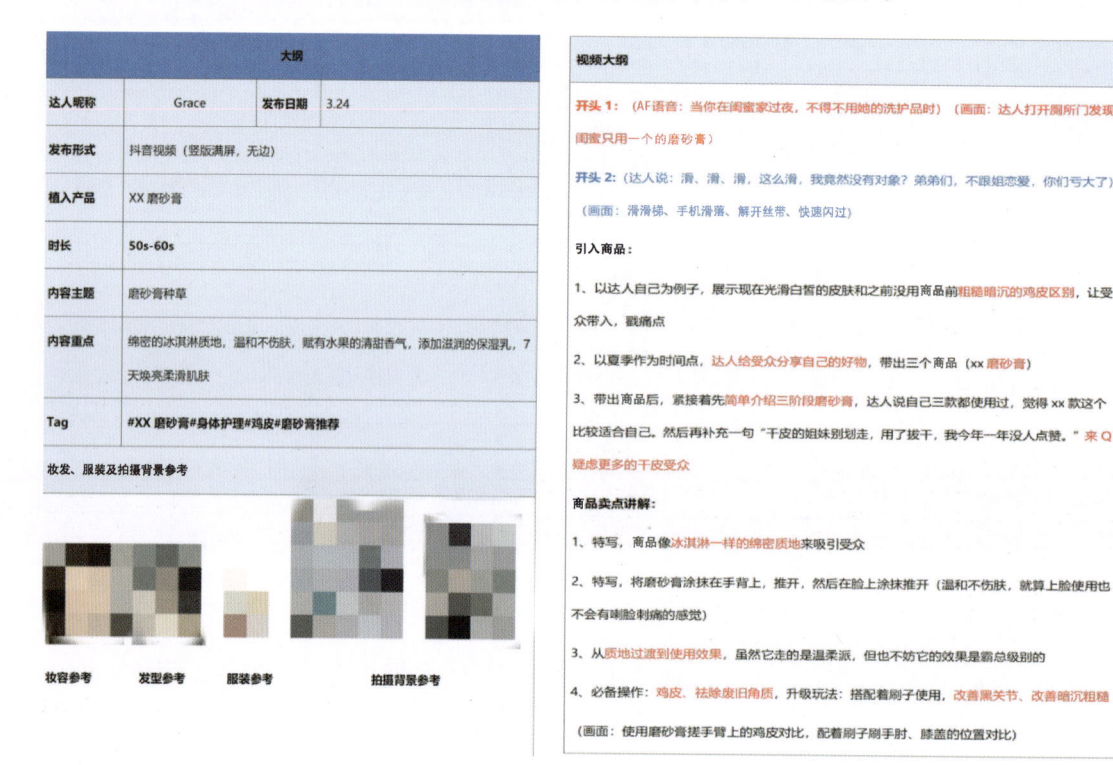

图 13-15　撰写大纲

（4）客户确认。接下来把大纲发到群里，等待客户确认，必要时跟进询问。

（5）问题复盘。在这个过程中，小 A 遇到了一些问题，并尝试找到了问题解决方案，避免下一次出现同样的错误。

【问题 1】没有及时询问意见反馈，导致原定时间线延期。

【解决方案】及时询问商务意见反馈的情况，以便工作正常推进。

【问题 2】在 brief 中已经分析出来，客户比较看重开头的创意点和自然带入商品的过渡，但在写大纲的时候，只写了一个开头，没有结合热点，导致大纲改了 3 版都没通过。

【解决方案】开头、过渡可以有两种及以上的备选方案，以便客户对比选择；用不同的颜色和数字编号表示不同的方案，让大纲更清晰明了。客户关注点提供备选方案如图 13-16 所示。

图 13-16 客户关注点提供备选方案

【问题 3】在大纲、脚本里写得笼统，没有提及客户要求的重点。

【解决方案】大纲、脚本里一定要包含客户要求的重点，并要用不同的颜色来突出，方便客户审核。

6．脚本撰写

（1）撰写脚本的注意事项。客户确认大纲后，在开始写脚本之前，商务提醒小 A 一定要注意脚本时长。因为在星图商单有严格的时长限制，不同时长的作品报价也不一样，如果超时就算违规，严重的可能会被罚一个月或者更久不许接单。

（2）按照大纲，在客户提供的脚本模板中完成脚本创作，如图 13-17 所示。

图 13-17 根据大纲撰写的脚本

（3）预估时长。为了能够估算相对准确的时长，小A使用剪映工具测试，找到适配达人的声音、语速，来预估脚本时长。初版预估时长为54s。但是没想到客户在原有脚本基础上添加了一些内容，导致原本1min的商单超时8s。

（4）超时问题处理。

在撰写初版脚本的时候要控制好时长。比如：广告规定时长21～60s，初版脚本的整体时长可以控制在21～50s，预留客户添加内容的时长。

如果客户执意要添加内容，导致作品时长发生变化，在发送更新后的版本时，一定要写清楚总时长，并在发送脚本时，留言提醒客户作品出现超时问题。

7. 脚本上传

大部分商单的脚本需要客户后台确认后，才可进入下一流程。客户确认脚本后，由商务在星图上传脚本。若客户在星图后台驳回脚本，达人需要修改脚本并重新上传，直至得到客户的确认。故通常情况下脚本都是群里和客户确认好了再上传，注意提醒客户后台通过。

小A不明白为什么要这么麻烦地上传和确认，于是商务用一张图给她讲解了星图商单的流程，如图13-18所示。

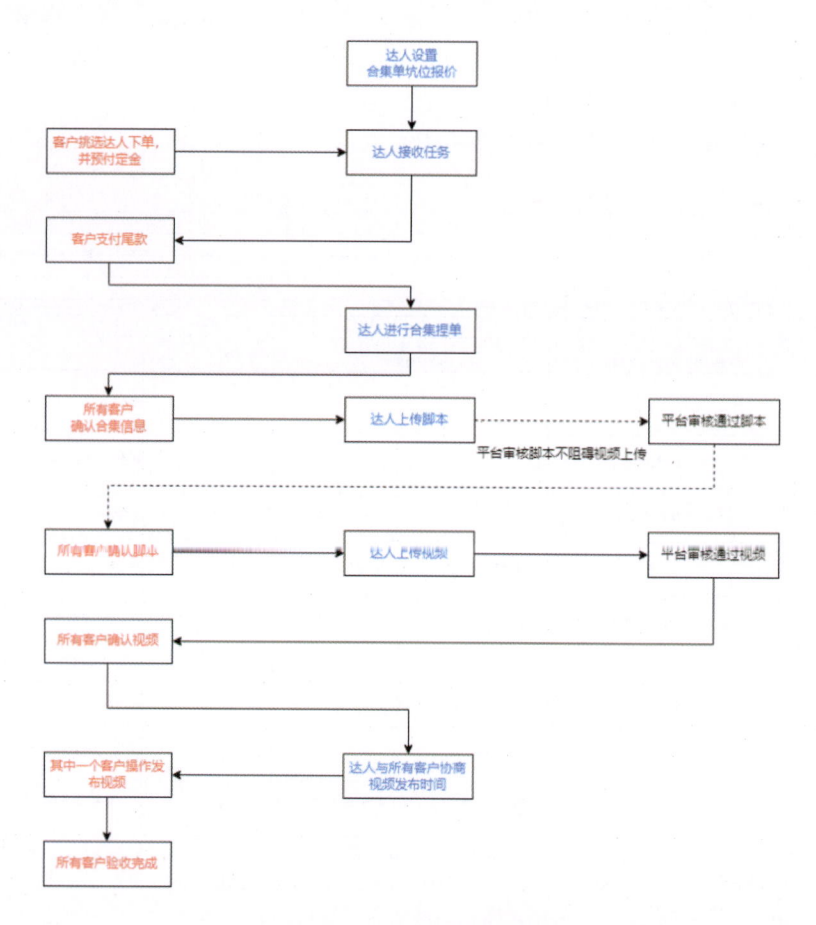

图13-18 星图商单流程

图中，红色部分是客户操作步骤，蓝色部分是达人操作步骤，黑色部分是平台操作步骤。

8. 视频拍摄

脚本通过后，小 A 准备跟团队开始执行拍摄任务，（过程略）注意事项如下。
（1）一定要在客户确认脚本之后再进行视频拍摄；
（2）一定要严格按照 brief 的拍摄要求进行拍摄；
（3）特别注意展示商品的摆拍，特写镜头一定要将 LOGO 拍摄清楚（正面、清晰、无遮挡）；
（4）商品的镜头尽可能多拍，以做备选。

9. 视频上传，客户审核

视频拍摄剪辑完之后，商务提醒小 A 不要着急，先确定已经完成以下工作。
（1）视频初稿及定稿审核时，需要打水印（"样片"或"DEMO"字样），再传到群内；
（2）视频定稿审核时，给出视频的同时要给出直发语（有时会单独要求封面），并带上话题。

10. 发布前录屏审核

由于之前大纲、脚本写得比较细，同时拍摄素材时完全按照 brief 进行，所以视频审核一遍就过了。
小 A 接下来就准备上传了，商务提醒：一定要先录制一遍视频发布过程给客户做最后确认，包括直发语、话题、封面、任务选择等，具体操作如下。
（1）将经审核的视频作品发送到工作机上，上传到抖音，填写直发语（含话题），选择任务、确认购物车；
（2）在进行上述操作时点击录屏，等待录制完成之后，退出抖音。
（3）把录制的视频发给商务、客户审核，等待反馈。

11. 上传星图

在客户回复"上传"之后，小 A 回到抖音准备点击"上传"，商务提醒她注意以下几点。
（1）这时候如果重启抖音，就会出现重新编辑当前视频的状况，要仔细检查是否带好购物车，重新写直发语、核对封面、话题有无错误，确认无误再上传；
（2）在上传过程中，偶尔会因为网络延迟导致视频没有发出，手机息屏之后再打开，抖音会显示上传失败，提醒你重发，这时不能直接点击"重新发送"按钮，要回到草稿箱，点开编辑，重新带上任务，不然的话会直接当成日常视频发送出去，无法传到星图审核（视频会传送到抖音星图后台审核，并不会直接发布出去）；
（3）无特殊情况，最少提前一天上传星图。

12. 星图审核修改

商务告诉小A，上传成功之后，主页会显示"审核中"，两个小时之内会收到通知，提醒内容通过还是不通过，审核结论要及时同步给商务。

（1）如果通过，要让客户安排发布时间，编导的视频发布到此结束；

（2）如果没有通过，要根据后台提示修改，更改之后再次录屏确认，上传审核，直到审核通过，等待客户发布视频；

（3）星图平台审核通过后，编导应提醒客户审核通过，设定发布时间。

任务思考

影响广告主选择、复投账号的核心要素包括：客户群体相关性、历史数据稳定性、任务配合程度。既然广告主已经选择在这个账号进行投放，能够影响到复投的关键点是：任务的配合度。配合度主要包括三个方面：拒单、客户投诉和其他工作失误。所以从接单开始的每一步都很重要，要体现专业度。也难免遇到问题，但一定要秉持遇到问题，理性解决问题的原则。

课后练习

在整个品牌选择达人投放的合作过程，作为达人方，你认为最容易忽视和出错的两个关键点是什么，你会如何应对？

项目小结

本项目包括两个任务。第一项任务展示了星图PC端后台和移动端的操作步骤，第二项任务结合具体的广告投放合作过程，从客户需求梳理、大纲确认、脚本撰写、视频内容制作发布、平台审核及应对等多个环节，还原了与品牌投放合作的细节。

通过这两项任务的学习，希望创作者能掌握通过星图进行正常商单合作的步骤，了解可能出现的问题和风险，顺利完成服务变现任务。